공정한 대입제도
참신한 패러다임으로!!

강영순 저

UNI
VER
SITY

독일제도를
모델로 한
담대한 전환

동방문화사

머리말

무엇이 공부의 즐거움을 빼앗았는가

"거제에서 통영으로 버스 두 번 갈아타고 공부하로 댕긴다. 공부 못 한기 한이 돼서 할매들이 회간에서 화투 친다고 오라 케도 통영가는 버스를 탄다." "부모가 다리 밑에 가서 자도 2학년까지만 학교에 보냈어도 좀 나아겠지. 부모복도 모 타고 나서 글 모 배운기 원통다."

위 시들은 경남교육청에 근무할 때 관내 노인학교 졸업생들이 쓴 시를 엮은 책에서 인용한 구절이다. 힘든 삶의 여정을 지나 비로소 노인학교에서 한글을 깨우친 어르신들께서 공부에 대한 즐거움과 갈망을 노래하며 쓰신 글이다.

최근에 우리나라 아이들 23명이 입시지옥 보고서를 만들어 유엔 아동인권위원회에 가서 직접 호소했다는 사실이 보도되었다. 이는 우리나라 아이들은 일찍이 이른바 명문대학의 입학을 목표로 입시 준비에 매몰되어 공부의 즐거움을 느끼지 못한 채 고통으로 여기고 있다는 사실을 입증하고 있다. 선진국에서는 교육의 힘으로 세계무대에 우뚝 선 우리나라를 연구하며 신기롭게 여기기도 한다. 그러나 입시 경쟁에 시달리는 아이들을 보면서 우리 교육을 닮고 싶지는 않다고 얘기를 하고 있다.

세계 최강대국인 미국의 힘은 대학에서 나온다고 한다. 미국에서 교육학 박사과정을 4년간 공부했을 때 너무 과제도 많고 분량도 많아 외국인으로서 매우 힘들었던 기억이 새삼스럽다. 내 인생에서 제일 공부를 열심히 한 시기가 그때였다. 오후에 아파트 근처를 산책할 때 큰 소리가 나서 나가보니 여고생들이 축구(soccer)를 하고 있었다. 미국 아이들은 학교에 가는 것을 좋아하고 있다. 수업 시간에는 주입식 교육을 하지 않고 학생들이 스스로 수행한 과제를 발표하고 주제별로 그에 맞는 다양한 활동을 통해 학생들의 흥미를 돋우고 있다. 각자가 악기를 배워 오케스트라 활동으로 예술적인 소양을 키워가기도 한다. 엉덩이로 하는 책과 씨름하는 공부는 대학에 입학해서 본격적으로 시작하고 있다.

2010년에 서울에서 거주하던 독일 부인을 독일어도 배울 겸 정기적으로 만난 적이 있다. 그 부인은 워낙 박학다식한지라 독일 교육제도에 대해서도 궁금한 사항을 물어볼 수 있었다. 독일 유치원에서는 알파벳이나 숫자를 전혀 가르치지 않는다는 것이다. 대신에 유치원 교사들은 아이들이 놀이 등을 할 때 한 명씩 주의 깊게 관찰하고, 그것을 기록하는 것이 일이라고 한다. 아이들의 숨은 재능 등 각 아이에 대한 모든 것을 파악하고 공유하기 위해서다. 유치원에서 숫자나 알파벳을 전혀 배우지 않아도 아이들이 초등학교에 입학 후 방학의 시작 전에 다 깨우치므로 걱정할 필요가 없다는 것이다. 그녀의 호언장담은 사실이었다. 독일에 살면서 자녀를 초등학교에 보낸 우리나라 학부모들도 같은 경험을 책에서 밝히고 있다.

이미 10여 년 전부터 우리나라에는 경쟁이 없는 대표적인 교육제도로 독일교육에 대한 소개 글과 책자가 많이 나오고 있다. 독일은 대학입학을 위한 경쟁이 없다고 한다. 그러나 대학 평준화로 명문대학 입학을 위한 경쟁은 없으나, 의대와 같은 인기 전공의 경우는 경쟁이 매우 치열하다는 사실을 알게 됐다. 그런데 한결같이 경쟁이 없다고 하는 이유는 경쟁은 치열하나 마치 경쟁이 없는 것처럼 작동하고 있었기 때문이다. 사교육도 없었고 김나지움 동료 학생 간 경쟁도 없었다. 대학들은 매우 우수한 학생들이 몰리는 전공에서도 변별력 확보는 전혀 관심 사항이 아니었다. 독일 사회와 대학들은 조금이라도 더 우수한 지원자들을 변별해서 확보하는 일보다 전형기준의 다양화로 적성에 맞는 자들에게 기회를 확대코자 관심과 노력을 기울이고 있었다. 그리고 각 대학은 입시에서 동 순위자가 발생하면 법령에 따라 우선순위를 정하고, 그래도 순위를 가릴 수 없으면 추첨으로 처리하고 있다. 성경 잠언 18장 18절의 "제비 뽑는 것은 다툼을 그치게 하여 강한 자 사이에 해결하게 하느니라"는 말씀이 그대로 적용되고 있다.

독일의 대입제도를 탐구하면서 느낀 사실은 학생들이 해당 전공에 대한 학업을 성취할 수 있는 역량·적성 등을 입증토록 하는데 과도한 부담을 주지 않는다는 점이다. 학생들의 지식과 역량, 적성 및 소질 등을 가능한 한 공정하게 사실대로 평가하기 위해 고민하고 시간과 노력을 들이는 것은 어른들의 몫이다. 학생들은 학교 교육과 수업시간에 공부에 열중하고 다양한 교외 활동을 통해서 자신의 적성과 재능을 발휘할 수 있다. 아울러, 직업 현장이나 공익 활동 등을 하며, 직접 습득한 지식·기술·경험 등을 바탕으로 대학입시에서 혜택을 볼 수 있다. 무엇이든 자기 주도적으로 이룬 결과물만 입증하면 된다.

독일이 통일될 즈음 1년 반 정도 그곳에 유학 생활을 한 적이 있다. 독일은 전 세계에서 여행을 가장 즐기는 국민이라고 한다. 방학이 되면 온 가족이 이웃 나라로 여행을 떠나는 자동차 행렬이 우리나라 명절을 방불케 할 정도로 길게 고속도로에 늘어 서 있는 것을 보았다. 아이들은 학교에서 접할 수 없는 경험과 지식을 여행으로 배우며 성장하고 있었다.

　물론 독일의 대입제도가 작동하는 토양은 우리와는 다르다. 예를 들어 대기업과 중소기업 간 임금 격차가 우리보다 적다는 사실 외에도 기업들이 인재 양성의 파트너로서 책임을 기꺼이 분담한다는 점이다. 독일처럼 아비투어 소지 후 직업교육을 이수하거나 직업경력을 쌓으면 그 경험치를 인정받아 대학입시 전형에서 가점을 받는 일은 기업의 협조 없이는 불가능하다. 교육부에 근무할 때 만난 독일 주정부의 고위관계자는 기업들은 인재 양성 책무를 당연한 일로 받아들인다고 힘주어 말하였다.

　경기도 용인의 한 고교에서 "사랑으로 가르치고 즐겁게 배우자"라는 현수막을 보았다. 즐겁게 배우려면 공부하는 재미가 있어야 한다. 이에 아이들이 학교 가기를 즐거워하는 독일 등 선진국의 제도를 탐구하여 우리 대입제도의 패러다임 전환을 제안해 보고 싶은 마음이 생기게 되었다. 졸저가 나오기까지 3년여의 기간 동안 시간을 쪼개고, 조기 퇴직하여 외국 자료 등을 찾고 번역하는 작업에 몰두하였다. 독일에 오래 살았거나 살고 있으면서 집필하는 책이 아니라 자료에 의존하고 있기에 현장감이 떨어질 수 있다. 독자들의 양해를 부탁드린다. 독일은 주 또는 대학별로 차이가 있으나 여건상 전체를 조망하지는 못했다. 이 책에서 자주 인용되는 연방헌법재판소 판결의 내용 중 우리에게 직접적인 시사점이 많지 않은 내용은 서술하지 않았다는 점을 밝힌다. 물론, 독일도 국내적으로는 각종 교육제도와 대학입시를 둘러싸고 쟁점들이 없지 않다. 독일이라고 예외가 아니다. 우리에게 도움이 되는 내용 위주로 소개하였다.

아무쪼록 이 책이 우리 아이들이 자신의 적성과 소질을 살리는 일에 노력과 열정을 쏟는 즐거움을 줄 수 있는데 보탬이 되기를 바라는 마음이다. 이 책이 나오기까지 포기하지 않도록 끝까지 힘이 되어 주시고 은혜를 베풀어 주신 하나님께 감사를 올려 드립니다.

2022. 6월

강 영 순

추천서

　우리 교육 부문에서 제기되는 여러 가지 문제들을 해결하기 위한 방안을 찾아가다 보면 대부분의 문제가 대학입시제도에서 만나게 됨을 알 수 있다. 현행 대학입시는 정시와 수시로 대별되어 있고 각 제도의 장단점과 공정성에 대한 논란이 계속되고 있다. 지난 세대의 우리 교육은 주어진 트랙을 따라 한 방향으로 전력 질주하는 경마 경주에서의 기수를 양성하는 교육이었다. 즉, 교과 성적만이 학생의 우수성을 판단하는 기준이었다. 그러나, 교육제도의 다양성이 중요한 가치로 인식되고 있는 현시점에서 우리 교육은 폴로 경기의 팀을 육성하는 방향으로 그 패러다임을 전환하여야 한다. 각자 다양한 전문성이 요구되는 포지션에서 동료들과 협업을 통하여 승리하는 법을 배우는 교육이 되어야 한다. '공정한 대입제도, 참신한 패러다임으로'는 저자의 평생을 통한 교육행정의 경험을 바탕으로, 독일의 교육제도를 모델로 하여 공교육에 기반하고 적성을 중요시하며 입학 통로를 다양화하는 대입제도를 제안하고 있다. 현행 대입제도의 문제점을 날카롭게 지적하고 미래지향적인 대안을 제시하고 있어 교육계에 종사하는 독자들뿐만 아니라 학부모, 학생들도 대입제도에 대해 다시 한번 생각하게 하는 실사구시적인 저서이다.

- **이준식**, 전 사회부총리 겸 교육부 장관, 서울대학교 명예교수

인천재능대학교 총장으로 4연임 하는 동안 젊은이들이 자기 적성과 흥미에 따라 전문능력을 키워 사회의 당당한 구성원으로 성장하도록 지원하면서 큰 기쁨과 뿌듯함을 느꼈다. 이를 통해 교육은 인성을 바탕으로 실력을 쌓는 것이고, 인성이 제대로 갖추어져야 능력이 힘을 가진다는 점을 실증하였다. 그런데 우리 교육 현장은 여전히 입시가 인성과 실용은 물론 모든 교육을 집어삼키고 있다. 교육개혁은 입시지옥의 굴레에서 헤어나지 못하고 있다. 교육은 언제나 희망이 되어야 한다. 급변하는 인공지능 시대에 인적 자원의 중요성은 더욱 커졌다. 사람이 곧 힘이고, 미래인 시대이다. 따라서 입시를 개혁하는 것은 교육개혁의 출발점이고 미래인재 양성과 우리 사회를 풍성하게 만드는 핵심 키워드다. 이런 상황에서 강영순 박사가 『공정한 대입제도, 참신한 패러다임으로』를 통해 입시제도의 새로운 돌파구를 제시하고 있다. 우리 입시제도의 과제인 공교육과 적성 기반, 다양한 입학경로와 전형기준, 공정성과 투명성을 독일의 아비투어(Abitur)와 입시제도에서 찾고 있다. 참신하고 도전적인 문제 제기이다. 우리 교육과 입시제도에 던지는 파장이 매우 클 것이다. 저자는 교육부 사무관 재직 시 기재부에서 예산을 확보할 때부터 열정우먼으로 유명했다. 교육부 국장과 경기도와 경남교육청 부교육감 때도 탁월한 전문능력을 발휘하였다. 그런 열정과 전문성이 바탕이 된 이 책이 입시제도 패러다임의 '대' 전환을 위한 논의의 출발점이 되리라 생각한다.

— **이기우**, 전 교육부차관, 12~15대 인천재능대 총장

언제나 우리 사회에서 가장 뜨거웠던 담론인 대입제도는 오랜 세월 수많은 변화를 거치면서도 여전히 많은 문제점을 드러내며 사회적인 논쟁의 중심에 서 있습니다. 우리 교육청의 부교육감으로 근무했던 저자의 「공정한 대입제도, 참신한 패러다임으로」는 대한민국 대입제도가 지닌 경쟁 위주의 입시교육, 교육과정과 대입제도의 괴리 등을 예리하게 분석해 낸 책입니다. 그리고 분석에만 그치지 않고 독일 대입제도를 바탕으로 기존과는 다른, 담대한 대안을 제시하고 있습니다. 저자는 교육부, 시도 교육청 및 대학 등에서 근무하면서 대입제도를 탐구해 왔습니다. 풍부한 행정 경험과 교육적 경륜으로 빚어낸 이 책이 대한민국 대입제도 개선의 새로운 패러다임을 제시하고 대한민국의 미래 교육을 완성하는, 소중한 길잡이가 되리라 생각합니다.

— **박종훈**, 경남교육청 교육감

교육 정책은 기승전 대학입시라는 말이 있다. 대학입시를 바라보는 시선은 그만큼 복잡하다. 현장은 미래인재 양성에 대한 시대적 요구에 부응하고 새로운 기회를 찾기 위해 노심초사한다. 이 책은 독일의 교육제도와 입시 전반을 탐구하고 독일식 제도를 모델로 입시에 대한 담대한 전환을 제안한다. 저자는 교육과학기술부 과학기술인재관, 시도교육청 부교육감으로 근무한 경험을 바탕으로 교육에 대한 새로운 철학을 제시한다. "모든 학생에게 타고난 자신의 역량을 발휘할 기회가 주어지는 게 공정한 대학입시다." 저자의 대입제도에 대한 탐구와 분석이 담겨 있는 이 책은 공정과 경쟁, 교육을 통한 기회 제공을 고민하는 모든 교육자들에게 새로운 인사이트를 줄 것이다.

— **조율래**, 한국과학창의재단 이사장, 전 교육과학기술부 차관

현 정부는 늦어도 2024년에 수능개편을 비롯하여 2028학년도 적용될 대입개편방안을 발표하여야 한다. 2025년에 고교학점제가 전면 시행되고 2022 개정 교육과정이 적용됨에 따라 대입제도 개편이 불가피하다. 공정이 새로운 대입의 핵심가치가 될 것이다. 그동안 독일의 대입제도를 소개한 책들이 발견되나 역사문화적 맥락을 충분히 고려치 않아서 겉모습만 다루는 한계점을 보였다. 저자는 독일 대입제도에 대해 구체적으로 탐구하고 독일 연방헌법재판소의 판례 등을 통해 공정성을 높이기 위한 독일 대입제도의 변화과정을 들여다보고 있다. 독일 대입제도에서 추구하는 가치와 독일 정신을 보여주고 있다. 독일의 사례는 새로운 대입제도 설계에 좋은 참고가 될 것이다. 객관적 관점에서 선진국 대입제도를 살펴보는 것도 이 책의 가치이다. 일독을 권한다.

- **김경희**, 명지대 석좌교수, 한림재단 이사장

| 차 례

01 우리 대입제도는 왜 개혁이 필요한가?   17

02 독일 중등 교육제도의 특징   23
  진로의 조기 분리   23
  인문계·직업계 통합학교의 운영   26
  김나지움 상급과정 자격취득단계의 운영   30

03 독일의 대학입학제도   37
  독일 대입제도의 탐색 필요성   37
  독일의 대학입학 절차   41
    전형적 허가제의 도입   41
    정원 제한 없는 전공   42
    정원 제한 전공   43
      전형 절차   43
      중앙관리 전형   44
      주별관리 전형   51
  독일 대입전형의 유형과 방식   55
    아비투어 평점 우수자 전형   55
    장기 대기자 전형   57

대학 자율전형　　　　　　　　　　　　63
　　　직업계 출신 전형　　　　　　　　　　　71
　　　　　일반 직업계 출신 전형　　　　　　71
　　　　　의대의 직업계 출신 전형　　　　　79
　　　적성전형　　　　　　　　　　　　　　82

04 독일 대입전형제도의 특성　　　　　　89

　　　적성과 진로의 중시　　　　　　　　　　89
　　　　　적성 관련 전형기준의 활용　　　　89
　　　　　학업적성평가절차의 시행　　　　　91
　　　전형제도의 공정성과 투명성　　　　　100
　　　동 순위자의 무작위 추첨 처리　　　　105
　　　대학입시의 자율성과 법적 규제 간 균형　108
　　　사교육이 불필요한 구조　　　　　　　113

05 독일 대학의 학업지원과 교육의 질 관리　123

　　　대학 학업성취의 지원제도와 노력　　　123
　　　독일 대학들의 교육의 질 관리　　　　128

06 대학의 입학성적과 학업성취와의 연관성　133

07 대학의 평준화와 대학의 경쟁력 강화　141

08 대학입시제도의 공정성 문제 151

대학입학의 좁은 문 151
대입제도의 공정성 문제 부각 154
공정성 제고를 위한 외국의 제도 159
    미국의 적극적 우대조치 159
    미국의 적극적 우대조치 대안 163
    영국의 배경고려입학제도 166

09 대입 공정성 제고의 대안; 추첨제 179

대입 추첨제의 대두 182
    미국에서의 추첨제 제안 182
    영국에서의 추첨제 제안 188
외국의 추첨제 시행 사례 191
    네덜란드 의대의 추첨제 191
    프랑스 국립대학의 추첨제 196
        입학생 배정추첨제 196
        '소프트' 선발제로 개혁 200
    영국 일부 대학의 추첨제 204

10 우리나라의 대학입시제도 209

우리의 모델: 미국의 표준화 시험과 입학사정관제 209
현행 대입제도와 공정성 문제 216
    대학수학능력시험 216
    학생부종합전형 223

11 현행 대입제도의 문제점   231

대학입시 경쟁에 흔들리는 공교육   231

인성과 적성·진로 교육의 경시   239

고교 교육과 대학입시·학업과의 연계 미약   244

변별력 확보와 고난도 문항 출제   251

12 우리 대입제도의 패러다임 대전환   261

공교육에 기반한 대학입시   261

적성을 중시하는 대학입시   268

입학 경로를 다양화한 대학입시   270

공정하고 투명한 대학입시   275

변별력이 문제시되지 않는 대학입시   280

Chapter
01

우리 대입제도는 왜 개혁이 필요한가?

Chapter 01 우리 대입제도는 왜 개혁이 필요한가?

　서울의 모 의대 교수로 계신 분이 방송 강의에서 과학자들이 뇌를 연구한 결과 창의성은 삶에서 만나는 문제를 적극적·긍정적으로 대하는 태도에 있음을 밝혀냈다고 한다. 그 반대로 똑똑하고 지식은 많으나 부정적인 태도로는 창의성을 발휘하기 어렵다고 한다. 세계적인 과학자인 에디슨과 아인슈타인은 문제 하나하나를 단계적으로 해결하면서 끈기 있게 새로운 길을 만들어 갔다는 것이다. 우리나라 학생들은 OECD 국제학업성취도평가에서는 항상 최상위권에 있으나, 학업 흥미도에서는 최하위권에 머무르고 있다. 학생들이 학업에 투입하는 시간은 세계 최고 수준에 이르고 있다. 초중고교 학생을 대상으로 한 조사에서 41.3%가 자신의 꿈 실현에 가장 필요한 것은 '스스로 생각할 시간과 여유'라고 밝히고 있다.[1]

　독일과 미국 대입제도의 공통점을 찾으라면 그들은 우리 국민 대다수가 학교 교육에 대해 원하는 '삶과 교과를 통합하는 교육'을 하고, 그 결과 사회로 눈을 돌린 인재를 선호한다는 것이다. 그래서 학생들의 관심사와 시각이 학교의 담장을 넘어 사회와 세상을 향하도록 이끌어 가고 있다는 것이다. 즉, 자신이 살아가고 있고 앞으로 살아갈 사회와 세상을 바라보며 자신의 장래와 진로를 고민할 것을 주문한

---
[1] 경기도교육연구원(2019).『2019 학생 꿈 조사 결과 보고』

다. 공부는 수업에서만이 아니라 학교 밖에서도 다양한 경험을 통해 할 수 있다는 것이다.

한국의 11세에서 15세까지의 아동들이 학업으로 받는 스트레스는 50.5%로 세계에서 가장 비율이 높다. 이는 전체 평균치인 33.3%보다 17.2% 포인트나 높은 비율로서 가장 낮은 네덜란드의 16.8%보다 무려 3배에 이르고 있다. 그리고 42.1%의 영국과 40.6%의 미국은 전체 평균치보다 높은 편이다. 그러나 20.8%의 프랑스, 23.9%의 독일, 24.7%의 스위스는 그 평균치보다 낮았다.[2] 최근에는 우리나라 청소년 23명이 성적 위주의 교육과 그에 따른 고통에 대한 보고서를 만들어 유엔 아동인권위원회에 가서 직접 보고하기도 하였다.[3]

오늘날과 같은 4차 산업혁명 시대에는 인성 함양을 통한 협업과 의사소통 능력 등을 키워 줄 것을 교육기관에 요구하고 있다. 그러나 우리나라 대학생들은 고교의 이미지를 사활을 건 전장[4]이라고 표현하고 있다. 성적이 상위권에 드는 학생들은 협동학습에 대해 경쟁이 치열한 입시에서 일부 동료들이 '무임승차' 한다고 인식하여 부정적인 태도를 보여주고 있다. 이에 우리나라는 다른 나라와는 달리 오히려 협동학습으로 학업의 성취도가 낮아진다는 연구 결과가 나오고 있다.[5]

우리나라에서는 학생들의 적성과 소질을 파악하여 살리기보다는 성적을 올리기 위한 노력(hard work)을 더 강조하고 있다. 따라서 학생들은 대학입시에서 성적을 높이기 위해 많은 시간을 투입하여 기존 지식의 암기에 몰두하고 있는 것이 현실이다. 게다가 새로운 시대에

---

2) 연합뉴스,『우리나라 아동들, 학업으로 받는 스트레스 세계 최고』2015. 3. 11.
3) 매일경제,『유엔에 입시지옥 알리러 간 아이들』2019. 2. 11.
4) 국민일보,『살아남으려면 친구도 밟고 올라서야 한다?... 사활 건 전장』2019. 3. 12.
5) 중앙일보,『협동학습 시켰더니 학업성취도 낮아져』2022. 1. 3.

필요한 창의력 및 문제해결력 등의 함양이 미흡하고, 과도한 사교육비 등에 따른 각종 부작용이 심각한 사회적인 문제로 등장하고 있다.

더구나 과도한 사교육비는 대부분 가정의 경제와 개인의 삶의 질 향상에 먹구름을 드리우고 있다. 한국교육개발원 교육여론조사 2021에서 '자녀의 사교육을 위해 지출하는 비용이 가계에 부담된다'는 응답은 94.3%로 대다수 학부모가 부담을 호소하고 있다. 맥킨지 국제연구소가 2013년 4월에 발표한 『한국의 스타일을 넘어서: 새로운 성장 공식의 형성』에서는 한국의 경제성장과 세계적인 제조업 회사들의 성장이 한국 중산층 삶의 질과 점점 더 유리되고 있음을 지적하고 있다. 이런 현상을 초래한 여러 가지 이유 중의 하나로 과도한 사교육비 지출이 중산층 가정에 미치는 재정적인 압박을 들고 있다.[6] 2022년 우리나라에서 지출된 사교육비는 23조 4천억에 이르고 있다.

독일의 한 일간지는 한국의 높은 교육열은 좋은 직업을 구하기 위해서만이 아니라고 하였다. 부모, 교사, 교수, 그리고 고용주 등 사회 구성원 모두가 젊은이들을 판단하는 기준이 오직 학교의 성적이기 때문이라고 진단하고 있다.[7] 영국의 BBC 기자는 2022학년도 우리 수능시험을 조명하면서 수능성적이 대학입시와 직업은 물론 미래의 인간관계까지 결정한다고 지적하였다. 어느 수험생은 "수능성적이 말해준다. 수능성적밖에 없다"고 말하며 단념하는 모습을 보였다고 보도하고 있다.[8] 대다수 학부모가 사교육비를 부담스레 하면서도 사교육을 시키는 이유로 "남들이 하니까 심리적으로 불안해서(26.4%)"라는

---

[6] McKinsey Global Institute. 『Beyond Korean style: Shaping a new grwoth formula』 April 2013.

[7] Frankfurter Allgemeine, 『"Bildungsfieber" in Korea. Kinder, wollt ihr ewig lernen?』 27.07. 2011.

[8] 중앙일보. BBC 『한국 '8시간 마라톤' 수능, 세상에서 가장 힘든 시험』 2021. 11. 19.

응답이 가장 많았다. 그 이유를 외국 기자들의 시각을 통해 보다 더 잘 이해할 수 있을 것 같다.

요즈음 우리나라에서는 대입제도의 공정성이 화두가 되고 있다. 최근 조사에서 우리 국민 대다수는 학교 교육이 삶과 연계되기를 기대하고 있다. 학교가 교과 지식만을 전수하기를 바라는 국민은 거의 없다. 동시에 수능의 공정성을 이유로 수능을 통한 정시전형의 확대를 요구하고 있다. 공교육의 정상화를 바라면서 사교육이 주도하는 수능을 선호하고 있다. 이에, 서울 소재 주요 대학들의 수능을 통한 정시전형의 비율이 확대되고 있다. 이런 딜레마를 타개하기 위해서는 우리나라 현행 대입제도의 패러다임의 일대 전환이 절실히 요청되고 있다.

어느 나라이든 대학의 인기 전공은 입시에서 경쟁이 치열하다. 대학이 평준화된 독일, 프랑스에서도 마찬가지이다. 우리나라는 대학입시에서 치열한 경쟁으로 인해 흔들리는 공교육을 바로 잡아야 한다. 이를 위해서는 탄탄한 공교육을 기반으로 인기 전공에의 입시경쟁을 완화하는 독일의 제도에서 그 지혜를 짜낼 수 있다고 생각한다. 물론 독일과 우리나라 교육제도의 역사와 전통 및 정치·경제·사회·문화적 배경과 여건이 다르다는 점을 고려해야 한다. 그렇다면 적어도 우리 국민이 가장 선망하는 독일의 교육제도에 담긴 철학과 가치관을 탐구하여 실천 가능한 사항부터 하나씩 중장기적으로 바꿔가야 할 것으로 생각한다. 대학입시에서의 치열한 경쟁이 교육 전반을 지배하여 모든 학생과 학부모는 물론, 우리 사회 전체가 겪고 있는 고통과 비용부담을 줄일 수 있는 해결책이 될 수 있기 때문이다. 나아가 우리나라 학생들이 모두 자신의 소질과 적성을 최대한 살려 각자가 구별된 인재로 4차 산업혁명 시대를 이끌어갈 행복한 삶을 꿈 꿀 수 있기 때문이다.

Chapter
02

독일 중등 교육제도의 특징

진로의 조기 분리
인문계·직업계 통합학교의 운영
김나지움 상급과정 자격취득단계의 운영

Chapter 02 독일 중등 교육제도의 특징

진로의 조기 분리

독일의 초등학교는 통상적으로 4년제이다. 베를린시와 브란덴부르크주만 6년제이다. 함부르크시는 2010년 아이들의 너무 이른 진로 결정이 이민자 및 저학력 학생들의 대학진학 기회를 박탈할 수 있다는 사실을 인정하였다. 그래서 그 시기를 늦추기 위해 초등학교 4년제를 6년제로 늘리는 방안을 제안했으나 주민투표에서 부결된 바 있다.9) 그 주된 이유는 김나지움 그룹과 많은 학부모 그룹들이 김나지움의 프로그램 운영이 영향을 받고 교육 시간도 줄어들어 교육의 질이 하락할 것을 우려하여 강하게 반발했기 때문이다.

초등학교에서는 4학년 졸업 시에 학생들이 진학할 상급학교를 결정하고 있다. 인문계 중·고교인 김나지움과 직업계 학교인 하우프트슐레나 레알슐레로 진학할 것인지를 결정하고 있다. 노르트라인베스트팔렌주에서는 4년 동안의 학생 이력서, 학생 소개, 잠재력과 적성평가, 자기평가와 교사 평가, 학교 성적, 진로 상담과 직업실습의 내용, 지원과 면접내용 등이 담긴 진로 포트폴리오를 만들고 있다. 이를 기반으로 아이, 부모, 교사, 상담교사가 모여 논의하고 토론한 후에

---

9) Deutsch Welle. 『Hamburg remains divided ahead of education referendum』 17. 7. 2010.

초등학교 4학년 학생들의 미래를 결정하고 있다.10)

이와 같은 초등학생들의 진로에 따른 조기 분리는 독일 교육제도의 매우 주요한 특징 중의 하나로 자리매김하고 있다. 초등학교 4학년 졸업생들을 대상으로 다양한 분석과 평가 및 협의를 거친 장래 진로에 대한 교사의 추천은 주에 따라 권고에 그치거나, 의무적으로 따라야만 한다. 독일의 16개의 주 중 바이에른, 브란덴부르크, 튀링겐 등 세 개 주만 후자에 속한다. 나머지 주들은 학부모도 결정권을 행사할 수 있도록 하고 있다.11) 다만 교사의 추천을 의무적으로 따라야 하는 위 세 개의 주에서도 성적 등이 부족한데도 김나지움으로의 진학을 계속 원하면 2~3일 동안의 수업 참가 테스트를 거쳐 최종적으로 결정하고 있다.

김나지움으로 진학한 학생 중 아비투어에 응시한 학생들의 대다수가 합격하여 대학입학 자격을 취득하고 있다. 김나지움 내신과 아비투어 시험성적을 합산한 아비투어 평점이 4.0 이상이 되어야 대학입학자격을 취득하여 대학에 진학할 수 있다. 2019/20학년도 아비투어 평점을 주별로 비교한 결과, 총 16개의 주 중에서 두 곳을 제외하곤 95% 이상의 학생들이 이 기준을 충족하고 있다.12)

따라서 이런 진로의 조기 분리는 독일 기본법상 평등권과 연계된 직업 선택 및 직업훈련기관 선택의 자유를 근거로 아비투어를 소지한 자는 누구나 의무 교육이 아닌 대학에 입학할 권리가 보장되는 것과

---

10) 김택환. 『행복한 독일교육 이야기.』 자미산. 2017. 70면.
11) Abbette Kuhn. 『Auf welche weiterfuehrende Schule nacjh der Grundschule?』 deutsches-schulportal. 28. Januar 2021.
12) Sekretariat der Staendigen Konferenz der Kultusminister der Laender in der Bundesrepublik Deutschland. 『Abiturnoten 2020』 Berlin, den 30. 11. 2021.

는 매우 대조적이다. 일찍이 직업계 중등학교로 진학한 학생들은 대학에서 학업을 하고 싶어도 그 입학 기회가 제한되기 때문이다. 초등학교 졸업할 때 부모의 사회경제적 배경이 좋은 가정의 아이들이 김나지움에 진학할 확률이 훨씬 높다는 사실이 다양한 조사에서 밝혀지고 있다. 2018 독일 교육보고서에 따르면 부모 중 어느 한쪽이 대학 교육을 받은 가정의 자녀가 대학에 입학하는 비율이 그렇지 못한 가정의 자녀들의 3배에 달한다고 한다.13)

독일에서는 진로의 조기 분리에 대한 갈등과 논란이 계속되고 있다. 이를 지지하는 견해14)는 진학에 있어서 학생들의 능력에 따른 엄격한 조기 분리가 교육의 형평성을 해치는 것은 아니라고 한다. 오히려 학생들의 역량을 최대한으로 발휘케 하여 교육의 형평성을 실질적으로 구현될 수 있다는 것이다. 그들은 우선 학생들 개인의 능력을 정확하게 평가하고, 그 결과에 따른 엄격한 진로의 선별만이 실질적인 교육의 형평성을 구현할 수 있다고 한다. 그리고 학업능력이 뛰어난 학생이나 학부모가 가정형편 등을 이유로 직업계 학교의 진학을 자원하는 때에도 김나지움으로 진학시킬 수 있다. 그러므로 오히려 그들의 사회적 배경에 따른 진학 기회의 격차를 줄일 수 있어서 동등한 성과 평가(Leistungsgerechtigkeit)가 구현되고 있다. 게다가 학업성적이 떨어지고 공부에 흥미가 없는 학생들은 무리하게 김나지움에의 진학을 원치 않는다고 한다. 그들은 오히려 자신과 유사한 인지능력을 가진 집단에 속해 있을 때 더 행복해하고 적응력도 뛰어나게 된다는 것이다. 나아가 그들은 현행 제도를 더 강화하여 조기 분리 시스템에서 상급학교 진학에 대한 교사들의 추천권에 강제력을 부여

---

13) 교수신문.『독일 고등교육 키워드. "성장·다양화·구조변동"』2018. 8. 6.
14) Florentine Anders.『Verstaerkt das gegliederte Schulsystem soziale Ungleichten?』deutsches-schulportal. 27. Januar 2021.

해야 한다고 피력하고 있다. 그래야만 학부모들의 영향력으로 학업성적이 저조한 학생들이 김나지움에 진학하거나 성적이 우수한 학생들이 직업계 학교로 진학하는 것이 줄어들게 된다고 한다.

반대하는 견해[15]는 15세 학생을 대상으로 한 PISA 성적을 그 증거로 제시하고 있다. 즉 2018년의 읽기 역량 부문에서의 PISA의 평균 성적이 김나지움 학생들은 578점이나 직업계 학생들은 458점에 머물고 있다는 사실을 증거로 하고 있다. 이런 점수의 격차는 3년간 분리된 학교에서의 학업이 그 원인이 된 것이라고 주장하고 있다. 아울러 직업계 학교의 학생 중 약 30%가 초등학생 수준의 읽기 능력에 머물고 있다는 사실도 증거로 제시하고 있다. 이는 2015년의 21.1% 수준에서 급격히 증가한 비율이라는 것이다. 게다가 2009년의 PISA에 비하면 상위층과 하위층 학생들 간 능력의 격차가 더 벌어졌다고 주장하고 있다. 즉 독일의 조기 분리 제도로 인해 교육의 격차가 더 크게 벌어져 교육적인 정의를 와해시키는 결과를 초래했다는 것이다.

인문계·직업계 통합학교의 운영

통합학교는 초등학교 졸업 시에 학생들의 진로를 분리하지 않고 같은 학교에 계속 공부하되, 각 학생의 능력과 적성에 따라 졸업장을 달리 부여하는 시스템으로 운영되고 있다. 이 학교에서는 중등 5학년부터 10학년까지, 때로는 초등 1~4학년, 중등 11~13학년을 포함한 모든 학생이 같은 학교에서 수업하고 있다. 즉, 인문계와 직업계가 통합된 학교이다. 이 학교는 조기에 학생들의 진로를 분리하지 않아 어

---

15) Florentine Anders. 『PISA 2018. Die zehn wichtigsten Ergebnisse der PISA-Studie』 deutsches-schulportal. 03. Dezember 2019.

린 학생들의 부담을 덜어주고, 취약계층의 학생들에 대한 교육 기회의 확대를 목적으로 하고 있다.

이런 통합학교가 차지하는 비율은 각 주의 정치적인 지형 등에 따라 격차가 크며, 그 운영형태도 다양하다. 대체로 전국적으로 통합학교의 수가 증가하는 추세이다. 예를 들어 바덴뷔르템베르크주에서는 2012/13 학년도에 42개의 통합학교가 새로이 설립되었다. 2021/22 학년도 초기에는 300개 이상으로 확대되었다. 그리고 이들 중 8개의 통합학교에는 김나지움 상급과정이 설치되어 곧바로 대학으로 진학할 수 있도록 하고 있다.16) 게다가 자격을 갖춘 학생들은 김나지움 상급 과정이 없는 통합학교에서 이 과정이 설치된 학교로 자유로이 전학할 수도 있다.

이 통합학교에서는 초등학교에서 중등학교로의 진학 문제를 일반 초등학교와 같이 4학년 졸업 시에 결정하지 않는다. 학생들이 공부를 계속하는 가운데 그들이 원하는 종류의 학교에서 졸업하기 1년 전인 졸업 학년이 되어서야 결정하고 있다. 즉 학생들이 졸업하는 해에 모든 과목에서의 학업의 성취도가 원하는 종류의 학교를 졸업할 수 있는 수준에 도달한 때에 결정하고 있다. 그래서 9~10학년을 마친 후에는 기본 수준인 하우프트슐레, 10학년을 마친 후에는 중급 수준인 레알슐레 졸업장을 가지고 학교를 떠날 수 있다. 그리고 12학년을 마친 후에는 확장 수준인 김나지움의 졸업은 물론, 아비투어 소지도 가능하게 된다.17)

---

16) WIKIPEDIA. 『Gemeinschaftsschule』 2021. 6. 11 인출; 『Gesamtschule』 2022. 4. 29 인출.
17) Ministerium fuer Kultus, Jugend und Sport. Baden-Wuerttemberg. 『Gemeinschaftsschule』 https://km-bw.de/,Lde/Startseite/Schule/Gemeinschaftsschule.

통합학교에서는 초등학교 졸업 후 중등 단계(Sekundarstufe)로 진입하는 5~6학년을 진로 탐색 학년(Orientierungsstufe)으로 정하고 있다. 이 단계와 이후 단계에서도 학업성적을 부여하지 않는다. 학업성적은 졸업 학년이 되거나 김나지움 상급과정 등 다른 학교로 전학 갈 때는 부여한다. 교사는 진로 탐색 학년에는 진로 탐색에 대한 충분한 정보와 상담 기회의 제공은 물론, 학부모와도 정기적으로 접촉하면서 협의하고 있다. 이 기간이 지난 후에도 계속해서 학업 과정을 관찰하고 상담을 해 주고 있다. 상담의 내용은 학생의 개인적인 역량인 자제 능력, 자기성찰, 자기 주도 학습능력과 사회적 역량인 규율의 준수, 동료 학생들의 학업에 대한 협조 등이다.[18]

통합학교는 다른 학교들보다 사회적 역량을 더 많이 함양시키는 곳이다. 성적이 우수한 학생들에게도 궁극적으로는 긍정적 영향을 미치게 된다. 이를테면 학업성적이 우수한 학생들과 열등한 학생들이 공동으로 그룹을 이루어 같은 주제를 두고 함께 토론토록 하고 있다. 각자의 능력에 따라 과제를 분담한다. 학생들이 특정 주제를 두고 토론을 하는 경우 그 내용을 더 분명히 알 수 있게 되고 이를 통해 얻은 지식은 나중에 매우 유용하게 활용할 수 있다고 한다.[19]

수업의 특징은 학생들의 적성에 따른 커리큘럼을 최대한 다양하게 제공하고 있다는 점이다. 학생들은 그들의 적성에 맞는 교과과정을 스스로 선택할 수 있다. 서로 다른 재능과 학업능력을 지닌 학생들은

---

[18] Ministerium fuer Kultus, Jugend und Sport. Baden-Wuerttemberg. 『Orientierungsstufe an der Gemeinschaftsschule』 https://km-bw.de/,Lde/Startseite/Schule/Orientierungsstufe-Gemeinschaftsschule; 『Individuelle Foerderung』 https://km-bw.de/,Lde/4200923

[19] Ministerium fuer Kultus, Jugend und Sport. Baden-Wuerttemberg. 『Paedagogisches Konzept』 https://km-bw.de/,Lde/Startseite/Schule/FAQ.

다양한 과목에서 개인별 맞춤형으로 학습할 수 있다. 교사는 학습동반자(Lernbegleiter)이자 학습 코치(Lerncoach)의 역할을 하고 있다. 그리고 학생들 개인의 모든 학습 과정과 계획 등을 함께 만들어 나간다. 학생들은 자신의 담임교사와 정기적으로 만나 학습과 관련된 모든 문제를 상의하고 있다. 학생들에 대한 평가는 성적표 대신 구체적으로 기술된 학습성장보고서(lernentwicklungsbericht)[20]로 평가하고 있으며, 학부모가 원하는 경우에만 성적을 기록하고 있다.

헤센주에 소재한 IGS 노르겐트 통합학교의 교육목표는 학생들의 학업에 대한 격려와 통합에 있다고 밝히고 있다.[21] 이 학교는 한 학년을 4개의 반으로 구성하고, 보통은 8명의 교사가 한팀을 이뤄 5학년부터 10학년까지 계속 맡아 교육하는 시스템을 취하고 있다. 이 학교는 모든 학년의 학급에서 역량이나 재능, 적성 등에 상관없이 다양한 배경의 학생들을 모두 다 수용하고 있다. 하우프트슐레, 레알슐레, 김나지움 상급 과정에의 개별적인 전학 등으로 학생들이 가장 적합한 졸업장을 취득할 수 있도록 하고 있다.

이 학교의 졸업생들이 이룬 성과는 매우 괄목할 만한 것이다. 이 학교 졸업생들의 75~85%가 아비투어 소지가 가능한 김나지움 상급과정으로 진학하고 있다. 아울러 응용과학대학(Fachhochschule)의 입학자격 취득이 가능한 11~12학년 과정인 전문상급학교(Fachoberschule) 과정으로 진학하고 있다. 이 학교의 약 20%의 학생들이 레알슐레, 그리고 약 10%의 학생들이 하우프트슐레를 졸업하고 있다.

---

20) 학생들의 강점이 어디에 있으며 학업의 진전이 어떠한지 알 수 있다. 지리에 강한 학생이 부기에 능하지 않을 수도 있다. 학생들의 강점과 약점에 대한 매우 다양한 피드백이 가능하다.
21) www.igs-nordend.de. 2019. 9. 11 인출.

이 학교는 학생들 자신의 적성과 관심사에 따른 맞춤형 수업방식으로 교육하고 있다. 다양한 학업 역량을 가진 학생들에게 같은 주제에 대하여 각기 다른 과제를 부여하고 있다. 이를테면 학생들에 맞춰 괄호 채우기, 퀴즈 풀기, 작문, 특정 주제에 대한 난이도가 다른 글 읽기, 수업 시간에 발표하기, 사전상의 정의에 대한 학생들 자신의 해석 등 개별화된 수업을 할 수 있다. 아울러 '학생 상호 간에 가르치면서 배운다'는 원리를 적용하여 결과를 발표하는 활동을 중요시하고 있다.

김나지움 상급과정 자격취득단계의 운영

김나지움은 인문계 중등 교육기관으로 중등 1단계 교육과정과 중등 2단계 교육과정으로 구성되어 있다. 우리나라 고등학교에 해당하는 중등 2단계인 상급과정(Oberstufe)은 1년간의 입문단계(Einfuehrungsphase)와 2년간의 자격취득 단계(Qualifikationsphase)로 구성되어 있다. 입문단계에서의 내신은 대학진학을 위한 아비투어 평점에 반영되지 않는다. 내신에 반영되는 둘째, 셋째 해의 교육과정은 문·이과 통합과정이며, 학생들이 자신의 적성과 능력을 가장 잘 발휘할 수 있는 능력과목을 정하게 된다. 능력과목은 입문단계인 첫해에는 진로 탐색 과목(Orientierungsfaecher)으로 수강하며, 본격적인 능력과목의 수강은 그 이듬해부터이며 아비투어를 준비하는 단계이다.

자격취득 단계의 과목은 의무과목, 능력과목 및 기본과목으로 구성된다. 의무과목은 각 단계에서 의무적으로 수강해야 하는 과목으로 학생의 선택에 따라 능력과목이나 기본과목의 형태로 충족된다. 의무과목인 독일어나 수학이 학생에 따라 능력과목이 될 수도 있고 기본과목이 될 수도 있다. 능력과목은 학생이 자신의 능력을 가장 잘 발휘할 수 있는 과목이며, 통상 두 과목으로 주당 수업시수가 5시간으로 기본과목의 3시간보다 많다. 게다가 그 수업내용도 더 깊이가 있다. 그리고 이 두 과목은 김나지움 마지막 4학기 동안 계속하여 수강토록 하며 나중에 아비투어 시험과목이 된다. 능력과목의 내신성적은 반드시 필기시험에 의해 매겨지며, 내신을 산정할 때는 기본과정 과목의 2배로 점수를 산정하고 있다. 기본과목은 능력과목 외 수강하는 모든 과목을 기본과목이라 칭한다. 아비투어 시험에서 선택할 기본과목은 상급과정에서 연속적으로 수강해야 하며 자격취득단계에서 필기시험으로 성적을 받아야 한다. 아비투어 시험은 능력과목 2개와 기본과목 2개(예외적인 경우 3개 과목)이다.22)

독일의 대다수 주에서는 위와 같이 하고 있으나, 예외적으로 능력과목에서 3과목을 선택하는 주들이 있다. 예를 들어 바덴뷔르템베르크주에서는 독어, 수학, 외국어를 주요 과목으로 중시하고, 자연과학에 더 비중을 부여하여 주요 과목과 동등하게 취급하고 있다. 능력과목 중 두 과목을 독어, 수학, 외국어, 자연과학 중에서 선택해야 한다. 동시에 학생들 개인의 적성과 관심에 따른 선택도 중요시하고 있다. 나머지 한 과목은 학생들이 자유롭게 선택할 수 있다. 능력 과목으로 음악, 예술 및 체육도 선택할 수 있다. 능력 과목으로 선택하지 않은 주요 과목에 속하는 독어, 수학, 외국어, 자연과학은 주 3시간 수강토록 하고 있다. 반면에 다른 기본과정의 과목들은 주 2시간 수강토록 하고 있다.23)

---

22) 정수정. 「독일의 문·이과 교육과정 운영 현황」 한국교육개발원 「국외교육동향」 2014. 10. 27.
23) 「Mehr Qualitaet und Flexibilitaet in der Oberstufe」 Baden-Wuerttemberg.de. 10. 10. 2017.

바덴뷔르템베르크주의 이와 같은 제도는 4차 산업혁명 시대에 필요한 인력을 양성하기 위한 연방정부 차원의 민트(MINT) 프로젝트와도 연계되어 있다. 이 프로젝트는 10~16세 모든 학생을 대상으로 수학(Mathematik), 컴퓨터공학(Informatik), 자연과학(Naturwissenschaft)과 공학(Technik)에 대한 열정을 유발하고, 역량을 향상할 것을 그 목적으로 하고 있다. 독일 연방 교육부는 2019~2022년 사이 총 5천 5백만 유로(740억여 원)를 민트 과목의 교육에 투자하고 있다.[24] 김나지움 상급과정에서 두 개의 능력과목 또는 기본과정의 두 과목과 능력과정의 한 과목을 민트 분야에서 기준이상의 점수로 이수하고, 교내외의 학문적인 활동과 추가적인 민트 활동을 수행한 학생들은 김나지움 졸업 시 교육문화장관협의회와 대학총장협회가 발행하는 민트 인증서를 받게 된다. 이 인증서는 대학 전형 시 혜택을 받거나 기업 채용 때에 활용될 수 있다.[25]

대학 자율전형에서 아비투어 평점과 함께 능력과목 또는 김나지움 상급과정 특정 이수 과목의 개별 성적을 반영하는 대학들도 있다. 2017년 의대 입시에 대한 독일 연방헌법재판소의 판결에서도 대학 자율전형에서 아비투어 평점과 함께 별도로 전공 관련 개별과목 성적의 가중치를 반영하는 것을 합리적이라고 보고 있다. 그 이유는 지망 전공에 관련된 하위 분야 학문에 대한 학생들의 특별한 재능과 관심에 대한 정보를 줄 수 있어 대학에서의 학업성취 등에 대한 예측에 도움이 된다고 보기 때문이다.[26]

---

24) 『MINT for the future』. https://www.bundesregierung.de /breg-en/news/mint-for-the-future-1580792.
25) RP ONLINE. 『MINT-Zertifikate oeffnen Tueren in die Berufswelt』. 12 Juni 2015; WIKIPEDIA MINT-EC-zertkfikat.
26) BVerfG. 1BvL 3/14 und 1BvL 4/14.

다른 한편, 김나지움 상급과정 자격취득 단계에서 수강한 모든 과목의 성적이 반영되는 아비투어 평점은 여전히 독일의 대학입시 전형에서 주요한 역할을 하고 있다. 아비투어를 소지한 자는 어느 전공이든지 본인이 원하면 지원할 수 있다. 이처럼 하는 이유는 어릴 때부터 체계적인 진로교육을 받아와서 김나지움 상급과정의 자격취득 단계에서 본인의 적성에 맞는 학업을 할 수 있으므로 적합하지 않은 전공에는 진학하지 않기 때문이다. 아울러 김나지움 상급과정에서는 문·이과 통합형 교육을 하고, 내신의 비중이 아비투어 성적보다 더 높아 어느 정도의 문·이과 소양은 모두 보유하고 있기 때문이다. 아울러, 학생들의 흥미나 적성이 대학진학 시에는 변할 수 있어 교육의 기회를 제한하지 않는다는 의미도 내포하고 있다.[27]

한편, 독일 대학들은 김나지움 상급과정에 재학 중인 학생들을 대상으로 진로 탐색을 허용하고 있다. 예를 들어 대학 바이에른주의 뮌헨대학은 신입생 전형 전에 대학에 개설된 전공들을 직접 체험할 수 있도록 하고 있다. 이 대학은 고교 학생들이 그들의 전공 선택에 있어서 적성을 매우 중시하고 있기 때문이다. 그래서 고교 학생들에게 청강이나 최대 3명의 대학재학생과 온라인 탐색 시간 등을 제공하여 최대한 그들의 적성에 부합하는 전공을 선택하도록 지원하고 있다. 아울러 뮌헨공대는 청강은 물론이고 16세 이상 고교생들을 대상으로 학업진로선택 워크숍의 개최 등 대학본부 차원뿐만 아니라 전공별로도 지원하고 있다.

---

[27] 정수정. 앞의 글.

Chapter
03

독일의 대학입학제도

독일 대입제도의 탐색 필요성
독일의 대학입학 절차
  전형적 허가제의 도입
  정원 제한 없는 전공
  정원 제한 전공
    전형 절차
    중앙관리 전형
    주별관리 전형

독일 대입 전형의 유형과 방식
  아비투어 평점 우수자 전형
  장기 대기자 전형
  대학 자율전형
  직업계 출신 전형
    일반 직업계 출신 전형
    의대의 직업계 출신 전형
  적성전형

Chapter 03 독일의 대학입학제도

독일 대입제도의 탐색 필요성

한 전문기관의 여론조사에서 독일이 '대한민국이 지향해야 할 롤 모델의 나라' 중 26.8%의 비율로 압도적인 1위로 나타났다.[28] 2018년에서 2020년까지 인구 5천만 이상 국가 중 독일 국민의 행복지수가 가장 높은 데 반해 우리나라는 OECD 37개국 중 35위로 최하위권에 속하고 있다.[29] 이와 같은 차이를 가져온 데는 여러 가지 이유가 있겠지만, 우리나라의 대입제도도 그 한 원인이 되었을 것으로 짐작되고 있다.

독일에서는 학생들이 원하는 대학에 입학할 수 있는 문호가 대폭 개방되어 있었다고 할 수 있다. 그런데 1950년대 초반부터 시작된 전체 4년제 대학들의 학생들과 신입생들의 증가는 1960년대 후반까지 두 배 이상을 기록하였다. 대학 교사의 신축 등 교육여건은 이 추세를 따라갈 수 없었다. 인기 전공 중 지원자의 급증 문제로 가장 심각한 문제에 직면한 전공은 의학 분야이었다. 경쟁이 치열한 의대의 입학에서 탈락한 지원자들이 독일 기본법에 보장된 권리가 침해당했

---

[28] 김태환. 앞의 책. 23면.
[29] 중앙일보. 2021. 5. 19.

다는 이유로 소송을 제기하게 되었다.

이에 독일 연방헌법재판소에서 의대 입학에 관한 문제를 본격적으로 다루게 되었다. 그리고 이 문제에 관한 동 재판소의 몇 차례 판결을 거치면서 독일 입시제도는 최근까지 많은 변화를 가져오게 되었다. 즉, 이 판결들이 정원 제한 전공 제도 및 전형유형과 그 기준들을 도입·시행하는데 주도적인 역할을 해 왔다. 1970년대 초에는 아비투어 평점 우수자 전형과 장기 대기자 전형으로 신입생을 선발하였다. 그러다 2000년대 초에 대학 자율전형이 새로이 도입되면서 아비투어 평점과 더불어 다양한 적성 관련 기준들을 활용토록 하였다. 그리고 최근에는 아비투어 평점과 무관한, 지원자의 적성을 나타내는 보완적인 기준만으로 선발하는 적성전형을 새로이 추가하게 되었다. 이처럼 의대 등 중앙관리 전공의 입시제도 변화는 주별 관리 전공 입시제도에도 영향을 미쳐 그 변화를 주도해 가고 있다.

다른 한편, 2010년부터 전국적으로 시행하게 된 직업계 출신 전형은 아비투어를 소지하지 않은 직업계 학교 출신자들을 대상으로 하는 제도이다. 이는 독일의 조기 분리 교육제도의 한계를 보완하고 전문 직업인으로서의 잠재력과 능력 개발을 위한 기회를 최대한 보장하려는데 그 취지를 두고 있다.

독일에서도 점차 대학진학률이 증가하여 2005년의 37%에서 2017년에는 대입 학령인구의 55%가 대학으로 진학하고 있다.[30] 게다가 의학·치의학·수의학 등과 심리학 등 인기 전공의 입시에서는 경쟁이 치열하다. 예를 들어 하이델베르크대학의 2019/20학년도 겨울학기 의학과는 입학정원 9,458명에 41,791명이 지원하였다. 그리고 수의

---

30) 배지혜, 『독일의 대학입시제도 현황』, 메일진 『해외교육동향 364호』, 2019. 11. 20.

학과는 정원 1,082명에 4,029명이, 치의학과는 정원 1,534명에 5,870명이 지원하였다. 특히 인문·사회 분야의 최고 인기 전공인 심리학은 베를린자유대학 2020/21 겨울학기의 경우 입학정원 대비 지원자 수가 40여 배에 이르고 있다. 즉 독일의 대학들도 일반적으로 그 서열화에 따른 명문대 쏠림현상과 경쟁률은 미약하지만, 위와 같이 인기 있는 전공만은 그 예외가 되고 있다.

이처럼 독일에서도 인기 전공의 입시 전형에서는 마찬가지로 경쟁이 매우 치열하다. 그래서 의대의 아비투어 평점 우수자 전형에서는 그 평점 커트라인이 만점인 1,0~1,3점 내에 들어야 합격할 수 있다. 의대의 장기 대기자 전형에서도 평균대기기간이 14학기(7년)에 이르러 정규 수학 연한인 6년보다 더 긴 기간을 대기해야 한다. 그리고 베를린자유대학 2020/21 겨울학기 심리학과 아비투어 평점 우수자 전형의 커트라인은 만점인 1,0에, 보조 전형기준인 대기기간은 아예 없다.

그런데도 이런 인기 전공에 지망하는 학생들이 아비투어 평점에 내신이 반영되는 김나지움 11~12학년에서도 경쟁을 뚫기 위한 별도의 특별한 노력을 기울이지 않는다는 것이다. 외국학자가 쓴 책에서는 독일 김나지움에서 '성적에 신경을 쓰지 않는다'는 규칙에 대한 예외는 의대 진학을 염두에 둔 아이들이었다고 한다. 이들은 다른 아이들에 비해 눈에 띄게 성적에 신경을 많이 썼고 스트레스를 받았다고 한다.31) 이처럼 인기 전공의 입학을 위한 경쟁은 치열하나, 의대 등 인기 전공을 지망하는 학생들이 김나지움에서 서로 경쟁에 집착하거나 외부에서 사교육을 받는다는 사실은 어디에서도 찾아볼 수 없다. 이

---

31) 마티아스 도프케, 파브리지오 질리보티(김승진 옮김). 『기울어진 교육』. 메디치. 2021. 110면.

는 대학입시에 있어 지나친 사교육에 따른 부담이 사회적인 문제로 등장하고 있는 우리의 현실에 비추어 볼 때 놀라운 사실이 아닐 수 없다.

그뿐만 아니라 독일에서는 아비투어 평점이 대체로 모든 주에서 점점 높아지고 있는 것이 현실이다. 최근의 코로나 유행으로 더 심화하는 경향이 있다. 2020/21학년도에는 아비투어 평점의 만점인 1,0에서 1,9까지 1점대의 평점을 취득한 학생들의 전국 평균비율이 30.4%에 이르고 있다.[32] 이는 2005/06학년도의 일부 주를 제외한 전국 평균비율인 19%, 2015/16학년도의 23%, 2016/17학년도의 20%보다 크게 높아진 비율이다.[33] 그리고 아비투어 평점의 평균도 2020/21학년도 노르트라인베스트팔렌주의 김나지움과 통합학교 졸업생의 경우 2,34점으로 전 학년도의 2,42점보다 더 높아졌다.[34] 이에 독일의 대학에서도 인기 전공의 경우에는 아비투어 평점이 만점이거나 만점에 가까운 학생들이 몰려들고 있다. 그런데도 대학에서 이들 간의 변별력 확보로 고민하는 흔적이 보이지 않는다.

우리나라는 대학의 엄격한 서열화와 그에 따른 지나친 입시경쟁이 학생과 학부모에게 고통을 초래하고 있다. 우리나라 교육이 고통이 된 주된 이유는 어릴 때부터 명문대학 진학을 위한 입시경쟁의 대열에 합류해 성적을 높이는데 매몰되어 사교육에 의존해야 하기 때문이다. 대학입시가 우리나라 교육에 드리운 어두운 그림자로 인해 공교

---

32) de. statista.com. 『Anteil der Abiturienten mit einem Notendurchschnitt zwischen 1,0 und 1,9 in Deutschland nach Bundeslaender im jahr 2020/21』.
33) https://www.bpb.de/gesellschaft/bildung/zukunft-bildung/306866/abiturnoten. 23. 3. 2020.
34) RP ONLINE. 『Corona-Pruefungen. Immer mehr Abiturienten erzielen die Bestnote 1,0』. 9. August 2021.

육이 정상 궤도를 벗어나 흔들리고 있다. 이에, 독일 대입제도의 깊이 있는 탐색은 흔들리는 공교육을 바로잡아 우리 아이들이 자신들의 적성과 잠재력 등을 마음껏 발휘하며 공부할 수 있는 토대 마련에 도움이 될 것이다. 독일은 탄탄한 공교육을 바탕으로 경쟁을 지혜롭게 해결하고 있어 우리나라에서 중장기적으로 단행해야 할 과제인 대입제도의 개혁에 있어서 적합한 모델이 될 수 있다고 생각하기 때문이다.

독일의 대학입학 절차

전형적 허가제의 도입

독일에서는 1800년대 초반에 김나지움 졸업시험이자 대학입학시험인 아비투어 소지자에게 본인이 원하는 대학에 입학할 권리를 부여하였다. 따라서 독일의 대학입학은 개방적 허가제도(Offenes Zulassungssytem)를 기본으로 하여 정원의 제한 없이 운영되고 있었다. 그런데 1950년대 초반부터 60년대 후반 동안 전체 4년제 대학들의 학생들과 신입생들이 두 배 이상으로 급승하였다. 대학교사의 신축 등 교육여건이 학생들의 증가 수를 따라잡지 못하자 대학들이 경쟁이 심한 인기전공에 대해서는 정원의 제한(Numerus Clausus, 이하 NC)이 있는 전형적 허가제도(Selektives Zulassungssystem)를 도입하였다. 그래서 1960년대 말에는 거의 모든 자연과학 전공과 심리학 등의 다른 몇몇 전공에서는 이미 정원의 제한이 이루어지고 있었다.[35] 이들 중 지원자의 급증 문제로 가장 심각한 문제에 직면한 전공은 의학 분야이었다. 이 전공에서 교수 인력 확충 등 수용 능력

---

35) Tagesschau. 『40 Jahre Numerus Clausus. Von der notloesung zur Institution』. 18. 07. 2012.

확대를 위해 노력했지만 1967년 여름학기에는 지원자의 50%가 입시에서 탈락하였다. 그 후 1970/71 겨울학기에는 지원자의 70%가 탈락하였다.36) 의대 지원자의 대량 탈락사태는 기본법에 근거한 대학입학 권리 침해를 이유로 탈락자들의 소송으로 이어졌다. 이에 결국 1972년 독일 연방헌법재판소의 판결로 인해 법적으로 의대의 입시 전형에서 연방 차원의 중앙관리 정원 제한 전공 제도가 도입되었다.

이 판결로 인해 1973년에 연방 차원에서 전형 절차를 관리하는 대학입학정원 중앙관리청(Zentralstelle fuer die Vergabe von Studienplaetzen, 이하 ZVS)을 설립·운영하게 되었다. 그 후 이 기관은 2008년 16개 주가 합의한 국가협약(Staatsvertrag)에 근거해 주정부와 대학이 출연한 공동기금으로 운영하는 대학입학허가재단(Stiftung fuer Hochschulzulassung)37)으로 바뀌었다. 아래에서는 먼저 정원 제한이 없는 전공과 정원 제한 있는 전공으로 나누어 살펴보고자 한다.

정원 제한 없는 전공

입학정원의 제한이 없는 전공은 등록만 하면 지원하는 모든 대학의 학과에 입학할 수 있다. 독일에서는 대학입학관리재단을 통하여 대학입학행정 온라인 서비스 플랫폼인 호크슐쉬타르트데(Hochschulstart.de)를 무료로 운영하고 있다. 하이델베르크대학의 정원 제한이 없는 전공의 경우를 예를 들어본다. 학생들은 호크슐쉬타르트데에 학생등록을 신청한다. 그리고 그 신청서의 증명서를 출력하여 아비투어 증명서(성

---

36) BVerfGE 33, 303.
37) www.hochschulstart.de

적표 등)의 공증 복사본, 건강보험확인서, 신분증 복사본, 본인의 주소를 적은 B4 사이즈 서류, 진로지도 수강증명서(적성검사 등)의 서류와 함께 대학 행정실로 우편으로 제출한다. 그리고 제출한 서류를 봉투에 넣어 답신 받은 확인증을 소지하고, 등록 기간 내에 대학 행정실에서 학생등록을 하면 된다. 겨울학기는 통상 10월 1일에 시작하며 6~7월 중순까지, 여름학기는 4월 1일에 시작하며 그 전해 12~1월 중순까지 등록한다.38)

이처럼 등록만으로 입학이 가능한 전공 여부는 매 학기 각 대학에서 결정하여 사전에 공지하고 있다. 2019/20학년도 겨울학기의 경우 독일 16개 주 정원 제한 없는 전공 비율은 59.3%이다. 그런데 이 비율이 30~40%대에 머무는 주는 니더작센 43.8%, 바덴뷔르템베르크 43.4%, 자를란트 43.2%, 브레멘 38.5%, 함부르크 35.2%이다. 베를린시는 33.0%로 가장 낮다.39)

정원 제한 전공

전형 절차

정원 제한 전공은 해당 전공(Studeingang)에 대한 지원자 수가 입학정원보다 많을 때 지정된다. 전통적으로 최상위권에 드는 자가 가장 많이 몰리는 전공 중 의학·치의학·약학·수의학은 국가협약에 근거하여 규제를 받는 중앙관리 정원 제한 전공이다. 그리고 나머지 전공 중 각 대학이 매 학기 개별대학 수준에서 발표하는 주별 관리 정원

---

38) 배지혜. 『독일의 대학입시제도 현황』. 『메일진 해외교육동향』 364호. 기획기사. 2019. 11. 20.
39) 상동.

제한 전공이 있다. 예를 들어 심리학, 생물학 등 인기 전공은 대체로 각 대학에서 매 학기 정원 제한 전공으로 유지하고 있다. 어느 전공을 정원 제한 전공으로 할지는 대학에서 매 학기 달리 정하고 있으므로 이 비율은 고정되어 있지 않다. 대체로 인기 전공은 매 학기 정원 제한이 그대로 유지되고 있다.

정원 제한 전공 비율은 2019/20 겨울학기 기준 독일 전체 대학에 진학한 50만여 명의 신입생들을 조사한 결과 40.7%에 이르고 있다. 이런 전공의 비율은 독일의 16개 주마다 같은 학기에서 그 편차가 심한 것으로 나타나고 있다. 그래서 그 비율이 가장 낮은 메클렌푸르크포어포메른주의 21.9%에 비해 베를린주는 무려 67%에 이르고 있다. 그리고 응용과학대학(Fachhochschule)의 정원 제한전공의 비율은 44.5%로서 종합대학의 38.4%보다 높았다. 그리고 학사과정은 42.1%로서 석사과정의 39.2%에 비해 더 많은 전공에서 정원제가 시행되었다.[40] 정원 제한 있는 전공의 전형은 연방 차원에서 관리하는 중앙관리 전형과 각 주의 정부에서 관리하는 주별 관리전형으로 나누어지고 있다.

중앙관리 전형

독일 연방헌법재판소는 1972년 7월에 의대 입시에 관한 판결에서 처음 법적으로 중앙관리 정원 제한 전공을 도입하였다. 의학은 아비투어 평점이 최상위권에 드는 학생들에게 인기가 가장 많은 전공으로 정원 제한이 불가피하였기 때문이다. 이 판결에서 내려진 정원 제한 전공은 당시에 의대의 급증하는 지원자들에 비해 턱없이 부족한 교수진, 시설, 실습 여건 등 대학의 현실을 타개하기 위한 임시방편

---

40) 주 독일 대한민국 대사관. 『2019/20학년도 독일 대학교육관련 동향』. 2020. 2. 18.

(Notloesung)이었다. 그러나 그 이후에 의대 정원 확대를 위한 투자 확대 등을 꾀하였으나 증가하는 지원자 수로 인해 정원 제한 전공제는 점차 제도화되어 정착되기에 이르렀다.41) 이로 인해 아비투어 소지자에게 대학에서 원하는 전공을 공부할 권리를 부여하는 이상적인 제도와 정원 제한이 불가피한 현실의 간격으로 인해 의대의 입시를 둘러싼 분쟁이 빈번히 발생하였다. 따라서 의대의 입시에 대한 독일 연방헌법재판소의 판결을 여러 차례 받게 되었다. 그 결과 의대의 입시 전형은 법적 근거와 기준 및 절차 등이 기본법의 취지에 더 충실하도록 계속 정비되어왔다. 이에 치의학·수의학·약학과 같은 중앙관리 정원 제한전공의 가이드라인이 되었고, 심리학과 같은 주별 관리 정원 제한 전공에도 주요한 영향을 미치게 되었다.

1972년 독일 연방헌법재판소 판결에서 의학이 중앙관리 정원 제한 전공으로 지정되면서 16개 주 대표가 모여 국가협약을 맺어 입학정원 배분 및 관리와 전형 절차 및 기준 등을 전국적으로 통일할 것을 합의하였다. 이 협약에서는 전형별 선발비율을 아비투어 평점 우수자 전형 60%, 장기 대기자 전형 40%로 배정하기로 합의하였다. 이 협약은 독일의 모든 주 의회의 동의하에 1973년 5월에 그 효력이 발휘되었다42).

그런데 그 후에도 의대 입시에서 성적이 우수한 지원자들이 계속 몰려들어 아비투어 평점과 대기기간의 커트라인이 지나치게 높아지거나 길어졌다. 그래서 1977년 2월 의대 입시에 대한 독일 연방헌법재판소의 판결에서는 모든 지원자에게 기회를 허용하기 위해 아비투어

---

41) Tagesschau. 앞의 기사.
42) Wissenschaftsrat. 『Empfehlungen zur Reform des Hochschulzugangs』. 2004. 1. 30.

평점과 대기기간을 보완하면서 지원자의 적성을 나타내는 추가 전형 기준을 도입할 것을 요구하였다. 이에 따라 의학적성테스트(TMS)가 처음 도입되어 아비투어 평점과 함께 활용되었다.[43] 이후 2000/01 겨울학기에 국가협약에서 정원의 20%를 대학 자율전형으로 선발하고, 아비투어 평점 우수자 전형은 55%, 장기 대기자 전형은 25%로 배정하였다. 그 후 2004년에는 독일 대학총장협의회(HRK)의 대학 자율성 확대의 요구에 따라 2005/06 겨울학기부터 대학 자율전형을 60%로 배정하게 되었고[44] 지금도 같은 비율을 유지하고 있다. 그리고 아비투어 평점 우수자 전형과 장기 대기자 전형은 최근의 변화를 겪기 전까지 각각 20%를 계속 유지해 왔다.

아비투어 평점 우수자 전형과 장기 대기자 전형은 아비투어 평점 또는 대기기간 수에 따른 일방적 배정이다. 반면에 대학 자율전형은 지원자들과 대학들 상호 간의 선호를 고려한 쌍방향적 대화 기반 대입조정(DoSV)을 통한 배정이다.

그런데 최근에는 아비투어 평점 최우수자들이 많이 몰리는 의대의 입시에서 경쟁이 치열하여 커트라인이 아비투어 평점 만점인 1,0에서 1,3에 이르게 되었다. 아비투어 평점의 소수점 이하 한자리의 근소한 점수 차이로 장기 대기자 명단에 올려지면 평균 14학기(7년)까지 대기해야만 했다. 이 대기기간은 의대의 정규 수학 기간인 12학기보다 더 긴 것이다.[45] 이런 치열한 경쟁을 거쳐야 하는 의대 입시의 근거가 되는 법률의 위헌 여부에 대한 판단소송이 제기되었다. 그리

---

43) 상동
44) 『REFORM DES HOCHSCHULZUGANGS. Die Qual der Auswahl』. www.abi-magazin.de. abi 1/2005.
45) Die Welt, 『Studienplatzvergabe fuer Medizin teilweise verfassungswidrig』, 19. 12. 2017.

고 2017년 12월에 독일 연방헌법재판소가 이 소송에 대해 일부 위헌 판결을 내리게 되었다. 이 판결을 계기로 의학 등 중앙관리 4개 전공의 입시 전형은 큰 변화를 겪게 되었다.[46] 이 판결의 주요 내용을 구체적으로 살펴보면 다음과 같다.

첫째, 모든 지원자는 기본법상의 평등권과 연계한 직업선택의 자유에 따라 독일 기본법상 보장된 공립대학 학업 프로그램에의 평등한 참여권과 본인의 지망 전공에 평등한 입학 권리가 있다. 이를 구현하기 위해서는 경쟁이 치열한 전공의 전형 규정은 기본적으로 지원자의 적성을 나타내는 기준들을 지향해야 한다. 아울러, 입법부는 적성을 나타내는 전형기준들을 규정할 때 환자의 돌봄과 같은 공공의 이익과 사회국가의 원리도 고려해야 한다. 이 전형기준들은 전체적으로 볼 때 전공 학업과 전형적으로 수반되는 직업 활동의 성취에 대한 충분한 예측력을 가져야 한다고 요구하였다.

둘째, 의대와 같이 경쟁이 치열한 전공의 전형에 대한 핵심적인 문제는 법률로 규정할 것을 명시하였다. 특히 전형기준의 본질적인 내용에 관하여 법률에서 명확하게 규정할 것을 강조하였다. 그리고 대학에는 이 기준들을 구체화하는 재량을 허용토록 하였다.

셋째, 아비투어 평점은 대입 전형에서 적성을 평가하기 위한 기준으로 적절하며, 그 당시 20%에 머문 아비투어 평점 우수자 전형도 기본법에 부합하는 것으로 보았다. 그러나, 입학정원의 가장 큰 선발 비율을 차지하는 대학 자율전형에서 아비투어 평점만으로는 파악이 어려운 적성의 다양한 측면을 평가하는 보완적인 기준들을 반드시 비중 있게 활용해야 한다고 하였다. 아울러, 이 전형에 의한 선발 비율

---

46) BVerfG. 1BvL 3/14 und 1BvL 4/14.

도 충분히 확보할 것을 요구하였다.

넷째, 대학 자율전형에서 지원자들의 전공 및 장래의 직업에 대한 적성을 평가하는 방법들은 투명하게 표준화·구조화되어야 한다고 하였다. 아울러 실질적인 적성 관련 선발 기제로 수용할 수 있는 전공별 적성테스트와 면접은 설계가 중요하다고 하였다. 특히 면접의 경우는 주관적인 속단에 지배될 위험성이 있으므로 충분히 구조화하고 적성의 파악에만 집중시켜 지원자들에 대한 차별대우를 방지할 것을 요구하였다. 그리고 전공 관련 직업교육 또는 직업경력 등을 적성 관련 전형기준으로 활용하는 때에도 같은 원리의 적용을 요구하였다.

다섯째, 아비투어 평점 우수자 전형과 대학 자율전형에서 주된 기준으로 활용되는 아비투어 평점만으로는 적성의 다양한 측면의 평가에 한계가 있다고 하였다. 이런 현실을 보완하기 위해 법률로 장기 대기자 전형을 시행하는 것은 인정된다고 하였다. 그 이유는 의대 지원자 중 의학의 학습과 의사로의 직업 활동에는 동등하게 적합성을 보이나, 아비투어 평점 우수자 전형과 대학 자율전형의 커트라인에 근소한 점수 차이로 불합격한 자들에게 입학 기회를 주기 때문이라는 것이다. 아울러 의대 입학만을 위해 기꺼이 대기하려는 지원자의 의지는 어느 정도까지는 그들의 지망 전공에 대한 높은 동기부여를 반영한다고 볼 수 있다고 하였다.

아울러 의사로서의 전문직을 제대로 수행할 수 있도록 함이 중요하다고 하였다. 따라서 너무 오랜 대기기간은 오히려 학업의 성취를 저해하게 되고, 그에 따라 직업 선택권도 침해한다고 보았다. 이에 법률로 대기기간을 적절히 제한하지 않은 것을 위헌으로 판단하였다. 아울러 현재 상한선이 없는 대기기간에 법률로 제한을 둘 것을 요구하였다.

한편 독일 연방헌법재판소는 2019년 말까지 위와 같은 내용으로 관련 법을 개정할 것을 명하였다. 이에 따라 2018년에 위 판결의 후속 조치를 논의한 16개 주 교육문화장관협의회에서는 장기 대기자 전형을 2021/22 겨울학기까지 점진적으로 폐지하기로 결의하였다. 그 대신 판결에서 요구한 대로 아비투어 평점과는 전혀 무관한 적성전형을 신설하여 이에 정원의 10%를 배정토록 결의하였다. 그리고 폐지되는 장기 대기자 전형의 남은 배정 비율 10%를 아비투어 평점 우수자 전형으로 넘겨져 30%로 확대되었다. 그래서 종래의 선발비율인 아비투어 평점 우수자 전형 20%, 장기 대기자 전형 20%, 대학 자율전형 60%는 2022 여름학기부터 아비투어 평점 우수자 전형 30%, 적성전형 10%, 대학 자율전형 60%로 바뀌게 되었다.[47]

독일의 튀링겐주 의사회에서는 많은 학습량과 높은 학문적 수준이 요구되는 의학 전공의 특성상 교육문화장관협의회에서 아비투어 평점 우수자 전형의 비율을 20%에서 30%로 올리기로 합의한 것을 환영하였다. 그리고, 아비투어 평점의 비중을 계속 높이는 것이 바람직하다는 의견을 제시하기도 하였다.[48] 교육문화장관협의회는 아비투어 평점 우수자 전형의 선발비율을 높이는 이유를 다음과 같이 밝히고 있다. 즉, 아비투어 평점은 일반적인 인지적 능력과 동기부여, 근면, 학습 태도 등 인성과 관련된 역량을 반영하므로 다양한 학문적인 소양을 고려할 수 있기 때문이라는 것이다.

2019년 독일의 16개 주 대표 간에 대학입학 허가에 관한 국가협

---

[47] 『Studienplatzvergabe im Zentralen Vergabeverfahren-KMK』. 6.12.2018. https://www.kmk.org〉aktuelles〉artikelansicht〉studien.
[48] aerzteblatt.de, 『Kritik am Entwurf fuer einen Staatsvertrag zum Medizinstudium』, 7. Dezember 2018.

약49)이 체결되었다. 이 국가협약에서 중앙관리 전형의 기본적인 구조와 공통사항을 정하고, 구체적인 세부사항은 각 주의 법령 및 대학들의 규정으로 정하도록 하였다. 이 협약에서도 2018년의 교육문화장관협의회에서 결의한 대로 장기 대기자 전형을 폐지하고, 이를 대체하여 적성전형을 신설하였다. 그리고 그 선발비율을 아비투어 평점 우수자 전형 30%, 적성전형 10%, 대학 자율전형 60%로 바꾸었다. 아울러 이 협약에서는 선발비율이 조정된 전형들을 표준화·구조화되고, 그 질적 보장을 위한 방식으로 투명하게 시행할 것을 명시하고 있다.

나아가 이 협약에서는 종래 대학 자율전형에서 주된 또는 유일한 전형기준으로 삼았던 아비투어 평점 외에 그 평점만으로는 파악이 어려운 적성의 다양한 측면을 평가하는 보완적인 기준들을 반드시 활용할 것을 명시하였다. 아울러 각 주법으로 그에 관한 전형기준을 규정토록 하였다. 각 대학은 주법에 따라 아비투어와 관련하여 특히 아비투어 평균 평점과 총점 및 전공적성을 나타내는 각 과목의 평점 가중치를 활용토록 하였다. 아울러 지망 전공에 대한 적성을 나타내는 아비투어 외의 기준으로는 1) 전공적성테스트, 2) 면접 또는 구두절차, 3) 전공적성을 나타내는 직업교육 이수 또는 직업경력, 4) 전공적성을 나타내는 특별한 사전교육 프로그램, 실제적인 활동 및 교외 활동 실적 또는 취득 자격 등을 활용토록 하였다.

특히, 의대의 경우에는 대학 자율전형에서 아비투어 평점과는 무관한 두 가지 이상의 전형기준을 활용토록 하였다. 그리고 치의학·수의학 전공의 경우에는 한 가지 이상의 보완적인 전형기준을 활용토록

---

49) Fundstelle GVBI. 2019 S. 528.

하였다.50) 그러나 예외적으로 주법의 규정에 따라 한 가지의 하위전형(Unterquote)에 한하여 정원의 15% 내에서 아비투어 평점만으로나 그와 무관한 전형기준만으로 선발할 수 있도록 하였다.

아비투어 평점 최우수자들이 몰려드는 의대 입시에서는 경쟁이 치열하여 그 평점이 만점인 1,0에 가까워야 합격의 기회가 주어지고 있다. 이에 의대 입시에 관한 독일 연방헌법재판소의 최초의 1972년 판결부터 가장 최근의 2017년 판결은 일관되게 매우 높은 아비투어 평점만을 전형기준으로 삼는 것은 기본법의 취지에 맞지 않는다고 지적하고 있다. 아비투어 평점이 조금 낮다는 이유만으로 의학 전공 학업과 의사 직업에 같거나, 또는 더 높은 정도의 적성을 가진 지원자들을 완전히 배제하지 않고, 그들에게도 실제적인 입학 기회를 주는 것이 공정하다고 하였다. 새로이 도입·시행된 적성전형은 아비투어 평점을 전혀 반영하지 않도록 함으로써 이와 같은 취지를 반영한 제도 중의 하나이다.

주별관리 전형

앞서 살펴본 중앙관리 전형을 시행하는 의학 등 4개 전공을 제외한 나머지 정원 제한 전공은 각 주 고등교육법과 대학입학법에 따라 모두 대학별로 선발하고 있다. 대학들은 전형의 유형·기준·절차 등에 대한 본질적·기본적인 사항을 규정한 주 법의 틀 내에서 그 세부적인 사항만을 구체적으로 정할 수 있다. 따라서 대학들이 전적으로 자율권을 행사할 수 없다. 대학의 입학에 관한 업무는 등록 전공이든 정원 제한의 전형 전공이든 모두 대학입학 관리재단에 위탁하여 선발하고 있다. 대학입학 관리재단에서는 대화 기반 대입조정절차(DoSV)의

---

50) 약대는 이 규정들과 달리 정할 수 있다.

조율을 통해 가능한 한 신입생의 선호에 가장 부합하는 대학을 매치시키고 있다.

주별 관리 정원 제한전공의 입시 전형에서는 아비투어 평점 우수자 전형과 장기 대기자 전형, 대학 자율전형을 주별로 매우 다양하게 시행하고 있다. 대학 자율전형의 경우 주법이 정한 전형기준의 틀 내에서 대학별 또는 전공별로 다양하게 운영하고 있다. 베를린시 대학입학법51)은 대학 자율전형 비율을 60%까지 대학이 자체 규정으로 정하도록 하고 있으며, 나머지 입학정원은 아비투어 평점 전형과 장기 대기자 전형을 동등한 비율로 시행토록 하고 있다. 따라서 대학 자율전형 비율을 대학이 정하도록 함으로써 대학별로도 전형 비율이 다양하다. 베를린훔볼트대학의 경우 대학 자율전형 60%, 아비투어 우수자 및 장기 대기자 전형 각각 20%로 신입생을 선발한다. 대학 자율전형의 경우에는 전공별로 상이하나 대체로 아비투어 평점 60~90%, 전공 관련 직업 경험 또는 직업교육과 기타 기준으로 40~10%를 선발하고 있다. 베를린자유대학은 대학 자율전형 60%, 아비투어 우수자 전형 20%, 장기 대기자 전형 20%로 선발하고 있다. 대학 자율전형에서는 아비투어 평점을 주된 기준으로 하여 세 가지 추가 전형기준인 김나지움 상급과정의 능력과정 과목 또는 지정과목, 전공 관련 직업교육, 직업경력 또는 인턴 활동, 전공 준비과정 이수로 인한 사전교육을 각각 충족 시 가점을 부여하고 있다. 그러나 베를린공대는 아비투어 평점 우수자 전형과 장기 대기자 전형만으로 선발하고 있다. 입학정원의 50%를 장기 대기자 전형으로52), 나머지 50%를 아비투어

---

51) Gesetz ueber die Zulassung zu den Hochschulen des Landes Berlin in zulassungsbeschraenkten Studiengaengen(BerlHZG) Vom 9. Oktober 2019.
52) 다만, 이 대학은 대기기간의 상한선을 10학기로 정하고 있다.

평점 우수자 전형으로 선발하고 있다.

또 다른 유형으로는 아비투어 평점 우수자 전형을 별도로 시행하지 않고 대학 자율전형에 포함하여 평점과 함께 적성을 나타내는 추가 기준을 적용토록 하는 주가 있다. 예를 들어 10여 년 전부터 대학 신입생들의 적성에 따른 전공 선택을 위해 대규모 재정지원 사업을 추진하는 바덴뷔르템베르크주이다. 이 주에는 하이델베르크대학, 프라이부르크대학 등이 소재하고 있다. 이 주의 대학입학법53)은 입학정원의 90%를 대학 자율전형으로, 나머지 10%는 장기 대기자 전형으로 선발토록 하고 있다. 대학 자율전형에서는 아비투어 평점 및 전공 관련 개별과목의 아비투어 평점 가중치와 더불어 전공에 대한 적성 관련 전형기준들인 직업교육 또는 직업경력, 전공적성테스트, 선발면접, 자기소개서, 에세이를 조합하여 활용토록 하고 있다.

다른 한편, 주 법에서는 대학 자율전형에서 아비투어 평점과 함께 적성을 나타내는 추가 기준을 적용토록 하고 있으나, 바덴뷔르템베르크주의 대학들과는 달리 아비투어 평점 또는 점수만을 활용하는 대학들도 있다. 예를 들어 헤센주 대학입학법54)은 대학 자율전형 80%, 장기 대기자 전형 20%로 정하고 있다. 아울러 대학 자율전형에서는 아비투어 평점과 함께 지원자의 적성을 나타내는 다양한 기준들을 활용토록 하고 있다. 그런데도 이 주에 소재한 프랑크푸르트대학은 대학 자율전형 80%를 아비투어 평점만으로 신입생을 선발하고 있다.

---

53) Gesetz ueber die Zulassung zum Hochschulstudium in Baden-Wuerttemberg (HZG). Vom 15. September 2005.
54) Gesetz ueber die Zulassung zum Hochschulstudium in Hessen(HHZG). Vom 30. Oktober 2019.

니더작센주 대학입학법55)도 입학정원의 80~90%를 대학 자율전형으로, 나머지 정원을 장기 대기자 전형으로 선발토록 하고 있다. 아울러 대학 자율전형에서 활용할 수 있는 다양한 적성평가 기준들을 마찬가지로 명시하고 있다. 이 주의 독일 최초의 법인 운영 대학인 괴팅겐대학은 입학정원의 90%를 아비투어 점수로 나머지 10%를 대기기간으로 선발하고 있다. 아비투어 점수는 아비투어 총점과 지망 전공 관련 김나지움 상급과정 마지막 2년간 수강한 세 과목의 평균 점수를 합하여 계산한 것이다. 그리고 전공별로 이 세 과목의 가중치를 다르게 주고 있다.

그리고 함부르크시 대학입학법56)은 대학 자율전형으로 90%, 장기 대기자 전형으로 10%를 선발토록 하고 있다. 대학 자율전형의 기준은 지원자의 지망 전공과 희망직업에 대한 적성과 동기부여 정도이다. 이를 판단하기 위해 이 법에서는 다음과 같은 일곱 가지 전형기준의 활용을 규정하고 있다. 즉, 아비투어 평점, 전공 관련 과목의 아비투어 개별 평점 또는 수강 의무과목의 평점, 필기 선발 테스트, 선발 면접, 적성평가절차 결과, 전공 관련 직업교육 또는 실제적인 활동, 전공과 직업선택의 사유서 중의 하나 또는 여러 개의 기준을 활용할 것을 규정하고 있다. 그런데도 함부르크 대학은 아비투어 평점만으로 선발하는 것이 일반적이며, 예외적인 전공의 경우에만 다른 기준들을 활용하고 있다.

또 다른 유형으로 바이에른주 대학입학법57)은 아비투어 평점 우수

---

55) Niedersaechsisches Hochschulzulassungsgesetz(NHZG). Vom 29. Januar 1998.
56) Gesetz ueber die Zulassung zum Hochschulstudium in Hamburg(HZG). Vom 28. Dezember 2004.
57) Gesetz ueber die Hochschulzulassung in Bayern(BayHZG). Vom 9. Mai 2007.

자 전형 25%, 대학 자율전형 65%, 장기 대기자 전형 10%로 정하고 있다. 그런데 장기 대기자 전형에서는 대기기간만이 아니라 대기기간과 아비투어 평점을 합산한 점수로 선발하고 있다. 이 전형에서는 대기기간의 단위인 한 학기 당 평점에 0.1씩 가산하며, 최대 1.0까지만 산정하고 있다. 예를 들어 아비투어 평점이 1.5이고 대기기간이 2학기인 경우에는 최종 점수는 1.3이 된다. 대학 자율전형에서는 아비투어 평점 외에 지원자의 전공에 대한 적성과 동기부여를 나타내는 전형기준 중 하나 또는 여러 개를 함께 활용하고 있다. 그 기준에는 1) 전공 관련 개별과목의 아비투어 평점, 2) 전공적성테스트, 3) 직업교육 또는 직업경력, 특별한 사전훈련, 실제 활동 실적 또는 교외 활동 실적과 자격, 4) 지원자의 전공과 장래 직업에 대한 동기부여와 적성을 보여주는 선발 면접 또는 구두 절차 등이 포함되고 있다.

이처럼 각 주의 대학입학법은 정원 제한전공의 입시 전형에서 아비투어 평점과 더불어 이를 보완하는 다양한 적성 관련 전형기준들을 의무적으로 활용토록 규정하고 있다. 이런 각 주의 현상에 대해서는 의대 입시에 관한 독일 연방헌법재판소의 판결이 주요한 영향을 미치고 있다. 독일의 각 주에서는 학생들의 적성과 지망 전공 간의 적합성을 추구하기 위해 적성을 다양하게 평가할 수 있는 보완적인 기준들을 활용하는 대학이 점차 늘어나고 있다.

독일 대입전형의 유형과 방식

아비투어 평점 우수자 전형

대학입학 자격시험이자 김나지움 졸업시험인 아비투어(Abitur)는 내신이 600점(2/3), 아비투어 시험성적이 300점(1/3)으로 총 900점이 만점이다. 내신은 김나지움 상급반 자격취득 단계인 마지막 4학기에 취득한 전체 과목의 총점을 과목 수로 나눈 점수에 40을 곱하여 산정하고 있다. 아비투어 성적은 시험과목이 4과목이면 각각 15점을 만점으로 채점하고, 각 과목의 성적에 5를 곱하여 산정하고 있다. 내신 600점 가운데 최소 200점을 획득해야 아비투어에 응시할 자격을 부여하고 있다. 그리고 아비투어 성적 300점 가운데 최소 100점을 획득해야 아비투어를 소지할 수 있다. 이와 같은 점수를 소수점 이하 한자리 아비투어 평균 평점으로 환산한다. 아비투어 평점 1.0(만점)은 내신과 아비투어 성적을 합산한 총점이 823~900점이며, 평점 1.1은 총점 805~822점, 평점 2.0은 총점 643~660점, 평점 3.0은 총점 436~480점, 평점 3.9점은 총점 301~318점, 그리고 합격점인 평점 4점은 총점 300점 등으로 산정되고 있다.

아비투어 평점 우수자 전형에서는 모든 지원자가 제출한 소수점 이하 한자리의 아비투어 평점에 따라 최상위부터 최하위까지 순위를 매기고 있다. 이 전형에서는 오직 아비투어 평점만이 반영되며, 총점이나 김나지움 이수 과목의 종류 등에 아무런 영향을 받지 않는다. 그러나 인기전공의 경우에는 커트라인에 아비투어 평점이 같은 지원자들이 많이 발생할 수 있다. 이 경우에 동점자들을 처리하는 방식은 의대와 같이 중앙관리 전형에서는 국가협약에서 명시한 공익복무자 등을 우선순위로 하고 있다. 그러나 이로써도 그 순위를 가릴 수 없으면 무작위 추첨으로 처리하고 있다. 주별 관리전형의 경우에는 각 주 법령에서 동점자 처리에 관한 규정을 두고 있다. 각 주에 따라 동점자들을 다양하게 처리하고 있다. 그런데 대체로 대기기간 또는 공익 활동 여부를 보조 기준으로 하여 결정하고 있다. 그러나 이들도 모두 같은 경우에는 마지막으로 무작위 추첨으로 처리하고 있다. 즉, 어느 방식으로 처리하던지 모든 전형기준을 순서대로 적용해도 같은 지원자들 간에는 결국 무작위 추첨으로 처리하고 있다.

장기 대기자 전형

장기 대기자 전형은 정원 제한 전공에서 아비투어 평점과는 전혀 상관없이 대기기간에 따라 신입생의 일정 비율을 선발하는 제도이다. 이 전형은 독일에서만 시행하고 있는 특유한 제도이다. 이 전형은 1960년대 초에서 1970년대 초까지 인기 전공에 지원자가 급격히 증가하면서 대학들의 정원 제한 전공제의 도입을 배경으로 탄생한 것이다.

경쟁이 치열한 의대 입시의 경우 1967년 여름학기에는 지원자의 50%, 1970/71 겨울학기에는 70%의 탈락자가 발생하였다. 아울러 대학별로 입학 업무를 처리하면서 복수 지원·등록 등으로 정작 정원을 다 채우지 못하는 사태가 발생하는 등 행정적 처리의 문제도 많이 발생하였다.[58] 이에 중앙관리 입학 업무의 처리 기관과 통일된 전형기준 적용의 필요성이 제기되었다. 이에 교육문화장관협의회에서는 1968년과 1970년 두 차례에 걸쳐 정원 제한 전공에 적용될 통일된 전형기준을 권고하였다. 이 권고의 내용은 정원의 60%는 아비투어 평점 우수자 전형, 나머지 40%는 장기 대기자 전형으로 선발하자는 것이었다. 각 주에서는 이에 호응하여 주 고등교육법에 입학 관련 규정을 만들어 시행하기에 이르렀다.[59]

---

58) Tagesschau. 앞의 기사.
59) WISSENSCHAFTSRAT. 앞의 권고안.

독일에서는 아비투어 소지자는 본인이 지망하는 전공에 입학할 권리가 주어지고 있다. 그런데도 대표적인 사례로 의대 입학의 경우는 매년 많은 지원자가 탈락하였다. 이에 그 탈락자들이 소송을 제기하였으며, 1972년 독일 연방헌법재판소의 관련 판결이 처음으로 나오게 되었다. 독일 연방헌법재판소는 이에 관한 1972년 첫 판결부터 2017년 최근 판결까지 일관되게 장기 대기자 전형이 기본법에 합치하는 제도라고 판시하고 있다.

이 판결들에 따르면 독일은 기본법상의 평등권과 연계된 직업, 직장 및 직업훈련기관 선택의 자유를 보장하므로 아비투어 소지자는 본인이 원하는 전공에 입학할 평등한 권리가 있다고 한다. 따라서 의대의 지원자들 누구에게나 입학 기회를 부여해야 한다는 것이다. 의대가 아비투어 평점이 극히 우수한 지원자에게만 입학 기회를 허용하면 평점은 조금 낮으나 의대의 학업과 의사직에 대한 적성이 동등하거나, 더 높을 수 있는 지원자들을 배제하는 결과를 초래한다고 한다. 따라서 아비투어 평점과 상관없이 입학할 수 있는 최소한의 실제적인 기회를 제공하는 것이 바람직하다고 명시하였다. 즉, 이 제도는 아비투어 평점이 부족하여 입학할 수 없는 지원자들에게 입학 기회를 확대하여 기회의 균등을 실현하려는데 그 취지를 두고 있다는 것이다. 그런데, 가장 최근의 판결에서는 진정한 직업선택의 자유를 실현하기 위해서는 대기기간의 상한선을 둘 것을 요구하였다. 너무 오랜 대기기간은 학업성취에 어려움을 초래할 수 있기 때문이라는 것이다.

이 전형에서 대기기간은 아비투어의 소지 이후 입학 예정 학기까지 반년 단위(10.1~3.30, 4.1~9.30)로 계산하고 있다. 이 경우에 국내 대학에 등록한 학기는 대기기간에서 제외하고 있다. 그러나 직업교육이나 군 복무 등의 공익근무, 외국대학의 수학 등은 대기기간에 포함하고 있다. 특히, 대기기간의 실무적인 경험을 권장하기 위해 직업교육의 기간은 대기기간에 포함하고 있다.

장기 대기자 전형에서 대기기간의 상한선을 둘 필요성이 사실관계로 입증되고 있다.60) 즉, 의대는 인기가 매우 높아 입시에서 아비투어 평점의 소수점 이하 근소한 차이로 탈락한 지원자들이 생기게 된다. 이들은 장기 대기자 리스트에 올라가게 되는데, 평균 14학기(7년)는 기다려야 입학할 수 있다는 것이다. 게다가 의대생들의 중도 탈락률은 모든 전공 중 가장 낮으며, 그 비율은 5~10%에 불과하다. 이는 다른 전공 학생들의 중도탈락률이 30% 정도에 이르는 현실과는 대조되고 있다.61) 그러나 장기 대기자 전형으로 입학한 의대생의 경우는 일반 의대생보다 의예과 마지막에 보는 1차 의사고시(physikum)에 실패하거나 더 늦은 시점에 합격할 확률이 높다. 그리고 그들의 중도 탈락률도 23.4%로 아비투어 평점 우수자 전형 출신의 12.5%에 비해 약 두 배로 높다는 통계조사도 있다.62) 그들이 이런 난관에 봉착하는 원인은 김나지움에서의 학업성적보다는 너무나 오랜 대기로 인해 오히려 학업성취에 어려움을 겪고 있다는 것이다.63)

인문사회계열 최고 인기 전공인 심리학의 경우에서도 상황은 유사하다. 이 전공에서는 장기 대기자 전형의 입학생들은 아비투어 평점 우수자 전형의 입학생들보다 언제나 아비투어 평점이 더 낮을 수밖에 없다. 예를 들어 베를린자유대학 2019/20 겨울학기의 심리학 전공은

---

60) BVerfG. 1BvL 3/14 und 1BvL 4/14.
61) 『Warum Medizinstudenten ihr Studium seltener abbrechen』. www.aerztezeitung.de, 02. 06. 2017.
62) BVerfG. 1BvL 3/14 und 1BvL 4/14.
63) 상동

정원 119명에 4,536명이 지원하여 경쟁률이 매우 높았다. 그런데 이 전공의 입시 전형에서 정원의 20%를 차지하는 아비투어 평점 우수자 전형의 커트라인은 만점인 1,0이었다. 반면에 정원의 20%를 차지하는 장기 대기자 전형의 커트라인은 16학기이며 보조 기준인 아비투어 평점은 3,0으로 나타났다. 그다음 해인 2020/21 겨울학기에는 경쟁률이 더 높아졌으나, 장기 대기자 전형의 커트라인은 10학기로 줄어들었다. 이는 2017년 독일 연방헌법재판소의 판결에서 장기 대기자 전형을 유지하되, 진정한 직업 자유의 권리 구현을 위해 대기기간에 상한선을 둘 것을 요구했기 때문이다. 예를 들어 베를린자유대학, 베를린공대, 함부르크대학 등은 10학기를 상한선으로 정하고 있다. 그리고 하이델베르크대학과 콘스탄츠대학은 더 짧은 7학기를 상한선으로 정하고 있다.

이처럼 장기 대기자 전형에서는 제도적 변화가 일어나고 있다. 즉, 장기 대기자의 대기기간 상한선이 도입되고, 의대 입시 전형에서 장기 대기자 전형이 폐지되었다. 이런 사실은 이 전형이 적성선발 전형으로 일부 대체된 데서 영향을 받은 것이다. 초기에는 장기 대기자 전형의 선발비율이 40%를 차지했었다. 그러나 의대와 같은 중앙관리 전형에서 점차 축소되어 2000년대 초에는 25%로, 2005/06 겨울학기부터는 20%로 된 후 최근 폐지될 때까지 이 비율을 유지해 왔다.[64] 실제로 2004년 2월 대학총장협회는 대학입시의 전형 절차에 관한 고등교육기본법의 개정에 관한 발표문에서 장기 대기자 전형을 폐지할 것을 결의하였다. 그 이유는 대기기간이 전공의 학업성취에 대한 예측력이 낮고 계층에 따른 학생들의 부담 가중 등이었다.[65]

---

64) 『REFORM DES HOCHSCHULZUGANGS. Die Qual der Auswahl』.
  앞의 글.

일부 대학에서는 별도의 독립된 장기 대기자 전형을 폐지하고, 아비투어 평점과 대기기간을 조합하여 신입생을 선발하고 있다. 본 대학에서는 2021/2022 겨울학기에 정원의 20%를 아비투어 평점 우수자 전형으로, 나머지 80%는 100점 만점에 아비투어 평점을 60점을, 대기기간을 7학기로 제한하여 40점을 부여하고 있다. 뮌헨대학은 2021 여름학기부터 장기 대기자 전형을 폐지하고, 정원의 10%를 아비투어 평점과 최장 대기기간 10학기를 조합하여 한 학기 당 0,1씩 아비투어 평점을 올려 주고 있다. 최대 평점인 1,0까지의 아비투어 평점 상승효과를 인정하고 있다. 쾰른대학에서도 입학정원의 20%를 아비투어 평점 우수자 전형으로, 최대 76.9%를 아비투어 평점과 최장 대기기간인 6학기를 조합하여 선발하고 있다. 한 학기 당 아비투어 평점 0,1을 올려 주고 있으며, 2021 여름학기부터 별도의 장기 대기자 전형은 폐지하였다. 나아가 뷔르츠부르크대학은 입학정원의 90%를 아비투어 평점으로 선발하고, 나머지 10%는 아비투어 평점과 대기기간을 조합하여 대기 학기에 따라 그 평점을 올려 주고 있다. 그러나 2024년 여름학기부터는 새로운 전형기준을 적용하여 대기기간은 아예 반영하지 않을 것을 예고하고 있다.

한편 아헨공대는 20%에 달했던 장기 대기자 전형을 폐지하였다. 그리고 대기기간을 아비투어 평점과는 전혀 무관하면서 지원자의 적성을 나타내는 다양한 전형기준 중의 하나에 포함하여 전공별 활용 여부를 결정토록 하고 있다. 그래서 전형별 선발비율을 아비투어 평점 우수자 전형 20%, 대학 자율전형 77.52%, 직업계 출신 전형 2.48%로 변경하였다. 대학 자율전형은 아비투어 평점 또는 전공 관련 과목

---

65) Hochschulrektorenkonferenz. 『Zur neuregelung des Hochschulzulassungsrechts』. 10. Februar 2004.

평점의 가중치와 다음 기준 중에서 최소 한 가지를 조합하여 선발하고 있다. 그 기준들은 전공적성테스트 결과, 적성평가 면접, 전공 관련 직업교육 또는 직업경력, 전공 관련 사전 교육프로그램. 인턴 또는 교외 활동성과, 최장 7학기인 대기기간 등이다. 장기 대기자 전형을 폐지하는 대신 직업계 출신 전형을 신설한 점이 주목된다.

이런 추세와는 상관없이 여전히 장기 대기자 전형을 유지하는 대학들도 많다. 특히, 베를린공대는 2020/21 겨울학기에도 정원 제한 전공에서 정원의 50%를 장기 대기자 전형으로 선발하고 있다.[66] 장기 대기자 전형은 다른 전형기준과는 달리 지원자의 적성을 진단하는 절차는 아니다.[67] 그런데 최근 독일 연방헌법재판소 판결에서는 장기 대기자 전형의 취지를 밝히고 있다. 즉, 이 전형은 매우 높은 아비투어 평점과 같이 지원자의 적성을 나타내는 전형기준들이 의대의 학업 기회에 대한 높은 장벽이 되는 약점을 완화하는 것이라고 하였다. 의대의 학업과 의사직에 대한 적성은 합격자들과 동등하지만, 커트라인보다 근소한 아비투어 평점을 받은 지원자들에 대해서는 입학 기회를 주어야 한다는 것이다. 그들의 기꺼이 대기하려는 의지는 해당 전공에 대한 높은 동기부여를 반영하고 있으므로 대기기간은 전형기준으로 적절하다고 하였다.

독일에서 장기 대기자 전형이 유지될 수 있는 또 다른 이유도 있다. 그것은 독일은 입학제도는 개방적으로 운영하지만, 대학의 학사관리는 매우 엄격하다는 점이다. 독일은 엄격한 학사관리를 통해 일정 수준에 미달하면 졸업을 어렵게 하는 등 대학 교육의 질을 높게 유지하려는 제도적 장치와 노력을 다양하게 기울이고 있기 때문이다.

---

66) 이 대학에서는 대기기간의 상한을 10학기, 즉, 5년으로 제한하고 있다.
67) WIRTSCHATSRAT. 앞의 권고안.

대학 자율전형

독일의 대학들은 제2차 세계대전 후 오랜 기간 대학의 자체 규정에만 근거해 자율적으로 신입생을 선발해 왔다. 그러나 1960년에는 약 5만 6천여 명이었던 지원자가 1972년에 처음으로 10만 명이 넘어서면서 대학들의 수용 능력 부족이 심각한 문제로 등장하게 되었다. 인기 전공의 입학에서는 많은 탈락자가 발생하게 되었으며, 합격이나 탈락의 기준을 대학들이 결정하고 외부에 공개하지도 않았다. 게다가 대학들이 지원자가 많이 몰리는 전공을 정원 제한 전공(NC)으로 운영하는 법적 근거도 없었다.[68]

이에 1967년 초에 서독총장협의회에서 중앙등록소(eine zentrale Registrierstelle)를 설립하였다. 그래서 지원자가 많이 몰리는 인기 전공인 의학 등 보건의료 분야의 4개 전공과 건축, 심리, 생물, 화학 전공의 경우는 중앙등록소에서 입학절차를 집행하였다. 그러나 주별로 서로 다른 대학입학 지침 등으로 인해 입학절차의 집행에 많은 어려움을 겪었다. 이어서 1968년과 1970년 교육문화장관협의회에서 '대학의 정원 제한 전공 신입생 입학 허가에 대한 지침'을 만들어 서로 다른 정원 제한전공의 입학전형을 통일하도록 권고를 하게 되었다. 이 권고에 의하면 정원의 60%는 아비투어 평점 우수자 전형으로, 나머지 40%는 장기 대기자 전형으로 선발토록 하고 있다. 각 주에서는 이를 수용하여 고등교육법에 입학에 관해 규정하게 되었으나, 주 집행부나 대학에 많은 사항을 위임하였다.[69]

---

68) WIRTSCHATSRAT. 앞의 권고안.
69) 상동

이와 같은 상황에서 의대 지원자들이 대거 탈락하자 이들이 소송을 제기하고 1972년 7월 독일 연방헌법재판소에서 처음으로 주 법이 독일의 기본법에 부합하는지를 판단하게 되었다. 이 판결은 1976년 고등교육의 일반 원칙을 규정하는 고등교육기본법(Hochschulrahmengesetz)의 제정, 중앙대학입학처리청의 설립, 중앙관리 입학 전형기준이 포함된 전형 절차의 확립 등을 위한 법적 근거를 마련하였다.[70]

이 판결에서는 정원 제한전공의 입시 전형의 규정은 자의성이 배제되어야 하고, 입학 자격자 누구에게나 기회를 주어야 한다고 명시하였다. 따라서 입시의 전형유형과 선발비율은 대학에 위임할 수 없으며, 법률로 정해야 한다고 명시하였다. 이 판결은 단순한 전형제도의 개선이 아니라 실질적인 혁명으로 받아들여졌다. 대학들이 처음으로 입시 전형별 선발비율을 정하는 기준들을 밝혀야 할 의무를 부담하였기 때문이다. 이 판결이 나오기 전에는 지원자가 교수의 아들인지 또는 거액을 그 대학에 기부했는지가 입학에 주요한 역할을 했을 수도 있었다는 지적도 있었다.[71] 이 판결에 호응하여 1972년 10월에 정원 제한전공의 입시 전형을 위한 첫 국가협약이 16개 주의 대표 간의 합의에 따라 체결되었다. 이 국가협약에서 정원의 60%를 아비투어 평점 우수자 전형으로, 나머지 40%를 장기 대기자 전형으로 통일하여 선발하기로 하였다.[72]

이처럼 경쟁이 심한 전공의 입시 전형을 중앙관리로 확대하고, 기준을 통일한 이유는 대학별로 정한 전형기준의 객관성 결여로 인한

---

70) 상동
71) 『Mehr Gerechtigkeit fuer Studienbewerber』. Deutschlandfunk. 18. 07. 2007.
72) KMK. 『Geschichte der KMK. Verschaerfung der Numerus-Clausus-Probleme: Staatsvertrag der Laender』. https://www.kmk.org/kmk/aufgaben/geschchte-der-kmk.html.

자의성(Willkuer)과 대학 간의 조율 부족으로 인한 대규모 정원 미충원 현상 등 절차의 비효율성이 지적되었기 때문이다. 이에 지원자들 누구나 적절한(sachgerecht) 전형기준에 따라 실제로 입학할 기회를 부여받아 지망하는 전공을 공부할 수 있도록 배려하기 위한 각종 제도가 정비되었다. 그리고 중앙관리 통일된 전형기준의 적용과 절차를 집행할 법적 근거 마련 및 기관 설립 등이 수반되었다. 아울러 대학의 정확한 입학정원, 수용 능력 조사 및 공개와 더불어 수용 능력의 확장 정책도 병행되었다.

이와 같은 독일의 대입 전형제도의 변화는 기본법의 취지에 맞게 모든 지원자에게 본인이 원하는 학문에 접근할 실제적인 기회를 부여하기 위한 것이다. 그리고 이를 위해 전형기준의 전국적인 통일과 행정적인 처리의 표준화와 조율 등에 중점을 둔 결과이다. 그러나 의대와 같은 인기전공에 대한 지원자의 급속한 증가와 대학의 수용 능력 부족으로 인한 간격의 확대로 아비투어 평점의 커트라인은 더욱 높아지게 되었다. 그리고 장기 대기자 전형으로 입학하려면 의대의 정규 교육 기간인 6년보다 더 오래 대기해야만 하였다.[73] 이에 1977년 2월 독일 연방헌법재판소의 2차 판결에서 아비투어 평점과 대기기간 외에 지원자의 적성을 평가할 수 있는 전형기준을 추가로 활용하여 아비투어 소지자 누구에게나 기회를 줄 것이 요구된다고 하였다. 이 판결에서 주목되고 있는 것은 당시 교육문화 장관협의회에서 이르면 1978년 시행을 목표로 준비 중인 의대나 다른 인기전공의 지원자들을 대상으로 한 전국단위 객관식 입학시험(Hochschuleingangstest, HET) 도입에 반대를 표명했다는 사실이다. 그 이유는 아비투어 평점과 시험성적이 우수한 지원자만 입학할 수 있으므로 기본법의 취지에

---

73) WIRTSCHATSRAT. 앞의 권고안.

부합하지 않기 때문이라는 것이다.[74]

그 후 2000년대 초에 들어와 계속해서 논란의 정점에 서 있던 의대의 입시 전형에서 처음으로 대학 자율전형이 도입되었다. 이는 아비투어 평점이나 대기기간이 가진 한계를 보완하고 적성을 나타내는 다양한 전형기준으로 전공에 가장 맞는 적성을 가진 학생들을 대학이 자체적으로 선발하기 위한 것이었다. 이에 2000/01 겨울학기에 정원의 20%는 대학 자율전형으로 선발하게 됨에 따라 아비투어 평점 우수자 전형은 55%, 장기 대기자 전형은 25%로 배정되었다. 곧이어 2002/2003년 겨울학기부터는 대학 자율전형의 선발비율이 24%로 소폭 올랐다. 이에 대학들은 아비투어 평점, 선발 면접, 직업교육이나 직업경력의 종류 또는 이 세 가지 기준의 다양한 조합으로 선발할 수 있었다. 그 후 2004년에는 독일 대학총장협회(HRK)가 중앙관리 전공의 입시 전형에서 전형 절차의 최적화(optimieren)를 위해 요구한 대학의 자율성 확대를 고등교육기본법에서 수용하였다. 이에 2005/06 겨울학기부터는 대학 자율전형이 60%로 가장 큰 비중을 차지하게 되고, 아비투어 평점 우수자 전형과 장기 대기자 전형은 각각 20%로 배정되었다.

대학 자율전형은 아비투어 평점 우수자 전형이나 장기 대기자 전형에 합격하지 못한 지원자들을 위한 제도로 시행되고 있다. 이 전형은 아비투어 평점만으로 파악하기 어려운 지원자들의 적성을 평가하는 다양한 기준을 추가하여 대학들이 자율적으로 선발할 수 있도록 한 것이다. 그러나, 대학 자율전형에서도 아비투어 평점이 압도적으로

---

[74] Spiegel. 『NUMERUS CLAUSUS. Billig und ehrlich』. 29. 5. 1977; Spiegel. 『NUMERUS CLAUSUS. Lieber mischen』. 13. 2. 1977; Spiegel. 『NC-Test: Countdown zum Start ins Ungewisse』. 6. 2. 1977.

주된 역할을 하고 있다. 그래서 일부 대학에서는 심지어 100%를 아비투어 평점만으로 선발하는 사례도 있었다. 이에 대해 2017년 독일 연방헌법재판소의 판결은 큰 변화를 가져오게 하였다. 이 판결은 의대의 입시 전형은 아비투어 평점 외에도 지원자들의 의학과 의사 직업에 적성을 나타내는 다양한 기준을 활용해야 한다고 강조하였다.

이 판결을 반영한 2019년 국가협약은 의대 입시의 대학 자율전형에서는 아비투어 평점과는 무관한 두 가지 이상의 전형기준을 활용토록 명시하고 있다. 그리고 치의학·수의학 전공의 경우에는 이에 해당하는 한 가지 이상의 전형기준을 활용토록 명시하고 있다. 특히 의학 적성시험의 결과는 의무적으로 전형기준으로 활용토록 명시하고 있다.[75] 그러나 예외적으로 주법의 규정에 따라 한 가지의 하위전형(Unterquote)에 한하여 정원의 15% 내에서 아비투어 평점, 또는 그와 무관한 전형기준만으로 선발할 수 있도록 하고 있다.

예를 들어 노르트라인베스트팔렌주에서는 국가협약의 내용을 새로이 반영한 주 대학입학법은 대학 자율전형에 서는 그 협약에 명시된 전형기준 외의 추가 기준의 활용을 금하고 있다[76]. 독일의 각 대학은 이런 제약하에서 전형기준을 조합(Kombination)하거나 단일 전형기준만으로 선발할 수 있는 비율을 제한하는 등의 방식으로 하위 전형기준을 정할 수 있다.

이 주에 소재한 아헨공과대학교 의대의 2020/21 겨울학기 대학 자율전형은 다음과 같은 세 가지의 하위전형으로 나누어 시행하고 있

---

75) 약대는 이 규정들과 달리 정할 수 있다.
76) Gesetz zu dem Staatsvertrag ueber die Hochschulzulassung und zur Neufassung des Hochschulzulassungsgesetzes in Nordrhein-Westfalen https://recht.nrw.de.

다. 이 전형의 45%를 차지하고 있는 제1전형은 총점 100점에서 아비투어 평점 95점, 적성시험 결과 5점으로 선발하고 있다. 마찬가지 45%의 제2전형은 적성시험 결과 70점, 아비투어 평점 20점, 공익활동 10점으로 선발하고 있다. 그 비율이 가장 적은 10%의 제3전형은 아비투어 평점 50점, 직업교육 50점으로 선발하고 있다.

같은 주에 소재한 예나대학교 의대에서도 마찬가지로 대학 자율전형을 세 가지 하위전형으로 나뉘어 시행하고 있다. 그러나 각 하위전형에서 전형기준 및 그 배점의 비중은 서로 다르게 정하고 있다. 즉 이 전형의 60%를 차지하고 있는 제1전형은 총 100점 만점에 아비투어 평점에 85점, 의학 적성시험에 10점, 공인 직업교육에 5점을 배정하고 있다. 그리고 30%를 차지하고 있는 제2전형은 아비투어 평점에 40점, 의학 적성시험에 55점, 공인 직업교육에 5점을 배정하고 있다. 나머지 10%의 제3전형은 아비투어 평점에 5점, 의학 적성시험에 40점, 공인 직업교육에 55점을 배정하고 있다.

같은 주에 있는 빌레펠트대학교 의대도 세 가지 하위전형으로 시행하고 있다. 그 제1전형은 아비투어 평점 90점과 전공 관련 공익활동 10점으로 배정하고 있다. 그리고 제2전형은 아비투어 평점 80점과 공인 직업 활동 20점으로 배정하고 있다. 제3전형은 아비투어 평점 50점과 의학 적성시험 50점으로 배정하고 있다.

반면에 니더작센주에 소재한 하노버대학교 의대에서는 대학 자율전형을 두 가지 하위전형으로 시행하고 있다. 이 전형의 80%를 차지하고 있는 제1전형은 아비투어 평점에 60점, 의학 적성시험에 30점, 공익활동에 10점을 배정하고 있다. 나머지 20%의 제2전형은 아비투어 평점에 60점, 공인 직업교육에 40점을 배정하고 있다.

베를린시에 있는 베를린 샤리테 의대는 대학 자율전형에서 한 가지 하위전형만을 시행하고 있다. 그 배점은 총 100점 만점에 아비투어 평점 20점, 의학 적성시험 60점, 전공 관련 공익활동 20점으로 정하고 있다.

바덴뷔르템베르크주 소재 하이델베르크대학교 의대의 대학 자율전형에서는 다양한 전형기준을 조합한 단일 하위전형만 시행하고 있다. 그 배점은 총 100점 만점에 아비투어 평점 46점, 의학 적성시험 44점, 대학 공인 직업교육 4점, 대학 공인 직업경력 2점, 공익활동 2점, 전공 관련 수상실적 2점으로 정하고 있다.

이처럼 각 의대는 주법에서 규정하는 전형기준의 범위 내에서 자율적으로 그 기준을 다르게 조합하거나 배점을 다르게 하여 하위전형을 1~3가지로 시행하고 있다. 따라서 지원자들은 자신의 강점을 발휘할 수 있는 대학과 전형을 고려하여 지원할 수 있다.

한편, 각 대학이 자체적으로 지정한 주별 관리 정원 제한전공의 경우에는 각 주 법령과 대학의 자체 규정에 따라 전형 절차를 밟고 있다. 독일의 대학들은 아비투어 평점 우수자 전형과 장기 대기자 전형이 끝난 후 마지막으로 대학 자율전형을 하고 있다[77]. 그러나 주에 따라서는 아비투어 평점 우수자 전형을 별도로 시행하지 않고, 대학 자율전형으로만 선발하기도 한다.

후자의 대표적인 사례가 바덴뷔르템베르크주이다. 이주의 대학입학법은 입시 전형에서 지원자의 적성과 지망 전공과의 연계를 강화하는 전형기준을 규정하고 있다. 따라서 장기 대기자 전형 10%를 제외

---
77) 아비투어 평점 우수자 전형과 장기 대기자 전형으로 입학이 확정된 지원자들은 지원할 수 없다.

한 나머지 정원의 90%는 대학 자율전형으로 선발하고 있다. 이 주의 대학들은 아비투어 평점과 함께 대학입학법에 규정된 전공 관련 적성을 나타내는 다음 전형기준들을 적용하고 있다. 그 기준은 아비투어 평점과 총점 또는 전공 관련 적성을 나타내는 각 과목의 아비투어 평점 가중치 중 최소한 한 가지를 포함해야 한다. 이와 더불어 사전 경험에 해당하는 각종 활동과 전공의 학업 적성테스트 결과, 전공과 장래의 직업 적성평가 면접 또는 구두 절차, 자기소개서, 에세이 중에서 한 가지를 선택하여 전형할 것을 규정하고 있다.[78] 사전 경험에 해당하는 각종 활동에는 전공 관련 직업교육 및 직업경력, 전공 준비 교육프로그램 또는 자원봉사활동과 같은 실제 활동, 교외 활동 성과 등이 포함되고 있다.

이 주에 소재한 슈투트가르트대학은 정원의 90%를 선발하는 대학 자율전형에서 지원자들의 적성과 동기부여를 중시하고 있으며, 그 전공별 전형기준들도 다양하다. 예를 들어 경영학과의 경우는 아비투어 평점에 15점을, 상업 관련 직업교육에 15점을 배정하고 있다. 그리고 전자와 후자의 점수를 6:1의 비율로 합산하여 선발순위를 정하고 있다. 건축학과·도시계획학과의 경우도 아비투어 평점은 마찬가지로 15점을 배정하고 있다. 교외 활동에는 총 45점을 배정하고 있는데, 세부적으로 자기소개서에 15점, 이력서에 15점, 포트폴리오에 15점을 배정하고 있다. 그리고 아비투어 환산점수와 교외 활동 점수를 각 2:2로 반영하여 점수 순으로 선발하고 있다.

베를린자유대학은 입학정원의 60%를 차지하는 대학 자율전형에서 네 가지의 전형기준을 조합하여 합산한 총점으로 신입생을 선발하고

---

[78] Gesetz ueber die Zulassung zum Hochschulstudium in Baden-Wuerttemberg http://www.landesrecht-bw.de.

있다. 아비투어 평점에 따라 기본 점수를 부여하며, 다음 기준들을 더 많이 충족할수록 가산점을 올려 주고 있다. 그 기준은 김나지움 상급반 능력과정의 과목 또는 지정과목들, 전공별 지정 기간을 충족하는 전공 관련 직업교육, 직업경력 또는 인턴 활동, 직업학교가 제공하는 전공 준비과정으로서의 사전교육 프로그램 등이다.

직업계 출신 전형

일반 직업계 출신 전형

종래에는 독일의 대다수 주에서 김나지움에 진학하여 아비투어를 소지한 자들에 대해서만 대학입학의 기회를 부여하고 있었다. 초등학교를 졸업하고 직업계 학교에 진학한 학생들은 통상 직업교육을 통해 직업 세계로 곧바로 뛰어들어 사회계층 이동이 활발치 못하다는 지적이 많았다.

이에 2008년 독일대학총장협회는 지식사회로의 변화에 부응하고 개인의 교육기회를 확대하기 위해 독일 교육시스템의 불필요한 장벽을 없애는 것이 바람직하다고 결의하였다.[79] 이는 대학입학자격인 아비투어를 소지하지 않은 직업인들도 대학입학 기회를 누릴 수 있도록 하는 데 그 취지를 두고 있다. 같은 해에 바이에른주는 이에 적극적으로 호응하여 고등교육법의 개정으로 직업계 출신 전형(beruflich Qualifizierte)의 법적 근거를 마련하였다. 2009년에는 교육문화장관협의회에서 독일의 모든 주에서 대학입학을 위한 직업계 출신 전형의 도입에 관한 법적 근거의 마련을 결의하였다. 이에 따라 이듬해인

---

[79] HRK. 『Neuordnung des Hochschulzugangs fuer beruflich Qualifizierte, Entschliessung der 4. HRK-Mitgliederversammlung am 18. 11. 2008』.

2010년에는 전국적으로 이 전형제도를 시행하게 되었다.

직업계 출신 전형은 김나지움이 아닌 직업계 학교를 졸업한 후 장인자격을 갖춘 자들이나 대체로 지망하는 대학 전공과 관련된 직업교육을 우수한 성적으로 수료하고 일정 기간의 직업경력을 보유한 자들에게 대학입학의 기회를 부여하는 것이다. 학교 공부와는 다른 방법으로 현장에서 습득한 지식과 능력 등을 인정해 주는 제도이다.[80] 직업계 출신자들의 대학입학에 대해 더 적극적인 주에서는 직업계 출신 신입생의 쿼터를 우선 확보하고 있다. 우선 쿼터(Vorabquote)는 주법에 근거해 대학 입학정원을 전형별로 배정하기 전에 역경을 극복한 지원자, 외국인, 두 번째 학위 과정 입학자(Zweitstudium) 등의 정원을 반드시 일정 비율 먼저 확보하는 제도를 말한다. 직업계 출신자들도 이 카테고리에 포함하여 먼저 일정 비율의 정원을 확보하는 주들도 있다.

직업계 출신 전형으로 입학하기 위해서는 필요한 전형 절차를 거쳐야 한다. 우선 장인의 자격을 갖춘 자는 아비투어를 소지한 자와 똑같이 본인이 지망하는 모든 전공에 지원할 수 있다. 별도의 입학시험이나 적성시험을 치르지 않는다. 그러나 대학에서 제공하는 상담에는 반드시 응해야만 한다. 이 상담을 통해 지원자들의 지망 전공에 필요한 사전 지식의 수준 등을 파악하여 이를 보완할 방안 등에 대한 정보를 제공해 주고 있다.

그리고 최소 2년 이상의 직업교육을 우수한 성적으로 수료하고, 이어서 동일 분야에 최소 3년 이상 직업경력을 가진 자들도 이와 부합

---

80) 『Studieren ohne Abitur』. Bremen.
www.studieren-ohne-abitur.de/web/laender/bremen.

하는 전공에 지원할 수 있다. 그들에 대해서는 특정 전공에 제한하여 대학입학자격(fachgebundene Hochschulreife)을 부여하고 있다.[81] 예외적으로 함부르크시, 베를린시, 노르트라인베스트팔렌주 등 일부의 주에서는 그들에게 대학입학 기회를 더 넓혀 주고 있다. 그리하여 직업교육과 직업경력이 본인의 지망 전공과 부합하지 않더라도 적성시험 등을 통해 지원을 허용하고 있다.[82] 그들은 시험을 치르지 않고 전형 절차에 참여할 수 있는 장인자격을 갖춘 자와는 달리 대다수 주에서는 대학에서 실시하는 별도의 입학시험 또는 적성시험을 치르고 있다. 예외적으로 베를린시와 같이 입학시험을 면제하는 주들도 있다. 입학시험은 필기시험과 구두시험으로 나뉜다. 이 시험은 지원자가 지망하는 전공의 학업에 필요한 전문적·방법론적인 전제 조건의 구비에 대한 평가를 목적으로 하고 있다. 그리고 아비투어 소지자가 등록만으로 입학하는 전공의 경우에는 입학시험을 치지 않고 2~4학기에 걸친 임시학업기간제(probestudium)로 대체할 수 있다. 지원자가 이 기간에 성공적으로 학업성취를 이루어내면 정식으로 입학 자격이 주어지고 일반학생과 같은 신분을 가지게 된다.

이 제도는 직업 현장에서 지식과 기술 등을 연마한 지원자들의 적성과 역량 등을 입증하는 자료를 바탕으로 운영되고 있다. 따라서 이 전형으로 입학한 학생들이 현장에서 습득한 지식과 기술, 역량 등을 환산하여 전공 학업 요건의 최대 50%까지 충족할 수 있도록 하고 있다. 게다가 일부 주에서는 입학 시에 배치시험(einstufungspruefung)을 통하여 1학년이 아닌 더 고학년으로도 입학할 수 있도록 하고 있다.

---

81) 『Mit beruflicher Qualifikation zum Hochschulabschluss』.
https://abi.de/orientieren/schule/schulabschluesse-studieren-ohne-abitur, 03.05. 2021.

82) Centrum fuer Hochschulentwicklung. 『kurz+kom;akt studium ohne abitur』.

독일에서는 2010년부터 모든 주에서 직업계 출신 전형을 시행해 왔다. 그러나 함부르크시에서는 이미 1950년대부터 직업계 출신자들을 입학시켰다. 그 후 2014년에는 대학입학법을 개정하여 우선 쿼터 전형의 비율을 3%로 배정하였다. 그리고 직업 활동에서 습득한 역량 등을 환산하여 학업 요건 충족에 반영키로 하였다.[83] 그런데 함부르크 대학에서 특이한 점은 학제적 접근을 취하는 사회경제학(Sozialoekonomie) 전공의 경우에는 정원의 60%만 아비투어 소지자를 선발하고 있다. 나머지 40%는 직업계 출신 전형으로 선발하고 있다. 이 전형에 지원하기 위해서는 직업경력은 전공과 관련되지 않아도 되며, 상업·수작업·교육적인 성격을 띤 직업 활동 등이 있으면 지원자격이 주어지고 있다. 그러나 별도의 입학시험은 통과하여야 한다.[84] 2018년 기준 독일 모든 주의 대학 및 응용과학대학 전체의 신입생 중 함부르크시가 이 전형에 의한 합격률이 5.8%로 가장 높은 것으로 나타나고 있다.

베를린시는 2000년대 초반 이래 다른 주들보다 직업계 출신 우선 쿼터 전형의 도입 등을 통해 이 제도의 활성화에 앞서고 있다. 대다수 주에서는 직업교육과 직업경력이 지망 전공과 연관성이 인정되어야 지원 자격을 부여하고 있다. 그러나 베를린에서는 연관성이 없더라도 적성시험만 통과하면 지원할 수 있도록 하고 있다. 그리고 직업교육과 직업경력이 지망 전공과 연관성이 있는 경우에는 입학시험을 치르지 않고 지원할 수 있다.[85]

---

83) 『Studieren ohne Abitur』. Hamburg.
www.studieren-ohne-abitur.de/web/laender/hamburg.
84) https://www.uni-hamburg.de/campuscenter/bewerbung/bachelor-staatsexamen/zulassungsverfahren/bachelorstdiengang-sozialoekonomie.html
85) 『Studieren ohne Abitur』. Berlin.
www.studieren-ohne-abitur.de/web/laender/berlin.

베를린시의 대학입학법은 직업계 출신 우선 쿼터 전형을 포함한 우선 쿼터 전형의 전체비율을 입학정원의 20~30%로 정하고 있다. 그러나 그 전형의 대상자별 구체적인 비율은 각 대학에 위임하고 있다. 베를린자유대학은 정원의 8%를 직업계 출신 우선 쿼터 전형으로 배정하고 있다. 그런데 특이하게도 학기별 전공 입학 커트라인 지표에 이 전형의 커트라인도 함께 명시하고 있다. 베를린 훔볼트 대학도 마찬가지로 정원의 8%를 직업계 출신 우선 쿼터 전형으로 배정하고 있다. 반면에 베를린 공과대학은 이 전형의 비율로 정원의 5%를 배정하고 있다. 이 전형에서는 지원자 수가 쿼터 내에 해당하면 특별한 결격 사유가 없는 한 모두 합격할 수 있다. 그러나 이를 초과하면 전형 절차를 거치게 되며, 그 기준은 직업 자격시험의 성적 또는 입학 시험의 성적으로 하고 있다. 이 대학들은 직업계 출신 우선 쿼터 전형의 비율이 높은 편에 속하며, 지원자들의 입학 기회를 확대하고 있다. 베를린 훔볼트대학은 홈페이지에서 직업계 출신 우선 쿼터 전형의 지원자들이 가장 선호하는 공립대학 톱 5에 들어간다고 밝히고 있다.[86]

한편 아비투어 소지자를 대상으로 한 대학 자율전형에서도 대학입학 전의 지망 전공 관련 직업교육이나 직업경력을 권장하고 있다. 베를린 훔볼트 대학은 대학 자율전형에서 정원 제한전공의 경우 아비투어 평점을 90%, 전공 관련 직업교육의 수료나 직업경력(900시간)을 10% 비율로 반영하고 있다. 예를 들어 경영학과의 경우 아비투어 평점 90%와 상업 분야 직업교육 수료 10%를 반영하고 있다. 베를린자유대학도 대학 자율전형에서 전공 관련 직업교육이나, 직업경력 또는 인턴 활동을 한 경우에 가산점을 부여하고 있다.

---

86) https://www.hu-berlin.de/de/studium/beratung/crossover.

니더작센주에서는 이미 1970년대부터 직업계 출신 우선 쿼터 전형을 시행해 왔다. 그 전형 비율은 전공별 우선 쿼터 전형의 지원자 전체에 대한 직업계 출신 우선 쿼터 전형에 지원한 자들의 비율로 정하고 있는데, 그 최대비율은 10%에 이르고 있다. 바이에른주에서는 2009년에 개정한 주 고등교육법에 따라 직업계 우선 쿼터 전형을 시행하고 있으며, 그 전형의 비율은 3~10% 내에서 정하도록 하고 있다. 그러나 노르트라인베스트팔렌주에서는 직업계 출신 우선 쿼터 전형의 비율을 2~4%로 정하고 있다.

독일의 대학 중에는 직업계 출신 전형 지원자들을 위해 직장을 다니면서 공학·경제학 전공 학업을 준비할 수 있는 별도의 프로그램을 제공하고 있다. 대표적인 예로 뮌헨공과대학은 암베르크바이덴 기술대학에 이들을 위한 준비프로그램을 개설하고 있다. 사전 준비프로그램(BeVorStudim)으로 명명된 이 프로그램은 공학을 지망하는 직업계 출신 지원자들을 대상으로 수학·물리학 모듈 과정을 제공하고 있다. 이 프로그램은 지원자들의 전공에 대한 사전 지식의 갭을 메우고, 이미 공부한 내용을 반복·심화시켜 줌으로써 대학에서의 학문적인 수준 향상을 그 목적으로 하고 있다.[87]

나아가 암베르크바이덴 기술대학에서는 공학을 전공하는 일반 신입생들을 위해 수학 징검다리 코스 (Mathematik-Brueckenkurs)를 제공하고 있다. 이는 매 학기의 시작 전에 김나지움에서 공부한 수학의 내용을 반복·심화시켜 주는 10일간의 블록 코스이다. 아울러 수업에 참석하지 못하거나 특정 수학의 테마에 대해 부족함을 느끼는 학생들을 위하여 온라인 수학 징검다리 코스(OMB+)도 제공하고 있다.

---

[87] https://www.oth-aw.de/studiengaenge-und-bildungsangebote/vorbereitung/bevorstudium

한편, 베를린기술대학(Berliner Hochschule fuer Technik)에서도 이와 유사한 프로그램을 운영하고 있다. 이 프로그램은 직업계 출신 전형을 준비하거나, 아비투어 시험을 치른 뒤 오랜 기간이 지난 후 대학에 지원하는 자들을 대상으로 하고 있다. 이 프로그램은 김나지움 교과목인 수학·물리·화학·생물학을 공부하면서 기억을 새롭게 하고, 부족한 부분을 메울 수 있도록 징검다리 역할을 하고 있다.[88]

이와 같은 독일 대학입학제도의 유연성 제고와 대학교육의 기회확대 정책으로 인해 지난 21년간 아비투어 소지 없이 대학에 진학하는 자들의 수가 급속히 증가하는 추세를 나타내고 있다.[89] 직업계 출신 전형으로 입학한 학생들은 1997년에는 일반대학과 응용과학대학의 전체 학생 수의 0.59%였으나 2018년에는 2.9%로 상승하였다. 즉 1997년에는 이 전형으로 대학에 입학한 학생의 수는 1,568명에 불과하였다. 그러나 2018년에는 그 수가 9배로 증가한 14,837명에 이르고 있다. 그리고 2019년 현재 6만 4천여 명의 학생들이 직업계 출신 전형으로 대학에 입학하여 공부하고 있다.[90] 이들의 68%는 응용과학대학에 재학 중이며 일반대학에는 28%, 예술·음악대학에는 4%가 등록하고 있다. 이들이 주로 입학하는 전공 분야는 경제학·사회복지학·공학(특히 컴퓨터공학) 등이다. 그러나 최근에는 건강 관련 학문인 의학 등에 있어서도 그 숫자가 가파르게 늘어나고 있다.

---

88) https://projekt.bht-berlin.de/brueckenkurse.
89) Centrum fuer Hochschulentwicklung. 『Update 2020: Studieren ohne Abitur in Deutschland. Ueberblick ueber aktuelle Entwicklungen』. Maerz 2020.
90) Centrum fuer Hochschulentwicklung. 『Verbesserte Chancen fuer Medizinstudium ohne Abitur』. 18. Juni 2020; Bundesagentur fuer Arbeit, 『Mit beruflicher Qualifikation zum Hochschulabschluss』. https://abi.de/orientieren/schule/schulabschluesse-studieren-ohne-abitur. 03.05. 2021.

주별 통계에 의하면 바이에른주는 2010년에는 직업계 출신 전형에 의한 입학생이 860명, 재학생이 1,564명, 졸업생이 34명에 불과하였다. 그러나 2019년에는 그 수가 각각 1920명, 8,171명, 1,549명으로 증가하였다. 이와는 약간 다르게 노르트라인베스트팔렌주는 같은 기간에 입학생과 재학생의 수가 약간 감소하였으나, 졸업생의 수는 여전히 강세를 나타내고 있다.91) 이처럼 주에 따라서 이 제도의 활성화 정도는 차이가 있으나, 전반적으로 개선되는 방향으로 나아가고 있다.

직업계 출신 전형으로 입학한 학생들은 대학진학을 준비시키는 김나지움을 거치지 않고 일찍 직업 전선에 뛰어든 자들이다. 그러므로 그들이 대학과 응용과학대학에서 요구하는 학업역량을 충분히 발휘할 수 있는지에 관심이 쏠릴 수밖에 없다. 숫자상으로 볼 때 2010년에는 2,856명이, 2019년에는 8,550명이 졸업함으로써 이들도 학업을 잘 해낼 수 있다는 사실을 입증하고 있다.92)

주지하는 바와 같이 독일은 조기에 학생들 개인의 적성과 진로를 중시하는 풍토가 조성되어 있다. 이로 미뤄볼 때 특정 분야의 직업교육과 그와 관련된 직업경력 등은 그들의 적성이 그 분야에 맞음을 나타내는 근거가 될 수 있다. 대학에서는 직업계 출신 전형으로 입학한 학생들이 처음 학업을 시작할 때 잘 적응할 수 있도록 특별 지원 서비스를 제공하고 있다. 예를 들어 수학지식을 다시 일깨워주는 프로그램 등이 이 서비스에 해당한다. 그뿐만 아니라 대학 측에서는 그들

---

91) 『Studieren ohne Abitur』. Bayern. www.studieren-ohne-abitur.de/web/laender/bayern; 『Studieren ohne Abitur』. Nordrhein-Westfalen. www.studieren-ohne-abitur.de/web/laender/nordrhein_westfalen.

92) Mit befuflicher Qualifikation zum Hochschulabschluss. 앞의 글.

에 대해서는 일반 학생들보다 더 밀착 상담을 해 주고 있다. 그리고 대학에 따라서는 그들과 학업계획 등에 관한 협의를 의무화한 곳도 있다.

의대의 직업계 출신 전형

이미 살펴본 대로 의대의 입시 전형 문제는 너무 높고 긴 아비투어 평점과 대기기간으로 항상 독일 대학입학제도 논쟁의 정점에 서 있어 왔다. 이처럼 경쟁이 치열한 의학·치의학·약학 등의 전공에도 2020년 기준 1천여 명의 학생이 직업계 출신 전형으로 입학하고 있다.[93] 그중 750여 명이 의학 전공자들이다.

의대의 직업계 출신 전형에서도 일반 직업계 전형과 같이 직업계 학교를 졸업하여 아비투어를 소지하지 않은 자들을 대상으로 하고 있다. 따라서 그들 중 장인자격자나 보건의료 관련 직업교육 및 직업경력의 보유자들은 의대에 지원할 수 있다.

장인자격자는 아비투어 자격자와 같이 입학시험을 치를 필요가 없다. 그러나 이들에게는 아비투어 합격 커트라인인 평점 4.0만 주어지므로 입학시험을 쳐서 평점을 올려야 합격률이 높아진다. 보건의료 관련 직업교육 및 직업경력의 보유자들도 입학시험에서 취득한 평점으로 아비투어 자격자인 일반 지원자들과 경쟁하게 된다. 입학시험은 사전 의학지식은 필요로 하지 않고, 단지 전문적·방법론적인 전제 조건의 구비만을 테스트하고 있다. 이 시험의 과목은 거의 모든 대학에서 독어, 생물, 화학, 수학에 한정되고 있다. 각 대학은 지원자들에게 입학시험의 준비에 필요한 정보를 제공해 주고 있다. 한편, 의대 직업

---

93) Centrum fuer Hochschulentwicklung. 『Verbesserte Chancen fuer Medizinstudium ohne Abitur』. 18. Juni 2020. https://www.che.de/2020/medizinstudium-ohne-abitur.

계 출신 전형에 우선 쿼터 전형을 도입할 것인가는 국가협약에서 주법에 위임하고 있다. 그런데 일부 주를 제외하고는 이 제도를 시행하지 않고 있다.

최근 연방헌법재판소의 판결 이후 의대 입시 전형에서 아비투어 평점 외에 의학과 의사직에 대한 적성을 나타내는 다양한 전형기준들이 도입되면서 의료보건 분야 출신 직업계 전형 지원자들의 입학 기회는 더욱 확대되었다.[94] 이 판결의 후속 조치로 새로이 도입한 적성전형에서는 정원의 10%를 아비투어 평점과 전혀 무관한 적성 관련 기준들만 활용하고 있기 때문이다. 이 전형에서는 2022년까지 한시적으로 대기기간을 제외하고는 의학 적성테스트의 성적과 보건의료 분야의 직업교육 수료 또는 직업경력 등을 조합하여 그 기준으로 활용하고 있다. 2021/22 겨울학기의 경우에는 대체로 의학 적성테스트의 성적이 가장 높은 비중을 차지하고 있다. 그러나 괴팅겐·자브뤼켄·하노버 의대는 의학 적성테스트보다 공인된 직업교육의 수료에 더 높은 점수를 반영하고 있다.

그뿐만 아니라 대학 자율전형에서도 직업계 출신 지원자들의 입학 기회가 확대되고 있다. 이 전형에서도 아비투어 평점 외에 의학 적성테스트의 성적, 공인 직업교육이나, 직업경력 등과 같은 기준들을 활용토록 하고 있기 때문이다. 그런데 각 대학에서는 이 기준들을 조합한 하나의 전형방식만을, 또는 이들을 서로 다르게 조합한 2~3개의 하위 전형방식을 취하고 있다. 따라서 지원자들은 자신의 강점인 직업교육 또는 직업경력 등의 비중이 큰 대학을 선택하면 유리하게 된다. 예를 들어 2021/22 겨울학기의 경우 그라이프스발트대학 의대

---

94) aerzteblatt.de.『Laender verabschieden Staatsvertrag zur Zulassung zum Medizinstudium』. 22. Maerz 2019.

제2전형은 직업교육 60점, 학업 능력테스트 30점, 아비투어 평점 10점을 기준으로 하였다. 하노버대학 의대는 아비투어 평점 60점, 직업교육 40점을 기준으로 하는 제2전형을 채용하고 있다.

그런데 아비투어를 소지하고 있는 일반 의대생들은 아비투어 평점이 만점에 가까운 우수한 학생들이다. 따라서 수준 높은 의대 학습의 특성상 직업계 출신 전형으로 입학한 학생들이 수료 과정에서 상대적으로 당면한 도전이 만만치 않음이 우려되고 있다. 게다가 김나지움의 교육과정을 거치지 않아 부족할 수 있는 그들의 사전 지식 등을 둘러싼 논쟁도 벌어지고 있다. 그러나 그들은 보건 의료분야의 직업교육과 직업경력을 통하여 실전 경험을 축적한 강점을 보유하고 있다. 그리고 그 강점을 바탕으로 한 동기부여와 자신의 장단점을 잘 파악하고 있어서 자기 주도적으로 학습에 임할 수 있다는 것이다.[95]

독일 연방헌법재판소의 판결도 이와 같은 맥락에서 아비투어 평점의 의대 학업성취에 대한 높은 예측은 주로 임상 전의 학습에 해당한다고 하였다. 그리고 임상 단계에서의 학습은 순수한 인지능력을 나타내는 아비투어 평섬뿐만 아니라 다른 요소들이 더 중요할 수도 있다고 명시하고 있다. 그러나 아비투어 평점의 의대 학업성취의 예측에 대한 일반적인 적합성에 의문을 제기하는 것은 결코 아니라고 하였다.

---

95) 『Ohne Abitur Medizin studieren: Ist das moeglich?』.
　　https://medizinstudium.io/ohne-abitur-medizin-studieren-ist-das-moeglich?

적성전형

독일에서는 일찍이 초중등교육 단계에서부터 자신의 적성에 맞는 진로 선택을 매우 중시하고 있다. 대학입학 단계에서도 마찬가지이다. 전형기준은 원칙적으로 지원자의 지망 전공과 미래 직업에 대한 적성이다. 종래에는 적성을 평가하는 주된 도구는 아비투어 평점이었다. 실제 연구 결과들에 따르면 아비투어 평점이 단일 요인으로는 대학 학업성취를 가장 잘 예측하는 것으로 나타나고 있다.[96]

이미 살펴본 대로 2004년 독일 대학총장협회(HRK)는 중앙관리 전공의 입시에서 전형 절차의 최적화(optimieren)를 위해 대학의 자율성 확대를 요구한 적이 있다. 이를 계기로 의대의 입시에서 대학 자율전형의 선발비율이 60%로 대폭 확대되었다. 의대의 입시에서는 전국적으로 통일된 전형기준에 의한 전형이 아니라 대학들이 자율적으로 전형기준을 활용해야만 전형 절차의 최적화를 이룰 수 있다는 것이었다. 최적화는 다양한 과목의 성적을 합산한 아비투어 평점의 한계를 보완하기 위해 학생들 개인의 특정 전공에 대한 적성을 대학들이 자체적으로 평가할 수 있도록 하는 것이다. 그래서 학생의 적성과 전공에서 요구하는 사항이 가장 잘 맞도록 유도하는 것이다. 그런데 그 이후 의대의 대학 자율전형에서 아비투어 평점이 핵심적인 비중을 차지하였고, 함부르크시와 같은 일부 주에서는 유일한 전형기준으로 되고 있었다.

이에 2017년 연방헌법재판소는 의대 입시 전형 시 아비투어 평점 외에 적성 관련 기준을 반드시 활용토록 법적으로 의무화하지 않은 사실을 위헌으로 판결하였다. 이 판결에서는 위헌이유를 다음과 같이

---

[96] WIRTSCHATSRAT. 앞의 권고안.

적시하고 있다. 의대와 같이 특정 전공에 정원을 초과하는 많은 지원자가 몰린 때에는 전형 절차를 통하여 선발해야 한다. 원칙적으로 지망 전공에 입학할 동등한 권리가 있는 아비투어 소지자 간에 차별대우가 불가피하게 된다. 차별대우의 기준이 되는 것은 지원자의 해당 전공의 학업과 전형적으로 수반되는 장래 직업에 대한 적성 여부이다. 즉, 지망 전공과 장래 직업에 대한 적성이 가장 부합하는 지원자를 선발할 것이 요구된다고 한다. 따라서 의대 입시 전형에서는 아비투어 평점뿐만 아니라 의학전공 학업과 의사직 수행에 대한 지원자의 적성을 나타내는 보완적인 추가 전형기준이 필요하다는 것이다.

나아가 이 판결은 의대 입시 전형과 관계된 적성은 특정 전공의 요구 사항과 통상적으로 뒤따르는 전문적인 직업 활동에 견주어 평가되어 진다. 따라서 다양한 기준들을 형성하는 것이 구체적으로 필요한 적성프로필을 충분히 반영하는 유일한 방법이라면 기본법에 부합한다. 이를 위해 현장에서 실제 필요한 스킬과 의사소통 및 사회적 스킬도 평가되어야 한다는 것이다.

한편 입법부는 개별 기준의 예측력(성보가지)은 제한적이라는 사실을 고려해야만 한다는 것이다. 충분히 신뢰할 만한 예측을 불허하거나 전공과 관련된 요구 사항의 부분적인 요소만을 반영하는 유일한 선발기준을 규정하는 것은 허용되지 않는다고 한다. 왜냐면 선발 과정에서 이러한 약점들을 절대화하기 때문이다. 그러나 적성을 나타내는 다른 기준들을 추가함으로써 이와 같은 영향을 해소할 수 있다는 것이다. 자신의 적성을 다른 기준으로는 충족하는 지원자들을 위한 전형을 한다면 한 가지 전형기준이 가진 약점을 고려한 것이다. 따라서 이 기준들은 전체적으로 충분한 예측력을 가져야 한다고 명시하고 있다.

이 판결에 따라 2019년의 국가협약에서는 의대의 입시에서 아비투어 평점 우수자 전형과 대학 자율전형 외에 적성전형을 신설하여 정원의 10%를 선발할 것을 합의하였다. 이에 각 주의 법령에 적성전형이 신설되었다. 이 전형에서는 아비투어 평점은 전혀 반영하지 않는다. 이 전형은 2022년 여름학기부터 폐지되는 종래의 20%를 차지했던 장기 대기자 전형을 흡수하면서 신설된 제도이다.97)

이 국가협약에서는 적성전형의 경우 특히 다음과 같은 전형기준들을 활용토록 명시하고 있다. 그 기준들은 첫째, 전공적성시험, 둘째, 지원 전공 및 장래의 직업에 대한 적성평가를 위한 면접 또는 구두시험, 셋째, 전공에 대한 적성을 나타내는 공인 직업교육 또는 직업경력, 넷째, 전공에 대한 적성을 나타내는 사전교육 과정이나, 실습 및 교외 활동 또는 자격 등이다. 그리고 각 주에서는 주 법령으로 이들 전형기준 중에서 선택적으로 규정토록 하고 있다.

2021/22 겨울학기 전국 의대 적성전형에서는 의학 적성테스트 결과를 총점 100점 만점에 최저 10점에서 최고 70점을 반영하고 있다. 독일의 총 39개의 의대 중 24개의 의대에서 50~70점을 반영하고 있다. 이처럼 의대 적성전형에서 의학 적성시험이 큰 비중을 차지하고 있으나, 그 배점은 대학별로 차이를 나타내고 있다. 예를 들어 괴팅겐 대학은 의학 적성시험에 30점, 공인 직업교육의 수료에 더 높은 40점을 반영하고 있다. 아헨공대도 적성시험에 35점, 공인 직업교육의 수료에 35점을 배점하여 실전 지식과 기술을 똑같이 중요시하고 있다. 반면에 본 대학, 뒤셀도르프 대학 등은 적성시험에만 70점을 반영하고 공인 직업교육의 수료 여부는 전혀 고려하지 않고 있다. 한편

---

97) 나머지 10%는 아비투어 평점 우수자 전형에 합쳐져 20%에서 30%로 증가되었다.

드레스덴공대는 유일하게 면접에 50점을 부여하고, 적성시험과 공인 직업교육은 각각 10점씩만 반영하고 있다. 적성전형에서 모든 의대가 활용하는 기준은 대기기간을 제외하면 의학 적성시험, 전공 관련 공인 직업교육, 공인 직업경력, 공익 활동, 공인 수상실적, 면접 등 6가지를 벗어나지 않는다. 그러나 각 대학이 서로 다르게 전형기준을 조합하고, 그 배점도 다양하게 배정하고 있다.

Chapter
04

독일 대입전형제도의 특성

적성과 진로의 중시
  적성 관련 전형기준의 활용
  학업적성평가절차의 시행
전형제도의 공정성과 투명성
동 순위자의 무작위 추첨 처리
대학입시의 자율성과 법적 규제 간 균형
사교육이 불필요한 구조

Chapter 04 독일 대입전형제도의 특성

적성과 진로의 중시

적성 관련 전형기준의 활용

독일은 김나지움 졸업시험이자 대학입학 자격을 부여하는 아비투어를 소지하면 대학에 입학할 권리가 주어지고 있다. 이에 따라 대학입학의 개방적 허가제도를 유지하면서 지망 전공의 정원 제한 여부에 따라 전형 절차 없이 바로 등록만으로 입학할 수 있거나 반대로 전형절차를 거쳐 입학할 수 있는 경우로 구분되어 있다. 두 가지 경우 모두 학생들이 전공을 선택하는 기준은 자신의 적성에 맞는지가 가장 중요하다. 독일의 교육제도는 어린 시절부터 학생들 개인의 적성을 계속 평가·분석하여 그들 자신에 적합한 진로를 탐색하고 결정할 수 있도록 여러모로 지원하고 있다. 즉, 학생들 스스로가 자신의 적성과 관심사를 명확하게 파악할 수 있도록 교사와 대학이 도와주고 있다.[98]

독일의 대학입학제도는 학생들에게 공부만 열심히 해서 성적만 올리라고 요구하지 않는다. 대학들은 적성을 나타내는 다양한 전형기준들의 조합을 통해 지망대학의 전공과 지원자의 적성이 가능한 한 잘

---
98) 『REFORM DES HOCHSCHULZUGANGS. DIE Qual der Auswahl』. 앞의 글.

부합하는 신입생을 선발하기 위해 노력하고 있다. 독일에서는 2000년대 초반에 도입한 대학 자율전형을 대폭 확대하여 다양한 적성 관련 전형기준들을 활용하고 있다. 이는 학생들 개인의 지망 전공에 대한 적성을 대학들이 자체적으로 평가할 수 있도록 하는 데 그 취지를 두고 있다.99) 그리고 각 대학이 학문적인 전문성을 강화하여 해당 전공에 가장 적성이 맞는 신입생의 선발을 위한 경쟁을 유도할 것을 목적으로 하고 있다.

1960년대 말에 들어서는 의대와 같이 아비투어 평점이 만점이거나, 그에 가까운 최상위권 지원자가 몰리는 전공에서 그 평점 우수자만으로 정원을 다 채우지 않았다. 아비투어 평점 우수자 전형은 정원의 60%로 제한되었고, 나머지 40%는 장기 대기자 전형으로 선발하였다. 그 이유는 아비투어 평점만으로 선발하면 그 평점이 커트라인에 근소하게 미달하는 학생들은 아예 의대에 입학할 수 없었다는 것이다. 그런데 그들 중에는 합격생들과 같거나, 더 높은 정도로 의대 학업과 의사직에 적성이 부합하는 자들이 있을 수 있기 때문이라고 하였다. 즉, 근소한 아비투어 평점 차이를 탈락의 근거로 삼지 않았다. 아비투어 평점은 조금 부족하나 의사가 되고자 하는 동기부여와 의지가 강한 지원자에게도 기회를 확대코자 하였다. 이를테면 커트라인이 아비투어 평점 1,8이라면 평점이 1,9인 지원자는 장기 대기자 명단에 올려져 오랜 기간을 기다려야 했다. 그런데 면접을 통해 적성이 입증되어 평점 차이 0,1을 회복할 기회를 주는 것은 대학과 지원자 모두에게 이익이 된다는 것이다.100)

---

99) HRK, 『Zur Neuregelung des Hochschulzulassungsrects』. Entschliessung des 98. Senats vom 10. Februar 2004.
100) 『REFORM DES HOCHSCHULZUGANGS. DIE Qual der Auswahl』. 앞의 글.

독일 의대 입시의 전형기준이 아비투어 평점을 넘어 다양화된 이유는 근소한 아비투어 평점 차이로 탈락할 지원자들에게도 성적이 아닌 다른 평가도구를 통해 입학 기회를 더 주고자 한 것이었다. 즉, 근소한 성적의 차이로 탈락한 자들이 원하는 전공에 입학할 수 있는 문을 닫지 않고, 더 다양한 평가 잣대를 통해 최대한 기회를 주려는 것이다. 전형기준의 다양화는 성적이 더 우수한 자를 정밀하게 변별하기 위해서가 아니라 커트라인 경계선에 있으면서 적성을 더 가진 자에게 입학 기회를 더 확대하기 위한 고민의 산물이었다. 이런 맥락에서 독일 연방헌법재판소의 판결에 따라 최근에는 모든 대학이 의학·치의학·수의학 전공의 경우 아비투어 평점은 전혀 고려하지 않고 적성만을 평가하는 독립된 적성전형까지 신설된 것이다.

연방헌법재판소는 아비투어 평점의 소수점 이하 한자리에서의 근소한 차이가 충분히 신뢰할 수 있는 적성에서의 차이를 나타내는 것으로 볼 수 없다고 판단하였다. 또한 아비투어 평점만을 전형기준으로 하게 되면 의학 전공과 의사 직업에 필요한 적성과 능력을 나타내는 다른 동등하게 중요한 스킬들을 공평하게 다룰 수 없게 된다고 지적하였다. 즉, 의대 졸업자가 의사가 되면 매우 높은 아비투어 평점에 반영되지 않는 스킬들이 많은 경우에 요구된다고 밝혔다. 아울러, 아비투어 평점은 특정 환경, 특정 시점에 취득되는 것으로 학생들의 그 후의 발전에 대해서는 고려하지 않고 있다고 하였다.

학업적성평가절차의 시행

대학입학에 있어 적성의 문제를 다른 주들보다 더 적극적으로 다루고 있는 바이에른주와 바덴뷔르템베르크주의 대학들은 신입생 선발에서 적성 중시뿐만 아니라 학생들이 전공을 선택할 때 스스로 자신의 적성을 탐색하고 고려토록 하는 절차를 제공하고 있다.

바이에른주의 뮌헨공과대학은 이미 2000년도에 독일의 개방적 대학 입학제도에서 지원자들의 적성의 중요성을 인식하여 '학업 적성평가 절차(Eignungsfeststellungsverfahren)'를 도입·시행하고 있다.101) 다만 정원 제한은 없으나, 학문의 특성상 사전 적성평가가 필요한 학과에 한정하고 있다. 따라서 지원자 수가 입학정원을 초과하여 시행하는 정원 제한전공의 전형 절차와는 다르다. 2017년 기준으로 이 절차를 시행하는 전공은 건축학, 생명과학·식품영양학 등 16개이다. 이 전공들의 지원자들은 학업 적성평가 절차를 거쳐야만 입학이 허용되고 있다. 이와 더불어 지원자들의 적성을 평가하는 또 다른 제도로서 '학업 진로 탐색 절차(Studienorientierungsverfahren)'를 도입·시행하고 있다. 이 절차는 학생들이 스스로 자신의 적성을 파악하여 전공을 선택할 수 있도록 도와줄 뿐, 평가 결과가 지망 전공의 입학 여부에는 영향을 미치지 않는다.

2017년 이 대학 총장은 '학업 적성평가 절차'를 통해 아비투어 평점만으로는 반영할 수 없는 지원자들의 재능, 호기심 및 열정과 같은 특성을 함께 고려해야 함을 피력하였다. 그래서 중도탈락률을 줄이고 졸업률을 더 높일 수 있다고 하였다. 아울러 이 절차를 통해 아비투어 평균 평점의 부족으로 탈락할 지원자들이 입학의 기회를 얻을 수 있게 된다고 하였다. 즉, 이 절차는 자신이 없는 특정 과목의 아비투어 평점 때문에 평균 평점을 망친 지원자들에게 입학 기회를 부여한다는 것이다. 아울러 개인적인 사정으로 아비투어 평균 평점이 낮은

---

101) 『TUM steigert Studienerfolg mit Eignungspruefungen』. 29. 11. 2017.
https://www.tum.de/die-tum/aktuelles/pressemitteilungen/details/34333.

지원자들에게도 입학 기회를 부여할 수 있는 장점이 있다고 하였다. 게다가 이 절차를 통해 입학한 학생들이 학업을 훌륭히 성취해 내는 경우도 많이 있다고 하였다. 뮌헨공과대학에서는 학업 적성평가를 위해 면접을 하는 등 노력을 많이 기울이고 있다고 한다.

학업 적성평가절차에서는 각 전공의 교수들이 지망 전공의 학업을 성취하는데 필요한 지원자들의 적성 및 재능 등을 평가하고 있다. 바이에른주 고등교육법은 평가점수 총점 산정에 아비투어 평점은 반드시 활용하고, 전공 관련 과목의 개별 평점, 선발 면접, 필기 평가 테스트, 또는 전공 관련 직업교육이나 그 밖의 직업실습 활동 중 최소한 하나를 활용해야 한다고 규정하고 있다. 이 적성평가가 입학의 탈락 여부에 영향을 미치는 만큼 주 대학입학자격에 관한 시행령에서 그 평가절차와 입증자료의 구비 등을 명확히 정하고 있다, 학업진로탐색절차에서는 지원자들 스스로가 지망 전공학과에 대한 적성 여부 등을 평가하고 있다. 따라서 그 평가 결과는 입학의 탈락 여부에 영향을 미치지는 않는다. 그러나 등록 시 그 평가에 참여한 증서를 제출해야 한다.

바이에른주의 대표적인 대학인 뮌헨공과대학, 뮌헨대학의 위 두 절차에 관한 전공별 사례를 구체적으로 살펴보고자 한다. 학업 적성평가절차에 대해서는 두 대학이 서로 약간 다르게 시행하고 있다. 즉, 주 대학입학자격에 관한 시행령의 틀 내에서 전공별 특성을 살린 그들의 독자적인 규정에 따르고 있다.

뮌헨공과대학 건축학과[102]에서는 아비투어 소지증과 더불어 도식

---

102) Satzung fuer die Eignungsfeststellung fuer den Bachelorstudiengang Architektur an der Technischen Universitaet Muenchen. Vom 8. Juni 2017.

화된 이력서, 포트폴리오, 자기소개서의 제출을 요구하고 있다. 그리고 자기소개서와 포트폴리오가 타인의 도움 없이 작성되었다는 확인서를 요구하고 있다. 아울러 각종 대회의 참가 실적, 전공 관련 직업교육 및 직업경력, 자원 인턴 등 교외 활동의 자료 등으로 자신의 적성을 입증토록 하고 있다. 제1단계 심사에서는 아비투어 평점, 김나지움 상급과정의 전공 관련 각 과목의 평점, 포트폴리오 세 가지 전형기준의 배점을 합산한다. 이때 전공 관련 각 과목의 평점은 가중치를 부여하는데, 수학은 2배, 독일어와 영어는 각각 1배, 예술은 3배이다. 포트폴리오는 수작업과 예술작업에 대한 적성의 부합 또는 재능이 있다는 것을 입증해야 한다. 다만 포트폴리오 대신에 전공 관련 직업교육증서의 제출도 인정하고 있다.

제1단계 심사의 총점수는 100점이며, 아비투어 평균 평점은 55%, 개별과목의 평점은 25%, 그리고 포트폴리오 또는 직업교육 수료증은 20%로 배정된다. 여기서 75점 이상을 받은 지원자들은 제2단계 심사로 들어가지 않고 바로 입학을 허용한다. 그러나 55점 이하를 받은 지원자들은 적성에 맞지 않는 것으로 보아 불합격으로 처리된다. 다만 56~74점을 받은 지원자들은 제2단계의 선발 면접을 통하여 합격 여부를 판정하고 있다.

한편 면접에서는 지원자들이 자기 주도적으로 학업을 성취할 수 있는지를 심사한다. 그런데 면접시간은 최소 15분으로 25분을 초과할 수 없다. 면접시험에는 지원자들의 동의하에 학생 1명이 청중으로 참가할 수 있다. 아비투어 평점과 면접 문항의 점수는 각 50%씩 동일비율로 산정되며, 70점 이상이면 합격이다. 적성을 평가하기 위한 별도의 필기시험은 치르지 않는다.

그리고 생명과학·식품영양학과103)는 2021/22 겨울학기부터 학업 적성평가 절차를 시행한다. 이 경우도 건축학과와 유사하게 진행되나 제2단계 심사는 온라인 테스트로 10~15문항에 30분이 소요된다. 대학 규정에서는 학업 적성평가 절차를 거쳐야 하는 전공의 특성을 설명하고 있다. 이 전공은 분자 영양연구에 집중하는 특성상 생물·화학·물리·수학 등 학제적 지식이 필요하다. 아울러 이 학과의 특성상 자연과학·생명학·의학 등의 분야에 걸쳐 많은 실습이 필요하므로 이에 적합성을 갖춘 지원자들을 선발하게 된다고 한다.

반면에 뮌헨대학 화학·생화학과104)의 경우는 도식화된 이력서, 아비투어 자격증을 제출해야 한다. 아울러 전공 관련 직업교육, 자원 인턴, 전공 관련 적성을 입증하는 관심사·능력·재능 등을 기술한 구체적인 사유서 등도 제출해야 한다. 제1단계 심사에서는 제출된 자료를 기초로 평가하고 있다. 그 평가 결과는 최고평점인 1점부터 최저 평점인 5점까지의 점수로 매겨진다. 그리고 그 평가 기준은 전공의 학업에 필요한 실제적·이론적 요구들을 성취해 낼 재능을 갖추었는지 여부이다. 평가에서 전공에 대한 학문적인 사전 지식은 전혀 영향을 미치지 않는다. 평가의 평점이 2.0 이하인 지원자들은 적성에 부합된다고 판정되어 입학이 허용된다. 평가의 평점이 2.1~3.0인 지원자들은 제2단계 심사를 받을 수 있다. 제2단계 심사에서는 필기시험으로 90분간 8가지의 다양한 문제를 통해 지원 동기, 관심사, 관련 전공에 대한 재능과 적성 등을 테스트한다. 다만 이 문제들을 푸는 데는 일

---

103) Satzung ueber die Eignungsfeststellung fuer den Bachelorstudiengang Life Sciences Erhaehrungswissenschaft an der Technischen Universitaet Muenchen. Vom 20. Mai 2021.
104) Satzung ueber die Eignungsfeststellung fuer das Studium im Bachelor-Studiengang Chemie und Biochemie an der Ludwig-Maximilians-Universitaet Muenchen. Vom 6. Juni 2006.

반적인 김나지움의 교육 내용을 넘어선 특별한 지식은 필요로 하지 않는다. 특히 화학·생화학 분야의 전문지식은 전혀 필요로 하지 않는다. 이 평가에서 평점이 2,5 이하인 지원자들은 적성에 부합된다고 판정되어 입학이 허용된다. 그러나 불합격한 지원자들에 대해서는 그 사유를 첨부하여 본인에게 통지해 주고 있다.

다음은 두 대학에서 시행하고 있는 학업진로탐색절차를 살펴본다. 뮌헨공과대학의 생물학과 및 수학과의 경우에는 각 해당 학과의 규정에서 이 절차를 운영하는 목적을 명시하고 있다. 그 목적 중의 하나에 중도 탈락자의 비율을 줄이려는 것이 포함되고 있다. 이 절차에서 요구되는 제출서류는 도식화된 이력서, 아비투어 소지증서, 본인의 능력, 재능 및 관심사 등 전공의 적성을 나타내는 증빙서이다. 그리고 수학 전공에만 해당하는 김나지움 상급과정 수학 과목의 소재를 바탕으로 스스로 선택한 수학적 주제에 대한 최대 두 쪽의 에세이 등이다. 이와 더불어 적성을 나타내는 증빙서 또는 에세이를 지원자가 스스로 작성했다는 확인서를 제출해야 한다. 그리고 생물학 전공에만 해당하는 교외의 연구경진대회, 전공 관련 직업교육 및 자원 인턴 등에 관한 증서 등도 제출해야 한다. 제1단계 심사는 아비투어 평점과 전공 관련 김나지움 상급과정 교과목의 평점을 동등한 비율로 점수를 산정한다. 그런데 그 점수가 낮으면 면접으로 진행되는 제2단계 심사로 넘어간다. 면접은 20분에 걸쳐 개별적으로 진행되며, 지원자의 동의하에 재학생이 청취할 수 있다. 여기서는 지원자가 자기 주도적으로 학업을 수행할 수 있는 능력 등을 가졌는지를 판정한다. 이 면접에서는 지원자가 대학에서 학습해야 할 지식은 테스트하지 않는다. 면접의 결과가 일정 점수 이하이면 적성에 맞지 않는 것으로 판정하고, 본인에게 참가확인서만 발송할 뿐, 입학에는 영향을 끼치지 않는다.

한편 뮌헨대학 사회학과105)의 경우에는 2008년에 도입한 학업적성평가 절차를 2018/19 겨울학기부터 학업진로탐색절차로 바꾸어 시행하고 있다. 이 학과에서 이처럼 완화된 적성평가제도를 시행하게 된 것은 주 교육부와의 합의에 따른 것이다. 이 절차에 의하여 지원자들은 온라인 자기평가로 지망 전공에 대한 정보탐색과 적성에의 적합 여부를 스스로 평가할 수 있다. 지원자들은 등록 시 평가에 참여한 증서만 제출하면 된다. 이 대학에서는 사회학과 외에 생물학과, 역사학과, 컴퓨터공학과(informatik)도 입시 전형에서 종전보다 완화된 이 절차를 시행하고 있다.

뮌헨공과대학은 전공의 특성상 지원자의 해당 전공에 대한 학업 적성평가 절차를 적용하는 범위를 확대하고 있다. 그런데 이에 대해 바이에른주 교육부는 소극적인 태도를 견지하고 있다. 즉, 이 절차는 지원자들의 탈락 여부까지도 결정하므로 관련 전공을 확대하는 것은 독일 기본법상 보장된 직업선택의 자유에 기한 대학입학 기회균등의 구현을 저해할 우려가 있다는 것이다. 이에 바이에른주 교육부와 대학들은 주 고등교육법에 규정된 학업 적성 평가절차를 거쳐야 하는 전공의 기준에 대해 상호 협의하였다. 그 결과, 융합 학문적인 사고와 학업 수행이 필요한 전공에 한정하여 예외적으로만 시행키로 하였다. 바이에른주 교육부는 학업진로 탐색 절차를 통한 적성평가 결과가 지원자들의 적성에 맞는 전공의 선택에 도움을 주는 정도를 바람직한 것으로 보고 있다.106)

---

105) Satzung ueber das Studienorientierungsverfahren fuer den Bachelorstudiengang Soziologie an der Ludwig-Masimilians-Universitaet Muenchen. Vom 12. Februar 2018.
106) Sueddeutsche Zeitung. 『TU hat Zahl der Studienabbrecher deutlich reduziert』. 4. Dezember 2017; 『Unbeschraenkter Zugang zum falschen Fach』. 10. dezember 2017.

바덴뷔르템베르크주도 대학입학에 있어 적성의 문제를 적극적으로 다루며 이미 10여 년 전부터 많은 예산을 투입하여 "적성과 선택(Eignung und Auswahl)"이라는 프로젝트를 운영하고 있다. 이 주에는 유서 깊은 하이델베르크대학 등이 소재하고 있다. 주 대학입학법은 주별 관리 정원 제한전공의 입시 전형에서 대학 자율전형으로 정원의 90%를, 장기 대기자 전형으로 나머지 10%를 배정하고 있다. 아비투어 평점만으로 선발하는 아비투어 평점 우수자 전형은 시행하지 않고 있다.

이 주의 교육부 장관은 대학입시에서 아비투어 평점만을 전형기준으로 삼아서는 아니 되기에 적성평가라는 새로운 절차는 지원자들의 지망 전공에 대한 접근 기회를 더 넓혀 준다고 밝히고 있다.[107] 이처럼 이 주가 대학입시에서 적성을 중시하는 이유는 그간의 연구에서 학생들의 적성이 전공 분야와 부합할수록 그들 자신의 만족도, 학업역량 및 학업성취가 더 높게 나타났기 때문이다. 따라서 이 주의 대학들은 지원자들이 자신의 적성에 맞는 전공을 선택하여 대학의 학업을 성공적으로 마칠 수 있도록 다양한 제도를 도입·운영하고 하고 있다.

나아가 이 주는 2019년 2월에 주내에 소재한 모든 대학의 지원자들을 대상으로 그들의 적성에 맞는 전공의 선택을 고려하여 진로 설정 테스트에 반드시 응하도록 하고 있다. 그리고 그 증빙서를 대입원서 제출 시 의무적으로 첨부토록 하고 있다. 그러나 그 구체적인 테스트 결과는 제출하지 않아도 된다고 하였다.

---

107) Baden-Wuerttemberg.de. 『STUDIUM. Neues Auswahlverfahren fuer den Studiengang Psychologie』. 28. 01. 2020.

바덴뷔르템베르크주의 대학들에서 가장 앞서가는 전공은 심리학이라고 할 것이다. 이 주의 하이델베르크대학 등 5개 대학108)의 심리학과는 2020/21 겨울학기부터 주의 '심리학 전공 대학 신입생선발협회'가 개발한 신입생 적성테스트(Eignungstest)와 '온라인 자기평가제도'(Online Self- Assessment, OSA-Psych)를 시행하고 있다. 심리학 적성테스트에서는 심리학 공부에 중요한 역량들을 평가하고 있다. 예를 들어 추론적 사고, 심리학적 이해, 생물학·수학과 같은 분야에 대한 열정 등을 평가 대상으로 하고 있다. 이는 아비투어 평점이 보여주는 정보의 한계를 보완하여 심리학과의 학업성취에 필수적인 교육과정의 내용과 지원자들의 적성 및 관심 등의 부합 여부를 파악하기 위한 것이다109). 그런데 입시 전형 절차에서 이 테스트의 결과에 어느 정도 비중을 둘 것인지는 각 대학이 개별적으로 결정하고 있다. 예를 들어 하이델베르크대학 심리학과의 경우는 적성테스트에 최대 20점, 전공 관련 직업교육 및 직업경력에 최대 10점, 아비투어 평점에 최대 30점을 반영하고 있다.

같은 주에 소재하고 있는 콘스탄츠대학은 홈페이지에서 지원자들을 대상으로 학업진로탐색테스트(OrientierungsTest)를 시행하고 있다. 이 테스트를 통하여 지원자들이 지망 전공과 직업이 그들의 적성에 부합하는지를 알아볼 수 있도록 하고 있다. 입학정원의 90%를 선발하는 대학 자율전형에서는 아비투어 평점을 기본으로 하고 있다. 그런데 지원자들의 적성을 중시하여 그들이 전공 관련 직업교육의 수료 또는 직업경력을 보유한 경우는 최대 0,4의 가산점을 주고 있다.

---

108) 프라이부르크 대학·만하임 대학·튀빙겐 대학·울름 대학이 이에 속한다.
109) Baden-Wuerttemberg.de. 『STUDIUM. Neues Auswahlverfahren fuer den Studiengang Psychologie』. 28. 01. 2020.

아울러 그 밖의 활동에는 최대 0.2의 가산점을 합산하여 신입생을 선발하고 있다.

전형제도의 공정성과 투명성

독일의 기본법 제3조 1항은 모든 사람은 법 앞에 평등하다고 규정하고 있다. 그리고 제12조 1항은 모든 독일 국민은 직업, 직장, 직업훈련기관을 자유로이 선택할 권리가 있다고 규정하고 있다. 이미 살펴본 대로 독일 연방헌법재판소의 의대 입시에 관한 판결에서는 위 기본법상의 평등원칙과 연계되어 직업, 직장, 직업훈련기관 선택의 자유를 보장한다는 것이다. 그래서 모든 지원자는 독일 기본법상 보장된 공립대학 학업 프로그램에 대한 평등한 참여권과 본인이 선택하는 전공에 대한 평등한 입학 권리가 있다고 명시하고 있다.

나아가 동 재판소의 여러 차례에 걸친 판결에서는 일관되게 다음과 같은 입장을 견지하고 있다. 지원자들 간의 경쟁이 심한 정원 제한 전공 입시 전형의 경우에는 원칙적으로 지망 전공에 입학할 동등한 권리가 있는 아비투어 소지자 간에 차별대우가 불가피하게 된다. 이에 실질적인 전형기준이나 절차 그 자체가 기회균등을 바탕으로 해야 한다고 명시하고 있다.

이 판결에서는 장기 대기자 전형은 독일 기본법상의 기회균등과 직업선택의 자유를 보장하기 위해 마련한 제도라고 하였다. 이 전형은 아비투어 평점 우수자 전형에서 커트라인보다 근소한 평점 차이로 탈락한 지원자들에게 입학 기회를 주기 위한 것이라고 하였다. 그리고 같은 취지에서 아비투어 평점이 부족한 지원자들을 위해 평점 외의 다양한 적성 관련 기준들을 활용하는 대학 자율전형을 시행토록 하였다. 그러나, 대학 자율전형에서도 여전히 아비투어 평점이 큰 비중을 차지하게 되자 판결에서는 적성 관련 전형기준들을 반드시 비중 있게 활용해야 하며, 그 선발비율도 충분히 확보토록 하였다.

그리고 최근에는 지원자들의 대학입학 기회를 더욱 넓혀 이비투어 평점에 전혀 영향을 받지 않는 적성전형을 신설하여 시행토록 하였다. 이런 독일 판결의 태도는 대입 전형의 공정성을 확보하기 위해서는 학업성적 위주의 선발에서 벗어나 지원자들의 적성을 나타내는 다양한 전형기준들도 중시해야 한다는 것이다. 게다가 독일 대학들은 초등학교를 졸업하고 직업계 학교에 진학하여 아비투어를 소지하지 못한 직업인들의 대학입학 기회를 확대하기 위해 직업계 출신 전형을 시행하고 있다. 이 전형은 초등학교 재학 시에 가정형편이나 개인의 사정 등으로 인해 김나지움에 진학하지 못한 직업인들을 배려하는 데 그 취지를 두고 있다. 이처럼 독일에서는 대학입시 전형에서 지원자들의 입학 기회의 공정성 제고를 위해 노력하고 있다.

한편 독일 연방헌법재판소의 판결에서는 전형 절차의 핵심을 원칙적으로 동등한 입학 권리를 가진 지원자 중에서 누구를 어떻게 선발할 것인가를 정하는 문제로 보았다. 이는 동등한 권리를 가진 지원자에 대한 불평등한 대우와 연계되어 있다. 따라서 전형 절차에 명백한 객관성의 결여를 의미하는 자의성(Willkuer)이 개입되어서는 아니 된다. 그러므로 전형의 책임자는 탈락한 지원자가 수용할 수 있는 전형 결과를 도출하기 위해 항상 공정 개념Gerechtigkeitsgedanken)에 초점을 맞추는 자세를 견지해야 한다고 밝히고 있다.110)

---

110) BVerfGE 33, 303.

이에 따라 앞서 밝힌 대로 아비투어 평점뿐만 아니라 적성을 나타내는 다양한 전형기준의 본질적인 내용을 법률로 규정하고 대학들은 이를 구체화하여 적용토록 하였다. 그리고 전형 절차 자체도 투명한 방식으로 구조화·표준화하도록 법률로 규정할 것을 주문하였다. 이에, 독일의 대학들은 입시 전형에서 지원자들에 대한 입학 기회는 물론, 전형 절차상의 공정성을 도모하고 있다.

한편 독일 연방헌법재판소의 판결에서는 학업적성테스트 및 선발면접, 직업교육 또는 직업경력 기준 등과 같은 전형 절차는 표준화·구조화되어야 하며, 투명한 방식으로 시행되어야 한다고 밝히고 있다. 이 판결에 따라 독일 대학들은 실제로 정원 제한전공의 입시 전형기준 및 절차를 홈페이지를 통해 매우 상세히 공개하고 있다. 아울러 그 전형결과도 학기별·전공별·전형별로 구체적으로 공개하고 있다. 그리고 중앙관리 전형인 의학 등의 4개 전공은 그 전형결과를 대학입학관리재단의 홈페이지에서 한꺼번에 공개하고 있다. 아비투어 평점 우수자 전형과 장기 대기자 전형에서는 해당 학기의 입학정원과 지원자 수, 커트라인을 각각 공개하고 있다. 대학 자율전형에서도 다양한 전형기준을 활용하는 경우에는 이에 대해 점수 산정 방법을 상세히 설명하고 커트라인을 밝히고 있다.

그뿐만 아니라 동 순위자 처리에 대해서도 명확하게 공개하고 있다. 아비투어 평점이나 대기기간이 같은 동 순위자에 대해서는 주법을 근거로 그 평점이나 대기기간 등을 상호 보조 기준으로 활용하여 우선순위를 결정하고 있다. 그리고 이들 보조 기준으로도 우선순위를 정할 수 없으면 마지막에는 무작위 추첨으로 처리하고 있다. 이처럼 보조 기준 또는 무작위 추첨으로 합격자를 결정한 경우에는 그 사실도 밝히고 있다.

이런 때에는 다음과 같이 공개하고 있다. 아비투어 평점 우수자 전형에서 커트라인이 아비투어 평점은 1,9이고, 보조 기준인 대기기간은 3학기인 경우에는 1,9/3으로 표기하고 있다. 장기 대기자 전형에서 그 커트라인이 10/3,3으로 표기된 경우에는 대기기간이 10학기가 넘고, 보조 기준인 아비투어 평점이 3,3 이상인 지원자들은 모두 합격한 사실을 나타내고 있다. 이와 더불어 그 커트라인 10학기의 대기기간과 3,3의 평점은 동 순위자 중에서 추첨으로 선발되었다는 사실을 나타내고 있다.

대학 자율전형에서는 아비투어 평점과 더불어 지원자들의 전공에 대한 적성을 나타내는 다양한 기준들을 적절하게 조합하여 신입생을 선발하고 있다. 그런데 이 경우에도 총점의 합산 방식에 관하여 구체적인 사례를 들어 자세히 공개하고 있다. 예를 들어 바덴뷔르템베르크주 소재 슈투트가르트대학은 정원 제한 전공에서 전공별로 다양하게 활용하는 각 전형기준에 대한 점수 배정과 총점 산정 방식 등에 대해 상세히 공개하고 있다.

베를린자유대학은 대학 자율전형에서 예를 들어 아비투어 평점이 2,0인 지원자가 세 가지 전형기준 중 한 가지씩 더 충족할 때 총점 산정에 어떻게 유리하게 작용하는지 구체적으로 공개하고 있다. 나아가 이 대학은 2020/21 겨울학기 심리학과의 전형결과도 상세하게 공개하고 있다. 이 대학의 심리학과에는 121명 정원에 4,916명이 지원하였는데, 각 전형 별로 커트라인을 모두 밝히고 있다. 그 커트라인은 아비투어 평점 우수자 전형이 만점인 1,0이며 장기 대기자 전형은 10학기에 보조 기준인 아비투어 평점은 1,8이다. 대학 자율전형은

67,5점, 직업계 우선 쿼터 전형은 평점이 2,7이다. 이 대학은 직업계 우선 쿼터 전형으로 정원의 8%를 선발하고 있다. 그런데 이처럼 직업계 우선 쿼터 전형의 커트라인을 함께 밝히는 대학은 그리 흔치 않은 것 같다.

한편 입시 전형 결과에 관한 정보를 합격자들은 물론 불합격자들에 대해서도 제공하는 대학도 있다. 예를 들어 함부르크 대학은 불합격자들에 대해서도 그들이 지원한 전공의 커트라인, 본인의 취득점수, 순위 등을 알려준다고 홈페이지에서 밝히고 있다.

이와 같은 독일 대학들의 홈페이지를 통한 공정·투명한 입시 전형에 관한 정보의 공개는 여러 가지 장점이 있다. 학생들이 대학의 홈페이지만 보아도 지망 전공의 입시 전형의 기준이나 절차 등에 관한 모든 정보를 구체적으로 파악할 수 있다. 아울러, 지망 전공에의 합격 가능성을 학생들 스스로 가늠할 수 있게 된다. 따라서 외부의 다른 도움을 별도로 받을 필요가 없다. 베를린공대는 홈페이지에서 입시의 전형결과를 공개하는 주된 이유로서 지원자들이 향후 그들의 입학 가능성을 스스로 가늠을 할 수 있도록 함에 있다고 밝히고 있다. 이에 베를린공대에서는 다른 대학보다 훨씬 더 오래전의 입시에서의 전형결과까지도 공개하고 있다. 이처럼 독일의 대학들은 입시에서 전형절차에 대한 정보를 상세하게 공개하여 모든 지원자의 자료가 공정하게 처리되었다는 사실을 밝힘으로써 전형결과에 대한 논란의 소지를 미리 방지코자 노력하고 있다.

동 순위자의 무작위 추첨 처리

　독일의 대학들은 평준화되어 있고, 그 문호도 대폭 개방되어 있어서 입학 경쟁이 별로 심하지 않다. 그러나 직업 시장에서의 전망이 좋은 의학, 심리학 등 인기전공은 다른 나라와 마찬가지로 경쟁이 매우 치열하다. 이런 전공의 입시 전형에서는 아비투어 평점이 매우 우수하거나 대기기간이 매우 긴 지원자들이 몰려들므로 이들을 어떻게 변별하여 선발하는지가 관심을 끌고 있다. 이미 살펴본 대로 아비투어 평점 우수자 전형에서는 1,0에서 4,0까지 소수점 이하 한자리로 표기되고 있는 아비투어 평점만으로 순위를 정하여 신입생을 선발하고 있다. 장기 대기자 전형에서는 학기 수로 계산되는 대기기간으로 선발하고 있다. 따라서 평점 또는 대기기간의 커트라인에 동점이나 동기간의 동 순위자가 많이 생길 수밖에 없다.

　그런데도 독일의 대학입시에서는 변별력이 문제시되지 않고 있다. 중앙관리 전형은 국가협약과 주 법령에서, 주별 관리전형은 주의 법령가 대하 자체 규정에서 전형 별로 동 순위자 처리에 관해 단계별로 명확하게 규정하고 있기 때문이다. 그리고 그 단계별 절차를 거치고도 우선순위를 정할 수 없는 경우에는 모든 대학이 마지막 단계에서는 무작위 추첨으로 처리하고 있기 때문이다.

　중앙관리 전형의 경우에는 국가협약에서 아비투어 평점 우수자 전형에 관해서만 명시하고 있다. 이 협약에서는 동 순위자 발생한 경우에 다음과 같은 요건을 갖춘 자들에게 우선순위를 부여하고 있다. 즉, 독일 기본법상의 복무의무, 연방 자원봉사법 상의 자원봉사업무, 해외개발협력업무, 청년자원봉사업무 등 공익 활동을 한 자와 가내 18

세 이하의 아동 양육자 등이다. 그러나 이로써도 그 우선순위를 가릴 수 없는 경우에는 추첨으로 처리한다고 명시하고 있다. 다만 적성전형의 경우에는 각 주 대학입학법에서 별도로 정하도록 하고 있다.[111]

예를 들어 노르트라인베스트팔렌주의 대학입학법은 적성전형 및 대학 자율전형에서 동 순위자가 있으면 국가협약에서 명시하고 있는 요건을 갖춘 지원자에게 우선순위를 부여하고 있다. 그러나 그 요건도 같은 때에는 국가협약에서 명시한 아비투어 평점 우수자 전형의 경우와 같이 무작위 추첨으로 동 순위자를 처리하고 있다.

바이에른주의 뮌헨대학은 아비투어 평점 우수자 전형에서의 평점이나 장기 대기자 전형에서의 대기기간이 같은 때에는 공익 활동을 한 자에게 각각 우선순위를 부여하고 있다. 그러나 이들도 모두 같은 때에는 마지막으로 추첨으로 처리하고 있다. 바덴뷔르템베르크주의 하이델베르크대학, 슈투트가르트대학 등에서는 정원의 90%를 대학 자율전형으로 선발하고 있다. 그런데 아비투어 평점과 더불어 적성을 나타내는 다양한 기준들을 활용하는 이 전형에서 총점이 같으면 아비투어 평점으로 선발하고 있다. 정원의 10%를 선발하는 장기 대기자 전형에서도 대기기간이 같으면 아비투어 평점을 보조 기준으로 선발하고 있다. 그러나 이 평점도 같은 경우에는 공익 활동을 한 자 등에게 우선순위를 부여하고 있다. 그리고 이들도 모두 같으면 마지막으로 추첨으로 처리하고 있다.

바이에른주의 뷔르츠부르크대학은 홈페이지에서 추첨제의 시행결과를 구체적으로 밝히고 있다. 이 대학은 2019/20 겨울학기 심리학과의 대학 자율전형에서 아비투어 평점이 모두 1,5인 211명의 지원

---

[111] 주법에 근거해 대학입학관리시행령 등에서 동점자 처리에 대해 구체적이고 투명하게 정하고 있다.

자 중 72명을 추첨제로 선발했음을 밝히고 있다. 그리고 장기 대기자 전형에서 10학기로 대기기간이 같은 27명의 지원자 중에서 10명을 추첨제로 선발했음을 밝히고 있다.

한편 아비투어 평점 우수자 전형이나 장기 대기자 전형에서 아주 단순한 기준인 평점과 대기기간이 같으면 상호 보조 기준으로 자주 활용하기도 한다. 그 사례로 헤센주의 프랑크푸르트대학은 아비투어 평점 우수자 전형에서 그 평점이 같으면 대기기간이 더 긴 지원자를 우선순위로 하고 있다. 그러나 대기기간도 같은 경우에는 무작위 추첨으로 처리하고 있다. 그리고 장기 대기자 전형에서 대기기간이 같으면 아비투어 평점으로, 그 평점도 같은 경우에는 무작위 추첨으로 처리하고 있다. 함부르크 대학에서는 동 순위자 처리를 더 간소화하고 있다. 그래서 아비투어 평점 우수자 전형과 장기 대기자 전형에서 동 순위자가 발생하면 곧바로 무작위 추첨으로 처리하고 있다.

프랑스, 네덜란드, 영국 등도 대학입시에서 전국 또는 일부 대학에서 추첨제를 시행하였으나, 지금은 모두 폐지되었다. 반면에 독일에서는 지금까지 추첨제가 계속하여 매우 안정적으로 시행되고 있다. 그 주된 이유는 추첨제를 사회적 합의를 통해 국가협약 또는 주 법령에 근거를 두고 동 순위자를 처리하는 데에만 한정적으로 시행하고 있기 때문이다. 아울러, 추첨에서 활용하는 기준들이 매우 투명하기 때문이다. 즉, 아비투어 평점, 대기기간, 공익 활동 등의 기준들은 모두 누구나 쉽게 확인할 수 있는 객관적인 사실이나 자료라는 것이다. 각 대학에서는 이 기준들을 구체적으로 명확하게 밝히고 있다. 따라서 동 순위자 처리를 둘러싼 공정성에 대한 시비나 갈등의 소지가 없다고 할 것이다.

참고로 독일에서는 정원 제한전공의 입시 전형에서 본전형과 추가 전형이 끝난 후의 결원을 충원하는 데도 무작위 추첨을 활용하고 있다. 즉, 모든 대학이 행운의 원리(Glueckprinzip)에 따라 무작위 추첨으로 결원을 충원하고 있다.

대학입시의 자율성과 법적 규제 간 균형

독일은 공립대학이 주류를 이루고 있어 공교육의 틀을 견지하면서 그들의 자율성을 확대하는 방향으로 발전되어 왔다. 이는 그간 독일의 대학들이 입시 전형에 있어서 대학 자율성의 확대를 계속해서 요구해 왔기 때문이다. 앞서 살펴본 대로 독일에서는 2000년대 초반에 대입제도의 개혁 차원에서 중앙관리 전형인 의대 등 4개 전공에 대학 자율전형이 새로이 도입되면서 입시에서 대학의 자율성이 등장하게 되었다. 2000년 여름학기까지는 아비투어 평점과 대기간만으로 선발하는 전형으로 통일되어 있었다. 그런데 2000/21 겨울학기에 대학 자율전형이 처음으로 도입되어 정원의 20%를 차지하게 되고, 곧이어 24%로 상승하였기 때문이다.

그 후 2004년에 중앙관리 전형의 자율성 확대를 계속 요구해 온 독일대학총장협회(HRK)는 대학의 자율화를 통해 입시 전형 절차의 최적화(optimieren)를 추구하는 방향으로 나아가야 한다는 데 의견을 모았다. 전형 절차의 최적화는 다양한 과목의 성적을 합산하여 매겨진 아비투어 평점의 한계를 보완하기 위해 학생들 개인의 특정 전공에 대한 적성을 대학들이 자체적으로 평가할 수 있도록 하는 것을 말한다. 아울러 지원자들이 자신의 적성에 맞는 전공을 더 확실하게 정할 수 있도록 해서 학생들의 중도탈락률을 낮추는 것을 포함하고 있다.

독일 학술평의회도 2004년 발표한 '대학입학제도 개혁을 위한 권고안'에서 대학의 자율선발권 확대가 필요하다고 지적하였다. 그 이유는 대학이 고유의 전문성을 키워 특정 전공에 가장 적합한 지원자를 선발할 수 있도록 다양한 기회를 부여하면서 그들을 확보하기 위한 경쟁을 하도록 해야 한다는 것이다. 즉, 대입제도가 대학의 특성화(Profilbildung)와 대학 간 경쟁을 촉진하는 도구로 활용될 수 있어야 한다고 밝히고 있다. 이와 같은 배경하에서 2004년 개정된 고등교육기본법에서는 대학 자율전형의 선발 비율을 대폭 확대하였다. 그래서 2005/06 겨울학기부터는 대학 자율전형이 60%로 가장 큰 비중을 차지하게 되었다. 그리고 아비투어 평점 우수자 전형과 장기 대기자 전형은 최근의 변화를 겪기 전까지 각각 20%를 계속 유지해 왔다.

그런데 2017년 독일 연방헌법재판소는 입시에서 가장 큰 비중을 차지하는 대학 자율전형에 있어서 독일 기본법에 부합하는 법적 규제와 대학의 자율성 간의 균형에 대해 큰 획을 긋는 판결을 내렸다. 이 판결은 의대 입시 전형에 내한 독일 기본법에의 합지 여부를 판단하면서 대학 자율전형에서 기본법에 부합하지 않는 부분도 지적하였다. 그리고 이를 치유하기 위한 법적 규제의 정당성과 공립대학의 자율성 제한의 필요성을 다음과 같이 밝히고 있다. 즉, 대학 자율전형의 경우에도 전형기준의 본질적인 사항과 같은 핵심적인 사항은 법률로 규정해야 하며, 대학의 재량에 위임해서는 아니 된다고 하였다. 아울러 입시 전형에서 차별 적용의 위험을 방지하기 위해 대학이 전형 절차를 투명한 방식으로 구조화·표준화하도록 법률로 규정해야 한다고 밝히고 있다.

이 판결은 독일 기본법상 평등권과 연계된 직업선택 및 직업훈련기관 선택의 자유에 따라 모든 지원자는 동등하게 공립대학의 학업 참여권이 있음을 명시하였다. 아울러 이를 구현하기 위해 의대의 입시 전형기준을 입법으로 정해야 한다고 명시하였다. 따라서 각 전형기준에 대한 본질적인 사항에 관해서는 법률로 정하고 대학에서는 그 기준들을 확대하거나 자체에서 추가로 개발하여 활용할 수 없다고 명확히 선을 그었다.

그러나 대학들은 이 기준을 구체화하는 재량이 주어지는데, 이는 대학 현장에서의 직접적인 경험들과 기본법상의 학문 연구와 교수의 자유에 의해 정당화된다고 밝히고 있다. 이 자유에는 대학의 특성화가 포함된다고 하였다. 이에 대학은 특성화를 추구하는 자체적인 학문적 기준에 따라 전공 프로그램을 만들 권리가 있다는 것이다. 이처럼 전형기준의 구체화로만 제한된 대학의 권한은 현행법에 따라 대학들이 전형 절차 내에서 시행하는 적성시험인 전공의 학업적성테스트와 선발 면접을 결정할 수 있는 것으로 나타난다고 하였다.

그리고 이 판결에서는 법률로 전형기준을 규정하는 때에도 지원자 간 기회균등의 구현을 위해 그 기준들이 전체적으로 학업의 성공을 충분히 예측할 수 있도록 다양한 적성평가 기준들을 명시할 것을 요구하였다. 따라서 입법부는 충분히 신뢰할 만한 예측을 불허하거나 학업의 성공에 필요한 일부분만 반영하는 기준을 유일한 기준으로 규정해서는 아니 된다고 하였다. 그간 대학 자율전형에서 아비투어 평점이 결정적인 영향을 끼치거나, 유일한 전형기준으로 지원자의 전공에 대한 적성을 평가해 온 한계를 보완할 필요가 있다고 하였다. 아울러 아비투어 평점과는 전혀 무관한 지원자들의 전공과 장래 직업에 대한 적성을 나타내는 다른 보완적인 전형기준들을 주법으로 규정할 것을 요구하였다.

이와 같은 독일 연방헌법재판소의 판결 취지에 따른 중앙관리 4개 전공의 전형제도의 변화는 주별 관리 정원 제한 전공에도 영향을 미치고 있다. 그래서 독일 각 주의 법에서는 지원자들의 적성을 다양한 측면에서 평가하는 전형기준들을 규정하고 있다. 각 대학에서도 전형기준에 대한 대학별 또는 전공별 자체 규정을 두고 있다. 그리고 그 규정들을 근거로 대학의 특성화나 전공의 특수성을 고려하여 최적의 자격을 갖춘 신입생들을 선발하기 위해 다양하게 활용하고 있다. 그런데 주 법에서는 적성을 평가할 수 있는 다양한 전형기준을 범위를 넓게 규정하고 있지만, 이를 실행하는 대학에서 명시된 법정 기준을 모두 활용하도록 한 것은 아니다. 따라서 대학별 또는 전공별로 그들 중 필요한 전형기준을 선택·조합하여 하위전형을 만들 수 있다. 그리고 전형기준별 배점도 달리 정할 수도 있다. 그러므로 지원자들은 법률에 근거한 전형기준의 범위 내에서 각 대학이나 전공별로 제시하는 다양한 하위전형 중에서 자신에게 유리한 전형을 선택하여 준비할 수 있다.

나아가 이 판결은 그 당시 대학들이 직접 주관하는 적성평가인 학업 적성테스트와 면접이 표준화·구조화된 방식으로 투명하게 진행되지 않고 있음을 지적하였다. 아울러 그로 인하여 지원자들의 평등권을 침해할 우려가 있다는 사실도 표명하였다. 즉 면접의 경우는 주관적인 속단에 지배될 위험이 있으므로 면접자의 재량권에 따른 차별을 방지하기 위해 충분히 구조화할 것을 필요로 한다고 하였다. 따라서 면접의 경우에도 입법으로 대학에서 표준화·구조화된 절차를 투명하게 밟을 것을 요구해야 한다고 하였다. 또 면접에서는 지원자들의 적성 여부만을 심사하도록 법으로 규정할 것을 강조하였다.

한편 최근에는 대학들이 정원 제한 없는 전공의 경우에도 그들의 자율성을 더욱 확대하여 학생들의 학업성적뿐만 아니라 적성을 포괄적으로 평가할 수 있는 다양한 전형 절차를 시행하고 있다. 그 직접적인 목적으로는 입학생들의 중도 탈락률을 낮추고, 정책적으로는 전공 교육과정의 전문성을 강화하여 대학 간의 차별화를 통한 경쟁력을 강화하려는 취지이다. 그 구체적 사례를 2017년 뮌헨공과대학에서 찾아볼 수 있다. 이 대학은 정원 제한 없는 일부 전공에서 시행 중인 학업적성평가절차를 두고 주 정부와 협의한 사실이 언론사의 보도를 통해 알려졌다.[112] 이 절차는 학문의 특성을 고려하여 일부 전공에만 시행하고 있는데, 이 절차를 통과하지 못하면 지망 전공에 입학할 수 없다. 뮌헨공과대학은 이 절차를 시행한 화학·생물학 등 전공의 중도탈락률이 다른 대학들의 같은 전공의 중도탈락률보다 절반 이상으로 현저히 줄었다고 긍정적인 결과를 발표하였다. 그런데도 주 정부와 협의한 결과, 합격 여부에 영향을 미치지 않고 지원자 스스로 적성을 평가하는 학업진로탐색절차로 바꾸어 시행하기로 한발 후퇴하였다.

바이에른주 정부는 근본적으로 독일 기본법상의 직업선택 자유의 보장을 강조하고 있다. 그래서 융합학문 및 예술 등과 같은 특성을 가진 전공이 아니면 합격 여부를 좌우하는 학업 적성평가절차의 시행에 부정적인 태도를 견지하고 있다. 이에 대학지도부는 학업 적성평가절차에 관한 주법의 규제에 대한 철폐를 주장하면서 대학 자율성의

---

[112] Sueddeutsche Zeitung. 『TU hat Zahl der Studienabbrecher deutlich reduziert』. 4. Dezember 2017; 『Unbeschraenkter Zugang zum falschen Fach』. 10. dezember 2017.

확대를 여전히 요구하고 있다. 이처럼 독일에서는 대학입시에서 대학 자율성의 확대 문제가 논쟁과 관심의 대상으로 계속되고 있다.

그런데 독일 연방헌법재판소나 주 정부, 대학 간 대입제도의 자율성을 둘러싼 논쟁과 관심의 핵심은 지원자들 개인의 적성을 최대한 계발할 기회를 확대하고자 하는 데 있다. 아비투어 평점을 보완하는 다양한 적성평가 기준을 도입하여 활용하는 한편, 지원자들 개인이 올바른 전공을 선택하도록 대학입학 전의 진로 탐색 서비스 제공 등 다양한 제도적 지원을 확대하여 나가고 있다. 이에 더해 대학들은 지원자의 적성과 전공과의 최적화를 도모하는 입학제도를 시행하여 대학의 특성화와 경쟁력을 강화하고 있다. 결국은 학생들 개인의 적성과 잠재력 개발을 위한 기회를 모두에게 최대한 확대하는 대입제도의 시행이 대학의 발전에도 도움을 줄 수 있다고 할 것이다.

사교육이 불필요한 구조

독일의 대학에서도 경제적 안정과 사회적 명예가 주어지는 인기전공의 입시에서는 경쟁이 매우 치열하다. 그래서 모두가 선망하는 의대에 합격하려면 아비투어 평점이 만점인 1.0에 가까워야만 한다. 인문사회계열에서 경쟁률이 가장 높은 심리학과에서도 마찬가지이다. 베를린자유대학 심리학과의 2020/21 겨울학기 입시 전형에서는 정원 121명에 무려 4,916명이 지원하였다. 그 결과 아비투어 평점 우수자 전형에서는 커트라인이 아비투어 평점 만점인 1.0이었다. 그리고 장기 대기자 전형에서는 커트라인이 대기기간이 10학기이고 보조기준인 아비투어 평점은 1.8로 밝혀졌다. 뮌헨대학의 2019/20 겨울학기 심리학과의 입시 전형에서는 129명의 정원에 2,418명이 지원하였다. 아비투어 평점 우수자 전형의 커트라인은 평점 1,3이었다. 장기 대기자 전형에서는 대기기간이 무려 24학기[113]나 되어 경쟁이 매우 치열함을 엿볼 수 있다. 여기서 놀라운 사실은 이런 인기 전공의 입학을 위한 학생들이나 학부모들 간의 경쟁을 둘러싼 논란이 있을 법한데, 그에 대한 자료를 찾아볼 수가 없다는 것이다.

독일에서는 1970년대 초중반에 경쟁이 치열해진 의학 등 인기 전공의 입시에서 많은 지원자가 탈락하면서 소송이 제기되기에 이르렀다. 이에 교육문화장관협의회에서는 미국의 SAT와 유사한 형태의 전국적인 객관식 시험을 의학 등 몇몇 전공의 입시에서 새로이 도입할 것을 검토하고 있었다. 즉, 의대에 입학하려면 아비투어에 더해 의대 학업에 적합한 지원자인지를 평가하는 265개 문항의 시험을 준비하고 있었다. 이에 관해 많은 논란이 벌어졌으나. 결국은 도입이 무산되고 말았다. 이와 같은 시험은 점수를 올리기 위해 시험문제를 가장 잘 그리고 빨리 푸는지에 대한 훈련이 가능하다. 그러므로 사교육을 부추기어 그 비용을 부담할 능력이 있는 자들만 유리해진다는 것이 그 이유 중의 하나이다. 1977년 연방헌법재판소도 이 시험에 대해 성적이 매우 우수한 학생들에게만 입학 기회를 주게 된다는 이유 등으로 부정적인 태도를 견지하였다.[114]

독일 대학입시에서는 의대와 같은 인기전공의 경우에도 모든 지원자가 학업성적으로만 자신의 전공 학업능력을 입증할 필요는 없다. 아비투어 평점 우수자 전형에서 입학할 수 있는 학생은 학업성적이

---

113) 이때는 대기기간 상한선이 없었다.
114) ZEIT ONLINE. 『Testmaschine oder grosses Los?』.
https://www.zeit.de/1977/39/testmaschine-oder-grosses-los, Abitur allein reicht nicht mehr zum Studium, 16. September 1977

최상위권에 있는 학생들이며, 입학정원의 일정 비율(30%)로 제한되어 있다. 그리고 이들에 대한 전형 절차는 매우 단순하다. 아비투어 평점이라는 객관화된 자료를 바탕으로 순위를 정하여 선발하고 있다. 더 이상의 전형 절차는 없다. 아비투어 평점에는 김나지움 상급과정의 모든 수강과목의 성적과 능력과정 과목의 성적가중치와 아비투어 시험성적이 포함되어 있다. 모든 교과목의 성적은 구두평가 성적을 포함하고 있다. 수업시간의 참여도, 공동 프레젠테이션 참여 및 태도, 교과목 외 지식을 습득하기 위한 태도 등이 반영[115]되므로 학생들에 대한 종합적인 평가의 자료가 될 수 있다. 즉, 최상위권 학생들 간에 서로 높은 성적을 받으려고 경쟁하는 것이 아니라 서로 도와줄 수 있다. 자신의 적성과 진로에 따라 자기 주도적으로 준비하면 된다. 따라서 독일의 대입제도는 사교육이 필요 없는 구조로 시행되고 있다.

앞서 살펴본 대로 독일은 2000년도 초에 도입한 대학 자율전형을 통해 학업성적과 함께 지원자들 개인의 적성을 나타내는 다양한 기준들을 활용하는데 그 실마리를 제공하였다. 그리고 최근에는 모든 주법에서 아비투어 평점과 더불어 다양한 적성 관련 기준들을 명시하고 대학들이 선택적으로 활용토록 하고 있다. 즉 대학들은 각 주의 법에서 정하고 있는 기본적인 전형기준 중 대학 또는 전공의 특성에 맞게 기준을 선택하거나 조합하여 신입생을 선발하고 있다. 따라서 지원자들은 자신의 지망대학 또는 전공의 다양한 전형기준이나 특정 전형기준의 하위전형 쿼터에서 유리한 기준을 선택할 수 있다. 따라서 지원자들은 전 과목의 학업성적 등을 반영하는 아비투어 평점을 높이는 데만 매달릴 필요가 없다. 예를 들어 학생들은 자신의 지망 전공에 대한 적성을 나타내는 김나지움 상급과정 과목에 더 집중한다든지 또는 교외

---

115) 홍혜정. 『일등과 꼴찌가 없는 독일의 성적평가 시스템』. 월간교육 2017. 9월호.

활동을 통해 자신의 적성을 입증할 수 있는 실적을 취득할 수 있다.

그 구체적인 사례로 앞서 살펴본 민트(MINT) 프로젝트를 통해 수학, 전산학, 자연과학, 기술 분야 과목 중에서 김나지움 상급과정의 능력과정 또는 기본과정으로 우수하게 이수하고 대학 또는 기업 등과 연계하여 다양한 교내외 활동 실적을 잘 쌓으면 인증서를 받게 되고 대학 전형 시 혜택을 받을 수 있다. 여기서 중요한 점은 이 분야에 대한 학생들의 적성이 학교의 교육 활동 시간에 교사의 관찰과 평가를 통해 파악된다는 것이다. 영재학교 입학을 위해 초등학교부터 많은 사교육을 받는 우리나라 현실과 대조되고 있다.

경쟁이 매우 치열한 심리학과에서도 다양한 전형기준을 사용하므로 각 전형별 합격자가 취득한 아비투어 평점은 다양하다. 예를 들어 베를린자유대학 2020/21 겨울학기 심리학과의 입시에서의 경쟁률은 무려 40:1에 이르고 있다. 그런데 아비투어 평점 우수자 전형은 커트라인이 만점인 1,0이었고, 장기 대기자 전형은 10학기에 보조 기준인 아비투어 평점은 1,8이었다. 대학 자율전형은 다양한 전형기준별 점수를 합산한 67,5점이었고, 직업계 우선 쿼터 전형은 평점이 2,7이었다. 따라서 지원자들은 자신에게 유리한 전형을 찾아 준비할 수 있다. 그러므로 구조적으로 사교육이 의미 있는 역할을 하기 어렵게 되고 있다.

이런 대입제도를 시행하고 있는 독일에서는 상위권 학생들 간의 변별력 확보가 문제시되지 않는다. 성적만으로 선발하는 아비투어 평점 우수자 전형에서 발생한 커트라인 상의 동 순위자 간의 우선순위는 국가협약이나 법령에 따라 정해지고, 마지막으로는 추첨으로 처리하고 있다. 따라서 지원자들은 동료들보다 조금이라도 앞서기 위해 성적을 더 높이는데 집착할 필요가 없다. 그리고 독일 대학에서 변별력 확보를 위한 관심의 대상은 아비투어 평점 상의 커트라인 경계선에 있는 평점의 격차가 근소한 지원자들이다. 독일 연방헌법재판소는 그간의 판결을 통해 이들을 변별할 수 있는 다양한 전형기준들을 명시해 왔다. 대학 측에서도 변별력 확보를 위한 고난도 문항의 출제 등 인위적인 노력을 기울일 필요가 없다. 지원자들은 동 순위자 처리 과정에서 지망 전공 관련 분야의 정규 자원봉사활동 등을 통해 우선순위를 차지할 수 있다. 따라서 학생들은 성적을 높이기 위한 경쟁보다는 아이디어를 공유하면서 동료들을 위하여 봉사할 수 있으며, 그들 상호 간의 협력과 연대가 가능하다고 할 것이다.

사교육이 불필요한 또 다른 이유는 합격에 가장 큰 영향을 미치는 아비투어 평점에서 내신성적의 반영비율이 2/3로서 매우 높다는 것이다. 더구나 1/3이 반영되는 아비투어 시험도 교사가 출제하고 채점하므로 학생들이 학교 수업을 통해 자연스럽게 입시 준비를 할 수 있다는 점이다. 나아가 아비투어 내신성적에 반영되는 김나지움 상급과정 자격취득단계에서의 학점제와 능력과정의 운영은 학생들 자신의 강점과 적성을 살리는 좋은 기회를 제공하고 있다. 아울러 그들의 전문성도 강화할 수 있어서 실질적으로 입학 후 대학의 학업을 준비할 수 있게 해 준다. 게다가 학생들이 자신의 적성에 맞는 교육과정과 시험과목을 자유로이 선택할 수 있다. 그래서 그들 상호 간의 경쟁보다는 자기 주도적인 학습이 가능하게 된다. 따라서 학생들이 굳이 공교육 외의 사교육에 매달릴 필요가 없다는 것이다.

독일 중등학교의 수업과 평가방식도 경쟁이 아니라 협력을 조장하며 절대평가 방식을 취하고 있다. 독일 학생들은 아비투어를 앞두고도 협력을 통하여 지식을 함양하고 있다. 김나지움 수업은 제목이나 저자, 목차를 외우는 암기과목이 아니라 협동 수업이다. 학생들은 각기 서로 다른 작가의 저서를 읽어서 발표하고 토론하면서 배움을 나누는 협력 파트너로서 함께 공부하고 있다. 학생들은 서로의 발표를 통해 새로운 지식과 시각을 배우고 있다.116)이처럼 구두평가도 논술형의 필기시험 못지않게 중요한 역할을 하며 교사들은 교사의 질문에 대한 답변, 발표, 수업 태도, 과제준비, 동료들과의 협력 등을 모두 평가하여 학점을 주고 있다.117)

그리고 필기시험은 문제에 대한 기본지식을 바탕으로 비판적이고 창의적인 사고력을 요구하고 있다. 이를 위해서는 다양한 경험이 필요하고 현상을 다방면으로 이해하는 능력도 요구되고 있다. 게다가 시험의 출제범위가 매우 넓고 학습 내용도 광범위하여 암기 위주의 주입식 학습만으로는 좋은 답안을 작성할 수 없는 구조로 되어있다. 따라서 이런 독일의 교육제도에서는 자발적인 독서나 다양한 경험을 통한 상식 및 전문지식의 확대가 필요하다. 그러므로 사교육을 통한 선행학습은 그 효과를 기대할 수 없다는 것이다. 김나지움 9학년 한 학급의 독일어 시험에서는 수업 시간에 특정 작가의 여러 작품을 분석한 후 시험을 치렀는데, 시험문제가 그 작가의 작품이라는 것 외에 아무런 범위가 정해지지 않았다. 작가의 어떤 작품이 시험에 출제될지를 알 수 없다는 것이다.118)

그뿐만 아니라 독일의 교사들에게 보장되고 있는 수업의 자율권도 그 하나의 이유로 되고 있다. 독일은 주 교육부의 법에서 각 교과의

---

116) 김택환. 앞의 책. 38-39면.
117) 홍혜정. 앞의 글.
118) 조선일보.『선행교육이 없는 나라 독일』, 2021, 8.27.

수업목표 및 이를 달성할 수 있는 지침만을 제시하고 있다. 매 학기의 수업 운영에 관한 세부사항은 교사들의 자율권에 맡기고 있다. 이에 교사들은 매 학기의 교육목표를 세워 자율적인 수업을 진행하면서 소신껏 학생들을 평가할 수 있다. 따라서 한 학교의 같은 학년의 학생들이더라도 교사들의 수업내용이 각기 다를 수 있다. 그러므로 이 사실도 또한 선행학습이 필요 없는 이유의 하나로 될 수 있다.119)

---

119) 상동.

Chapter
05

독일 대학의 학업지원과 교육의 질 관리

대학 학업성취의 지원제도와 노력
독일 대학들의 교육의 질 관리

Chapter 05 독일 대학의 학업지원과 교육의 질 관리

대학 학업성취의 지원제도와 노력

    독일의 아비투어 제도는 18세기 말에 도입되어 지금까지 시행되어 오고 있다. 그 당시 독일의 부모들은 가능한 한 자녀들을 조기에 대학에 입학시키려는 열망이 강하였다고 한다. 그러나 이런 조기 입학으로 인해 대학에서의 수학능력을 충분히 갖추지 못한 학생들이 많아지게 되었다. 이로 인한 대학 신입생들의 질이 저하되는 현실을 개선코자 이 제도를 도입하였다는 것이다.[120] 유구한 역사를 가진 독일 대학들은 수 세기에 걸쳐 끊임없이 신입생들의 수준이 낮아지면서 학업성취가 더 어렵게 된다는 사실을 털어놓고 있다[121]. 베를린 훔볼트대의 한 교수는 대학생들의 학업 능력 문제는 대학입학제도와 긴밀히 연계되어 있다고 한다. 그는 대입 학령인구 중 대학진학자 수가 증가하면서 학생들이 더욱 다양하게 구성되고 그로 인해 아비투어에는 합격했으나 대학에서 수학능력이 떨어지는 학생들이 늘어났다는 점을 꼽고 있다.

---

[120] 고원석. 『아비투어의 과거와 현재: 독일 아비투어 제도에 대한 역사적 고찰, 교육의 이론과 실천』. 2018. Vol 23, No. 2.

[121] Armin Himmelrath. 『Abiturienten und Studenten Diverser, nicht duemmer』. 09. 07. 2016.

통계에 의하면 독일의 대학생 중 학사과정의 32%, 응용과학 학사과정의 27%가 학업 도중에 탈락한다는 것이다[122] 이런 중도 탈락자의 약 절반 정도가 첫 2학기 동안에, 그리고 29% 정도가 3학기 또는 4학기에 학교를 떠난다고 한다. 그 이유로 30% 정도가 능력 부족, 17%는 동기부여의 부족, 15%는 실용적인 활동의 종사희망을 들고 있다. 그런데, 이 중도 탈락자들은 독일의 체계적인 직업교육 및 취업 지원제도 등의 혜택을 누릴 수 있다. 이런 혜택으로 그들은 대학을 떠난 반년 후에는 31%가 취업을 하고, 43%는 직업교육을 받는다고 한다. 그 구체적 사례로 베를린 훔볼트대학은 학생들의 '자기성찰 도구'라는 20분간의 테스트를 통해 학업 중단에 관한 자신의 상황을 성찰케 하고 있다. 그리고 그 결과를 상담 시간에 제출할 것을 권장하고 있다. 아울러 다양한 온라인 플랫폼 또는 이벤트 등을 활용하여 학업 중단 후 직업교육 또는 취업 등 직업 전선으로의 성공적인 이동을 위한 정보를 제공하고 있다. 그리고 연방 고용청(Bundesagentur fuer Arbeit)도 이에 함께 참여하고 있다.

독일 연방 정부의 고등교육기본법(HRG)에서는 대학들은 학생들의 재학 기간 내내 전공의 학업에 대한 상담을 지원할 것을 규정하고 있다.[123] 아울러 입학 첫해의 말까지 학업계획에 대한 설명은 물론 필요한 경우는 학업 상담을 실행할 것을 규정하고 있다. 그리고 이 상담을 실행할 때는 특히 직업상담 및 국가 자격시험 주관 기관과 각각 협력할 것을 요구하고 있다.

노르트라인베스트팔렌주의 고등교육법은 대학들이 학업준비가 부

---

122) Stefan Maas. 「Studienabbruch Spaete Berufsausbildung als Alernative」. 01. 06. 2017.
123) Hochschulrahmengesetz. www.gesetze-im-internet.de/hrg/_16.html.

실한 신입생들을 지원할 수 있는 조치에 대해 가장 적극적으로 규정하고 있다.124) 이 주의 대학들은 신입생들을 대상으로 한 학업의 개혁모델(Reformmodelle des Studiums)을 시행하고 있다. 아울러 그 범위 내에서 보충수업을 개설하는 등 학업 성취도의 제고를 위한 조치를 마련하고 있다. 게다가 학생들 개인의 요청에 따라 개인별 맞춤형 학업 계획도 제공할 수 있도록 하고 있다. 그리고 각 전공의 과목별 학업계획을 학생들에 대한 권고의 형태로 수립·제시함으로써 정규 기간 내에 학업을 마칠 수 있도록 지원하고 있다.

같은 맥락에서 베를린시의 고등교육법은 학생들이 학업 목표를 달성할 수 있도록 대학들이 책임지고 그들을 지원하고 격려할 것을 규정하고 있다.125). 이를 위해 각 대학은 다양하게 조치하고 있다. 특히 대학본부에서는 학생들에 대한 일반적인 상담은 물론, 학업 상담과 교육학적·심리적인 상담도 제공하고 있다. 학생들의 전공에 대한 상담은 전공별로 제공하고 있다. 그런데 전공의 입문 시에는 진로 탐색 설명회를, 2학년 초에는 모든 학생을 대상으로 학업계획에 대한 상담을 제공하고 있다. 특히, 1학년 때 취득한 학점이 표준 학점에 많이 미달하는 학생들은 1학년 말에 의무적으로 전공 상담에 응해야 한다. 그리고 학생들은 대학 측과 수업계획에 합의하여 학업을 성취할 의무가 있다.

또 베를린시의 고등교육법은 아비투어 소지 없이 직업계 출신 전형으로 대학에 입학한 학생들은 1학년 말까지 시험규정에 따른 학업 목

---

124) Gesetz ueber die Hochschulen des Landes Nordrhein-Westfalen (Hochschulgesetz-HG). Vom 16. September 2014.
125) Gesetz ueber die Hochschulen im Land Berlin(Berliner Hochschulgesetz-BerlHG) in der Fassung vom 26. Juli 2011.

표를 달성하지 못한 경우에는 반드시 전공 상담을 받아야 한다고 명시하고 있다. 학생들은 상담 결과에 따라 대학과 상호 협의하여 추후의 수업계획과 시험규정에 상응하는 학업 진행을 위한 조치를 해야 한다.

뮌헨공대가 소재하고 있는 바이에른주에서도 마찬가지로 1학년 말까지의 학업 진행 실적을 참작하여 학생들에게 상담을 제공하고 있다. 아울러 대학을 졸업할 때까지 지속적인 전공 상담으로 학업을 지원해 주고 있다.

한편 바덴뷔르템베르크주에서는 대학입학 전 학생들이 지망 전공을 선택할 때부터 그들의 적성에 맞춰 지원할 수 있도록 다양한 제도를 시행하고 있다. 그 대표적인 사례로 이 주 대학의 모든 지원자는 진로 탐색 테스트를 받고, 그 확인서를 대입 서류 제출 시 반드시 첨부토록 하고 있다. 그래서 가능한 한 학생들 개인의 적성에 맞는 전공의 선택을 유도하여 그들의 학업성취를 지원하고 있다. 하이델베르크대학의 심리학과는 이 주의 '심리학 전공 신입생선발협회'가 개발한 신입생 적성평가 테스트와 '온라인 자기평가제도'[126)를 2020/21년의 겨울학기 입시 전형에서 처음으로 시행하였다. 이 대학의 심리학과는 시험규정에서 신입생들은 늦어도 2학기 말까지 기초적인 통계학 등으로 구성된 진로 탐색 시험에 응시토록 하고 있다. 그리고 이를 통과하지 못한 학생들에 대해서는 그다음 학기에 재응시를 허용하고 있다. 그러나 늦어도 3학기 말까지 이 시험을 통과하지 못한 학생들은 심리학과의 응시자격을 박탈하고 있다.

---

126) 대학교 홈페이지에 평가 문항을 제시하고 학생들이 스스로 적성을 평가하는 기회를 제공하고 있다.

나아가 독일의 고등교육기본법에는 대학의 책무 중 하나는 학문의 후속 세대 양성은 물론, 학문적인 지식과 방법의 적용 등이 필요한 직업 활동을 준비시켜 주는 것이라고 명시하고 있다. 이에 대학들은 학생들의 학업과 장래의 직업과의 연계 교육으로 삶을 영위하는데 그들의 적성과 재능을 최대한 발휘할 수 있도록 지원하고 있다. 예를 들어 베를린시 고등교육법에는 직업 활동에 대한 준비를 대학의 책무 중의 하나로 규정하고 있다. 그리고 바덴뷔르템베르크주 고등교육법에서는 학사와 석사과정에서의 교육과 학업(Lehre und Studium)은 직업 활동에 대비시키거나, 직업 활동에 있어 심화훈련(weiterqualifizieren)을 제공한다고 명시하고 있다.[127]

베를린 훔볼트 대학은 학사과정에서는 학문적 기초와 방법론적 역량과 취업을 가능케 하는 직업적인 자격을 제공한다고 명시하고 있다.[128] 즉, 대학의 목적은 학업에 있어 이론과 실무를 잘 연계하여 학문을 추구하는 삶뿐만 아니라 대학 내에서의 교육과 연구를 벗어난 취업에 대해서도 준비시켜 주는 것이라고 한다. 다른 대학들도 이와 유사하게 학사과정에서는 최초의 취업 준비를 위한 자격을 제공한다고 밝히고 있다.

---

127) Gesetz ueber die Hochschulen in Baden-Wuerttemberg (Landeshochschulgesetz-LHG). Vom 1. Januar 2005.
128) https://www.hu-berlin.de/de/studium/beratung/merk/ba_html#Ba1

독일 대학들의 교육의 질 관리

독일은 대학이 평준화되어 있으며, 학비의 무료 등 학생들에게 많은 혜택을 부여하고 있다. 이로 인하여 학생들이 졸업을 미루고 학교에 장기간 머물게 되는 경향이 있는 것도 사실이다. 그리하여 한때는 독일의 대학은 휴가 공원(freizeit park)이라는 닉네임을 받은 적도 있다. 대학들이 평준화되어 그 입학의 문턱은 비교적 낮다고 하나 졸업의 경우는 이와는 반대로 매우 어렵다. 독일에서는 대학의 졸업을 엄격하게 규제하여 많은 학생이 학업 도중에 탈락하고 있다. 그 주된 원인 중의 하나로 매우 엄격한 학년 진급 및 졸업 요건을 꼽을 수 있다. 이는 독일 대학들이 입학의 문호는 개방하되 학업과 교육의 내실화를 통하여 졸업생들의 질적 향상을 도모코자 하는 데 중점을 두고 있기 때문이다.

독일의 고등교육기본법은 대학 졸업을 위해서는 원칙적으로 대학, 국가 또는 교회주관의 시험 등에 합격해야 한다고 규정하고 있다. 그리고 대학은 학생들이 정규 재학 기간 내에 시험에 합격할 수 있도록 그 자체의 시험규정에 따라 시험에 대한 각종 요건과 절차를 갖출 것을 명시하고 있다. 이처럼 독일에서는 연방정부 차원에서 법률로 엄격한 학사관리를 규정하여 졸업생들의 질적 향상을 위해 노력하고 있다. 이런 연방정부의 노력은 각 주의 고등교육법 및 대학들의 시험규정 등에 의해 학교 현장에서 잘 구현되고 있다. 앞서 살펴본 대로 대학들은 학년 또는 학기 초나 학기 말에 개인별 상담을 제공하고 있다. 그리고 학업성적이 저조한 학생들은 의무적으로 상담에 응하도록 하고 있다. 게다가 아비투어를 소지하지 않은 직업계 출신 전형의 입학생들에 대해서는 밀착 상담을 제공하고 긴밀히 협의토록 하고 있다.

독일의 모든 대학은 시험규정에서 학생들이 각종 시험에 응시할 수 있는 자격요건을 규정하고 있다. 그리고 그 요건을 갖춘 학생들에게만 응시권을 부여하고 있다. 다만 시험에 응시하였으나 기준 점수에 미달하여 통과하지 못한 학생들은 재응시를 해야 하며, 그 횟수는 시험규정에 따라 대체로 3~4회로 제한되고 있다. 그리고 그 재응시의 횟수는 현재 재학하고 있는 대학에서 응시한 횟수뿐만 아니라 같은 전공으로 재학한 이전 대학에서 응시한 횟수까지 포함하여 계산하고 있다. 따라서 재응시의 제한 횟수인 3~4회 내에 시험에 합격하지 못하면 독일의 어느 대학에서도 그 전공을 다시 공부할 수 없도록 하고 있다.

이런 시험규정 상의 엄격한 규제는 개인의 적성과 소질을 중시하는 독일의 교육특징을 바탕으로 하고 있다. 즉 전공 시험에 여러 번 합격하지 못한 학생들은 곧 그 전공에 적성과 소질이 없는 것으로 간주하고 있다. 그래서 그 전공에 대해서는 다시 도전할 수 없도록 하고 있다. 이를 뒷받침하는 사례로 하이델베르크대학의 심리학과를 들 수 있다. 이 학과에서는 전공 시험에 대한 응시권 부여의 전제 조건 중의 하나로 2학기 말, 또는 3학기 말에 치르는 진로 탐색 테스트의 통과를 요구하고 있다. 그리고 프라이부르크 공대에서도 2학기 말, 또는 3학기 말까지 진로 탐색 테스트의 통과를 요구하고 있다. 아울러 이 테스트를 통과하지 못하면 전공 시험에 응시할 권리를 박탈하고 있다. 이 대학은 시험규정에서 진로 탐색 테스트를 치르도록 하는 취지를 학생들의 전공에 대한 기본지식과 학업역량의 보유를 파악함에 있다고 하였다. 아울러 그 전공이 그들의 적성에 부합한다는 사실을 입증하기 위한 것이라고 설명하고 있다.

독일의 대학들은 학생들의 학업 관리에 있어서만 이와 같은 엄격한 기준을 적용하고 있는 것이 아니다. 이와 더불어 주법 등에 근거하여 그들의 책무 이행의 충족 여부를 평가하는 질적 보증을 위한 제도적 장치도 마련하고 있다. 바덴뷔르템베르크주의 고등교육법은 대학들이 정기적으로 자체 평가와 더불어 일정한 간격을 두고 외부평가도 받도록 하고 있으며, 그 결과를 대외적으로 공개토록 하고 있다.

베를린시의 고등교육법 제8조는 대학들이 학생들의 학업혁신(studienreform)을 위한 책무를 부담토록 하고 있다. 즉 대학들이 과학의 발전, 직업 실무상의 필요와 직업 세계의 변화를 반영할 수 있도록 학업의 내용과 형식을 점검하고 계속 발전시키도록 하고 있다. 이에 각 대학은 주 정부의 소관 부처와 협업하여 학업 혁신과 대학 교수법의 향상에 필요한 조치를 해야 한다.

특히 베를린공대는 정원 제한 전공에서 정원의 50%를 장기 대기자 전형으로 선발하고 있다. 이 대학은 일반적인 학업 및 시험절차 처리에 관한 규정에서 그 질적 보증을 위해 9가지의 제도적 장치를 마련하고 있다.[129] 여기에는 학생 개인에 대한 다양한 맞춤형 상담의 제공, 멘토링 프로그램의 시행 및 학장·학과장의 책무가 포함되고 있다. 아울러 강의 등에 대한 학생들의 평가와 그 활용, 전공 과정이 목표로 한 역량함양의 실현 여부 및 학습 여건 등을 고려한 4~8년 주기의 리뷰 시행 등이 규정되어 있어 대학 내부의 질 관리 시스템이 작동되고 있다.

---

[129] Ordnung zur Regelung des allgemeinen Studien-und Pruefungsverfahrens (AllgStuPO). Vom 8. Mai 2013.

Chapter
06

대학의 입학성적과 학업성취와의 연관성

Chapter 06 대학의 입학성적과 학업성취와의 연관성

독일은 대학입시에서 장기 대기자 전형이라는 독특한 제도를 시행하고 있다. 이 전형은 아비투어 평점이 부족한 지원자들이 대기기간으로 지망 전공에 입학하는 제도로서 대기기간이 길수록 합격 가능성이 커진다. 그리고 지망 전공이 인기가 많을수록 대기기간이 길어지고 있다. 그런데, 지원자들은 대기기간을 전공과 관련된 직업교육 이수 및 직업경력 축적 등으로 차후 대학에서의 학업준비에 매우 유용하게 활용할 수 있다. 그러나 장기 대기자 전형으로 입학한 학생들은 아비투어 평점 우수자 전형으로 입학한 학생들에 비해 당연히 그 평점이 낮을 수밖에 없다.

예를 들어 베를린공대의 2020/21 겨울학기 건축학과의 아비투어 평점 우수자 전형에서는 커트라인 평점이 1,6이었다. 반면, 장기 대기자 전형에서는 커트라인이 대기 학기는 4학기이며, 보조 전형기준인 아비투어 평점은 3,0이었다. 다른 학과에서도 두 전형 간 커트라인 상의 아비투어 평점 차이가 이보다 더 클 수도 또는 작을 수도 있다.

특히 경쟁이 매우 치열한 베를린자유대학의 심리학과는 2020/21 겨울학기 신입생 전형에서 정원 121명에 4,916명이 지원하였다. 여기서 정원의 20%를 선발하는 아비투어 평점 우수자 전형의 커트라인은 만점인 1,0이었다. 그리고 정원의 20%를 선발하는 장기 대기자 전형의 커트라인 평점은 1,8로 나타나고 있다. 그 나머지 60%를 선발하는 대학 자율전형에서는 다음 네 가지의 기준에 의하여 총점을 계산하고 있다. 그 기준은 아비투어 평점, 김나지움 상급과정의 능력과정 과목 또는 특정 과목들의 이수 여부, 전공 관련 직업교육이나 직업경력 또는 인턴 활동(기간은 전공별로 상이)의 여부, 학교 또는 대학에서의 전공 관련 준비 프로그램의 참여이다. 아비투어 평점 외의 다른 기준들을 더 많이 충족할수록 가산점이 높아진다. 따라서 아비투어 평점이 매우 높은 지원자들을 위한 아비투어 평점 우수자 전형을 제외하고는 아비투어 평점이 만능이 될 수는 없다.

이처럼 독일의 대학들은 입시에서 경쟁이 치열한 의대 등의 정원제한 전공에서도 아비투어 평점 우수자로 모두 채우지 않고, 다양한 전형방식을 통하여 신입생을 선발하고 있다. 특히, 장기 대기자 전형은 아비투어 평점 등 다른 평가도구가 가지는 한계를 보완하여 지원자 누구에게나 기회를 확대하기 위해 만들어진 제도이다. 따라서 다른 평가도구에 비해 학업성취의 예측이 어려운 측면이 있다.

2017년 연방헌법재판소의 판결에서 인용된 조사연구에서는 장기 대기자 전형 출신 의대생들의 중도탈락률은 23.4%로 밝혀지고 있다, 이 탈락률은 대학 자율전형 출신의 10.7%나 아비투어 평점 우수자 전형 출신의 12.5%보다 높은 것으로 나타나고 있다. 이 판결은 장기 대기자 전형에서의 상대적으로 높은 중도탈락률은 아비투어 평점이 더 낮아서가 아니라고 하였다. 오히려 평균 7년이란 너무 오랜 대기기간이 그 원인으로 되었다는 것이다. 따라서 장기 대기자 전형 출신의 의대생들은 아비투어 평점이 낮아 탈락한 자들이나 오랜 대기기간을 기꺼이 기다린 그들의 의지는 지망 전공에 대한 높은 동기부여를 반영하는 것이라고 하였다. 실제로 장기 대기자 전형 출신의 의대생들은 대기기간에 보건 의료분야의 직업교육 또는 직업경력 등을 통해 습득한 실전 지식과 경험을 바탕으로 의대 학업에 대한 동기가 부여되어 있다고 볼 수 있다. 이러한 그들의 직접적인 직업 현장에서의 체험은 의대 입학 후 학업성취에 밑거름이 될 수 있다. 장기 대기자 전형 출신의 학생들은 비록 성적은 떨어지나, 대학에서 학문에 임하는 자세나 능력은 별로 뒤지지 않는다고 한다. 오히려 그런 사람 중에서 의외로 훌륭한 의사가 나오기도 한다는 것이다.130)

이미 살펴본 대로 의대의 입시에서는 직업계 학교를 졸업한 보건의료 분야의 종사자 중 일정한 요건을 갖춘 자들을 대상으로 하는 직업계 출신 전형을 시행하고 있다. 그런데 아비투어 평점 우수자 전형을 거친 일반 의대생들은 그 평점이 만점에 가까운 학생들이다. 따라서 학업 집중도가 높은 의대의 특성상 직업계 출신 전형으로 입학한 학생들이 전 과정을 이수하는데 상대적으로 당면할 난관이 적지 않을 것이 우려되고 있다, 게다가 김나지움의 교육과정을 거치지 않아 부족할 수 있는 그들의 사전 지식 등을 둘러싼 논쟁도 벌어지고 있다. 의대의 교수들 또는 강사들은 이따금 아비투어 소지 없이 직업계 출신 전형으로 입학한 학생들이 학습에 어려움을 겪고 있다고 토로하고 있다. 그러면서 그들이 미리 학문적인 준비를 충분히 할 것을 권고하기도 하였다.131) 이에 각 대학에서는 그런 의대생들이 겪는 학습상의 어려움을 제도적으로 해소코자 노력하고 있다.

그러나 한편, 그들은 의료분야의 직업교육과 직업경력 등을 통하여

---

130) 박성숙, 『꼴찌도 행복한 교실, 독일 교육 이야기』, 21세기 북스, 2017. 243면.
131) 『Ohne Abitur Medizin studieren: Ist das moeglich?』.
    https://medizinstudium.io/ohne-abitur-medizin-studieren-ist-das-moeglich?.

실전 경험을 축적한 강점을 보유하고 있다. 그리고 그 강점을 바탕으로 한 동기부여와 자신의 장단점을 잘 파악하고 있어서 자기 주도적으로 학습하는데 유리할 수 있는 것이다.132) 연방헌법재판소의 판결도 같은 맥락에서 아비투어 평점의 의대 학업성취에 대한 높은 예측은 주로 임상 교육 전의 학업에 한정된다고 하였다. 아울러 임상 단계에서의 학습은 순수한 인지능력을 나타내는 아비투어 평점뿐만 아니라 다른 요소들이 더 중요할 수도 있다고 밝히고 있다.

나아가 직업계 출신 전형으로 대학과 응용과학대학에 입학한 학생들이 학업을 성공적으로 마치고 졸업을 할 수 있는지에도 관심이 쏠릴 수밖에 없다. 이 전형으로 입학자들이 2010년에는 2,856명이, 2019년에는 8,550명이 대학을 졸업함으로써 이들도 대학에서의 학업을 성취할 수 있다는 고무적인 사실을 입증하고 있다.133)

이와 같은 독일과 유사한 사례는 다른 나라에서도 많이 발견되고 있다. 그 대표적인 사례는 성공한 공립대학의 삼두마차 시스템으로 인정받고 있는 미국 캘리포니아주의 캘리포니아대학(University of California; 이하 UC)-캘리포니아주립대학(California State University; 이하 CSU)-캘리포니아전문대학(California Community College)의 편입제도이다. 여기서 관심이 쏠리는 부분은 이들 대학 상호 간의 편입이 자유로운 제도 그 자체가 아니라 다음과 같은 사실이다. 즉, 세 단계에 걸쳐 역할이 나눠진 캘리포니아주의 각급 대학134) 신입생들

---

132) 상동
133) Mit befuflicher Qualifikation zum Hochschulabschluss. 앞의 글.
134) 캘리포니아대학은 연구중심의 대학으로 버클리 대학을 비롯한 10개의 캠퍼스에 20만여 명의 학부생과 5만여 명의 대학원생이 재학하고 있으며, 켈리포니아주립대학은 교육 중심의 대학으로 23개 캠퍼스에 42만여 명의 학부생과 6만여 명의 대학원생이 재학하고 있다. 켈리포니아전문대학은 직업교육 중심의 대학으로 114개의 지역별 캠퍼스에 210

의 입학성적에는 격차가 있기 마련이다. 그런데도 연구중심대학인 캘리포니아대학은 매년 다른 두 유형의 대학의 재학생들을 편입생으로 받아들이고 있다.

2000년대 초의 통계에서는 그 당시의 캘리포니아대학에는 매년 3만 7천여 명의 학생들이 입학했던 것으로 나타났다. 그런데 캘리포니아전문대학에서 캘리포니아대학으로 편입한 학생 수는 1만 2천여 명을 상회함으로써 그 신입생과 편입생의 비율은 약 3대 1로 되었다. 그 후 2008년도에는 편입생이 1만 4천여 명으로 증가하여 그 비율이 40%에 이르렀다. 2003년 기준 미국의 모든 대학에서 학사학위를 받는 졸업생 중 최소한 40%는 전문대학에서 편입한 학생들이라고 한다. 캘리포니아대학 버클리 캠프스 고등교육연구센터는 2003년 미국 내의 전문대학에 재학 중 4년제 대학으로 편입한 학생들에 대한 학업 실태조사 결과를 발표한 적이 있다. 이에 따르면 편입생들은 편입 첫해에는 그 대학의 입학생들보다 학점이 떨어졌다고 한다. 그러나 편입 후 3~4학기부터는 그들 사이의 학점 편차가 점점 줄어들어 졸업 시에는 그들의 학점과 졸업 기간이 거의 같아진다는 것이다.[135]

만여 명의 학생들이 재학하고 있다.
135) Arthur M. Cohen. CSHE. 『The Community Colleges and the Path to the Baccalaureate』. April 2003.

Chapter
07

대학의 평준화와 대학의 경쟁력 강화

Chapter 07 대학의 평준화와 대학의 경쟁력 강화

　세계대학평가의 평가지표는 평가기관별로 차이가 있다고 할 것이다. 그러나 대체로 교수 1인당 학생 수, 연구의 질, 산학협력, 국제화 수준 등 대학의 경쟁력과 연구성과 및 역량 위주의 항목으로 구성되어 있다. 그리고 졸업생들에 대한 평가는 영국의 대학평가기관인 QS에서 고용주의 평가를 그 지표의 항목에 넣고 있다. 대학 입학생에 대한 평가는 미국의 대학평가 기관인 US News에서 매년 실시하는 미국 국내 대학들의 평가에서 유일하게 반영하고 있다. 이 기관에서는 2018년까지는 대학별 입학경쟁률을 평가항목에 넣었으나, 2019년부터는 이 항목을 삭제하였다. 그리고 이를 대체하여 처음으로 사회적 이동(social mobility) 항목을 추가하였다. 그래서 가구의소득이 년 5만 불 이하의 가정136)을 대상으로 하는 연방정부의 Pell Grants 수혜자의 졸업률을 반영하고 있다. 그러나 신입생들의 SAT/ACT 성적과 출신고교 졸업생 중 상위 10%의 비율은 여전히 평가항목에 넣고 있으며, 다만 그 가중치만 줄였을 뿐이다.

　미국과 영국이 독일과 프랑스보다 세계대학평가에서 상대적으로 강세를 보이는 주요한 이유 중의 하나는 연구수행 시스템의 구조적 차이가 반영된 측면이 있다.137) 즉, 미국은 연구중심대학을 집중적으

---

136) 실제로는 2만 불 이하의 가구에 집중하고 있다.

로 육성하는 정책을 펼치고 있다. 그리고 영국은 오랜 역사와 전통 및 세계적 명성을 가진 대학의 공공 연구 부문의 위상이 매우 높다. 따라서 이 국가들은 공공 연구기관보다 대학들의 연구역량이 더 강할 수밖에 없다. 반면에 독일은 프랑스와 같이 대학과 전문 연구기관의 이원화된 연구시스템을 운영하고 있다. 독일은 세계적인 기초 연구를 수행하는 막스플랑크 연구회, 응용연구 전문기관인 프라운호퍼 연구회 등 4대 정부 지원 연구기관138) 역할이 대학의 연구시스템보다 더 강하다. 2017년 SCI급 논문 공저자를 분석한 결과에 독일은 전국 곳곳에 연구기관이 분포해 있어 거의 모든 도시가 스스로 혁신의 주체가 되고 있다. 프랑스도 역시 대부분의 과학적 연구가 대학이 아니라 국립과학연구센터(CNRS) 및 국립보건의료연구소(INSERM) 등과 같은 전문화된 정부 지원 연구기관에서 행하여지고 있다. 유럽 최대 규모의 기초과학 연구기관인 프랑스 국립과학연구센터는 그를 중심으로 대학과 연구기관, 기업이 천여 과제의 공동연구를 수행하고 있다. 이 연구센터는 프랑스의 각종 산업과 경제의 근간이 되고 있다. 유럽에서 과학자들이 공동연구를 가장 많이 하는 도시는 프랑스 파리이다.139)

이에 독일과 프랑스는 세계대학평가에서 불리한 점을 극복하고 대학의 세계적 경쟁력을 높이고자 대학의 연구역량 강화 등 다양한 노력을 기울이고 있다. 독일은 연방과 주 정부 차원에서 대학의 연구역량을 강화코자 2005년부터 우수대학 육성 프로그램을 운영하고 있다. 2018년에는 우수대학 육성전략을 통해 막대한 예산을 지원하고

---

137) 조현대 외, 『해외 주요국 공공연구시스템의 진화적 특징과 시사점』, 과학기술정책, MAR·APR 2008.
138) 막스플랑크 연구회, 프라운호퍼연구회, 헬름홀츠대형연구센터 및 라이프니츠연구회.
139) 동아일보. 『과학자들은 왜 인구 10만의 독일 시골 도시 '예나'로 갔나』. 2018. 9. 28

있다. 매년 10개 안팎의 우수대학을 선정하고 이후에도 평가를 계속하여 탈락시키거나 새로이 선정하고 있다. 독일에서는 공대를 연구중심대학으로 발전시키기 위하여 2006년에 연방정부가 주도하여 뮌헨공과대학, 베를린공대, 드레스덴공과대학, 아헨공과대학, 칼스루헤공과대학, 슈투트가르트공과대학 등으로 구성된 TU9(Technische Universitaeten)라는 공과대학 연합을 결성하였다. 이 TU9을 통하여 대학 상호 간의 협업 및 선의의 경쟁을 유도하고 있다.

아울러, 연구역량의 강화를 위해 학연 협력 및 산학연협력이 적극적으로 추진되고 있다. 독일의 공립종합대학, 공과대학, 응용과학대학들은 전국적으로 대학 캠퍼스 등에 고르게 분포하고 있는 막스플랑크 연구회, 프라운호퍼 연구회 등 4대 공공연구회 연구소들과 긴밀하게 협력하고 있다. 대학은 공공연구기관 소유의 연구 기자재를 공동으로 활용하고, 교수가 공공연구기관 보직을 겸직하는 등 연구 협력 및 인력교류가 활성화되어 있다. 응용연구기관인 프라운호퍼 연구협회는 독일 전역에 72개의 연구소를 운영하고 있다. 그리고 각 연구소는 지역 내 대학과의 협력 및 기업의 기술이전 등을 통해 산학협력을 활발히 실행하고 있다.

이처럼 독일의 정부와 대학 등이 노력한 결과 THE, QS, ARWU 등 세계대학평가에서 상위권 대학에 다수의 독일 대학이 진입하고 있다. 특히 뮌헨대학, 뮌헨공과대학, 하이델베르크대학, 베를린자유대학, 베를린 훔볼트대학, 베를린 의과대학 등은 상위 50위권 내 또는 100위권 내에 꾸준히 이름을 올리고 있다. 아울러 100~200위권 내에도 다수의 대학이 포진하고 있다.

한편 지방에 소재한 독일 대학들은 연구의 특성화를 통해 존재감을 드러내고 있다. 독일에서 가장 작은 주인 자를란트주의 자를란트대학은 그 자체로는 별다른 경쟁력이 없어 우수한 인력을 유치하기 어려웠다. 그런데도 이 대학은 독일 4대 공공연구회와 산학 클러스터를 구성하여 지식산업에 기반한 경제부흥에 성공하였다. 구동독지역의 드레스덴공대는 통독 직후 사실상 유령도시 수준이었으나, 공공연구기관을 집중적으로 설립하였다. 그 결과, 드레스덴공대에서 양성한 인재들이 지역의 연구소에 자리를 잡게 되었다. 그리고 이 연구소의 수준이 높아지면서 우수한 교수들과 연구진들이 드레스덴으로 몰려들고 있다. 이에 기술이전을 바라는 중소기업 클러스터도 형성되어 20년 만에 선순환 구조가 이루어지게 되었다.140)

이웃 나라인 프랑스도 세계대학평가에서 고전하자 이를 극복하기 위해 고심하고 있다. 이에 그 대책으로 영미와 같은 연구력을 갖춘 세계적인 수준의 대규모 종합대학의 장점을 도입하기 위해 노력하고 있다. 그 대표적인 사례로 대학별로 특성화된 학문 분야에 집중해 왔던 파리 제1 대학에서 제13 대학까지를 들 수 있다. 이 대학들은 2000년대 초부터 공공연구기관, 다른 고등교육기관 및 그랑제콜과 연합체를 구성하기 시작하였다. 2010년에 파리 제4 대학인 소르본대학은 파리 제6 대학인 피에르와마리퀴리대학, 파리 제2대학인 팡테옹아사스대학, 국립자연사박물관, 국립과학연구센터 등 공공연구기관 등과 소르본대학그룹141)을 결성하였다. 그리고 2018년 1월에는 학문 간 융합연구와 교육의 질적 향상 등을 위해 인문학 강자인 파리소르본대학과 의학과 자연과학에 특화된 파리 제6 대학인 피에르와마리퀴리대학을 합병하여 국립연구중심대학인 '소르본대학'으로 명명하

---

140) 교육부 대학지원실. 『독일 고등교육 정보』. 2014. 9.
141) 2018년 합병 후 소르본대학협회로 명칭이 바뀌었다.

였다. 이로 인하여 학생들이 학문적으로 더 풍부한 환경에 있게 되면서 학생들에 대한 교육의 질적 향상을 도모하자는 취지도 있다. 그리고 이미 파리 제6 대학인 피에르마리퀴리대학에서 제공한 복수전공, 부전공 제도 등을 통해 신입생들의 중도탈락률을 40% 대로 낮춘 점도 합병의 이유가 되고 있다.142)

최근에는 대학과 연구소 및 그랑제콜과 기업 간의 산학협력이 하나의 대학 브랜드명으로 시행되고 있다. 그 대표적인 예로 2015년에 재학생 수가 6만 명이나 되는 세계적인 수준의 연구중심대학인 파리-사클레대학을 파리 인근에 개교하였다. 이 대학은 파리 제6 대학·제10 대학·제11 대학, 국립과학연구센터 등 7개의 공공연구기관, 다수의 그랑제콜 등을 하나의 연합체로 묶어서 설립한 것이다. 이 대학은 각기의 독립성을 유지하면서 각 기관의 자원 등을 활용토록 하고 있다. 그리고 상호 긴밀한 협업으로 학제적(interdisciplinary) 연구와 인재양성, 산학협력 등을 꾀하고 있다. 이런 취지에서 이 대학은 정부의 대규모 재정지원을 바탕으로 설립된 것이다.

이 대학은 총 300개의 연구실과 과학자 등의 종사자가 1만 5천 명에 이르는 연구의 임계 규모(critical research mass)를 갖추고 있다. 그리고 학생들에 대한 미국식의 학사·석사·박사과정의 교육, 기업체와 공동연구를 통한 기술의 이전을 목표로 하고 있다. 아울러 첨단분야의 산학협력 등으로 세계적인 수준의 네트워크 구비를 목표로 하고 있다. 나아가 이 대학은 기술계 그랑제콜인 에콜폴리테크니크를 비롯한 5개의 기술계 그랑제콜이 상호연합하여 별도의 클러스터를 구성

---

142) THE News. 『France's most iconic university, the Sorbonne, is reborn』. https://www.timeshighereducation.com/news/frances-most-iconic-university-sorbonne-reborn. 2019. 10. 8 인출.

하고 있다. 그런데 이 클러스터는 응용연구나 산업계와의 연계에 더 집중하면서 파리-사클레대학과 상호 보완역할을 하고 있다.143)

그리고 2010년에 설립되어 2019년부터 대학으로 운영하는 파리문리대학(PSL, Universite Paris Sciences et Lettres)은 파리에 소재한 국립연구중심대학이다. 이 대학은 인문학, 사회과학, 자연과학, 공학 등의 학문 분야를 망라한 저명한 그랑제콜들이 대학 연합체의 형식으로 연구의 협력을 증진하고 있다. 그리고 국립과학연구센터 등 공공연구기관도 연구의 협력을 위해 참여하고 있다.144)

더구나 2019년 3월에는 파리 제5 대학인 파리-데카르트 대학과 파리 제7 대학인 파리-디드로 대학 그리고 파리지구물리학연구소의 통합으로 실험 대학인 '파리대학'을 설립하였으나 2021년에 취소되는 등 변신을 위한 다양한 노력을 기울여오고 있다.145)

세계무대에서 프랑스 대학의 경쟁력을 높이려는 프랑스 정부와 대학 등의 노력은 점차 그 결실을 거두어가고 있다. 소르본대학과 파리-사클레대학, 파리문리대학, 파리대학은 QS, THE, ARWU 등 세계대학 평가에서 상위 50위권 내 또는 100위권 내에 들고 있으며, 그 상승세를 이어가고 있다. 특히, 프랑스는 기초과학의 강국으로서 수학 분야의 노벨상인 필즈상 역대 수상자 수가 미국에 이어 세계 2위를 차지하고 있다. 프랑스는 2021년 상하이대학 수학 분야 평가 순위에서

---

143) THE News. 『Dream of French mega-university lives on as grandes écoles split』. https://www.timeshighereducation.com/news/dream-french-mega-university-lives-grandes-ecoles-split.; https://www.universite-paris-saclay.fr/en/the-university. 2019. 10. 8 인출.

144) 『Paris Sciences et Lettres University』. https://en.wikipedia.org/wiki/Paris_Sciences_et_lettres_University.

145) Gazette du Palais. 『L'université de Paris n'est plus』. Le 03 janvier 2022.

파리-사클레대학이 1위, 소르본대학이 3위, 파리문리대학이 13위, 파리대학이 22위를 차지하였다. 게다가 2021년의 QS 자연과학 분야 세계대학평가에서는 소르본대학과 파리문리대학이 각각 22위와 28위를 차지하였다.

이러한 독일과 프랑스의 세계무대에서의 경쟁력은 정부의 막대한 재정지원과 대학의 연구력 강화에 힘입고 있다. 아울러 연구력과 교육의 질적 향상을 위한 다른 대학, 연구기관 등 관련 기관 간의 합종연횡을 꾀하는 전략적 발전을 도모한 덕분이다. 나아가 연구중심대학의 설립 등 대학 자체의 경쟁력 제고도 그 한몫을 하고 있다.

다른 한편, 독일과 프랑스는 노벨상 수상자의 배출에서 미국과 영국에 비해 그렇게 많이 뒤처지고 있지는 않다. 독일은 2018년까지 노벨과학상 분야에서는 1위인 미국의 267명, 2위인 영국의 88명에 이어 70명으로 3위를 차지하였다. 독일의 막스플랑크연구소는 2019년까지 노벨과학상(물리·화학·생리의학) 기관별 수상자 대상에서 미국의 하버드대학(22명)에 이어 스탠퍼드대학(19명)과 함께 수상자 수에서 공동 2위를 차지하고 있다.[146] 이는 독일 공공연구기관의 연구력이 막강하다는 사실을 입증하고 있다. 그리고 독일은 노벨상 전 분야의 수상자도 미국의 385명, 영국의 133명에 이어 108명으로 3위를 차지하고 있다.

프랑스도 노벨과학상 수상자는 34명으로 독일에 이어 4위를 차지하고 있다. 그리고 민간연구기관인 파스퇴르연구소는 기관별 수상자 수에서는 세계 15위에 올라 있다. 특히 프랑스는 수학 분야의 경쟁력이 높아 수학의 노벨상이라 불리는 필즈상 수상자가 미국에 이어 세

---

146) 한국연구재단,『노벨과학상 수상자 통계 분석』, 2020. 9. 21.

계 2위를 기록하고 있다. 그리고 프랑스는 노벨상 전 분야의 수상자도 70명으로 독일에 이어 4위에 올려져 있다.

Chapter
08

대학입시제도의 공정성 문제

대학입학의 좁은 문
대입제도의 공정성 문제 부각
공정성 제고를 위한 외국의 제도
   미국의 적극적 우대조치
   미국의 적극적 우대조치 대안
   영국의 배경고려입학제도

Chapter 08 대학입시제도의 공정성 문제

대학입학의 좁은 문

 한 나라의 교육제도는 그 나라의 오랜 역사적 전통과 고유한 정치·경제·사회·문화와 맥을 같이 하며 존재하고 발전해 나가고 있다. 그러므로 각 나라의 교육제도는 서로 다를 수밖에 없다. 그런데 공통적인 현상 중의 하나는 대학입시에서 명문대학이나 인기전공의 입학을 위한 경쟁이 매우 치열하다는 사실이다. 명문대학이나 인기전공의 졸업생들은 대체로 경제적인 안정과 사회적인 지위를 보장받을 수 있기 때문이다. 이와 같은 현상은 대학이 평준화되어 있는 독일에서도 인기전공의 경우에는 마찬가지로 나타나고 있다.

 미국에서는 입시제도를 둘러싼 법적 분쟁은 명문대학 또는 로스쿨과 메디컬스쿨의 입시에서 집중적으로 발생하고 있다. 명문대학 그룹이 있는 영국에서도 입시경쟁이 매우 치열하다. 영국에서는 대학입학지원기구(UCAS)를 통해 전국적으로 표준화된 양식의 대학입학지원서 사용과 지원서 제출 시기 등을 제한하고 있다. 명문대학인 옥스퍼드대학과 케임브리지대학(이하 '옥스브리지'라 한다)의 모든 전공은 지원서의 제출 시기가 입학 전년도 10월 15일로 가장 빨리 종료되고 있다. 그리고 그 밖의 모든 대학의 의학·치의학·수의학·수의과학 전공도 같은 시기에 지원서를 마감하고 있다. 이처럼 조기에 지원서를 제출토록 한 이유로 이 전공들은 경쟁이 치열하여 지원자들이 많이 몰린다는 것이다. 그래서 지원자들을 검토할 수 있는 충분한 시간의 확보가 필요하다는 이유를 들고 있다. 그 밖의 다른 대학들과 전공들은 이듬해 1월 15일에 지원서의 제출이 종료되고 있다. 그리고 옥스브리지는 다른 대학들과는 달리 동시에 지원할 수 없도록 제한하고 있다.

미국과 영국에서는 명문대학의 입시에 최상위권의 우수한 학생들이 대거 지원함으로써 치열한 경쟁에 따른 부작용이 문제가 되고 있다. 이런 심각한 문제의 해결책의 하나로 일부 학자를 중심으로 명문대의 입학제도를 추첨제로 바꾸자는 제안까지 나오고 있다. 그들은 추첨제가 능력주의에 기반한 지나친 경쟁에 따른 부작용을 완화하고 입학제도의 공정성을 높이기 위한 대안이라고 보고 있다. 명문대학에서 학업을 성취할 수 있는 우수한 자격을 갖춘 지원자 풀을 만들어 이들을 대상으로 추첨제를 도입하자는 것이다. 대표적인 학자로 하버드대학 교수 마이클 샌델(Michael Sandel), 같은 대학 로스쿨 명예교수 라니 귀니에(Lani Guinier), 스탠포드 로스쿨 교수 행크 그릴리(Hank Greely) 등을 들 수 있다. 마이클 샌델 교수는 미국의 명문대학이나 인기전공의 경우 경쟁이 치열하여 학생들이 입학을 위해 온갖 스펙 쌓기에 열중하고 있어서 그들이 진정으로 개인적 또는 지적인 모험에 나설 수 없다고 지적하고 있다.[147]

영국도 명문대학 또는 인기전공에 합격하기 위해 자신이 진정으로 원하는 것을 망각하고 경쟁의 대열에 뛰어들고 있다고 한다. 그래서

---

147) 마이클 샌델(함규진 역). 『공정하다는 착각』, 와이즈베리, 2020.

커트라인이 높은 인기전공의 경우는 적성을 무시하고 오로지 성적이 우수하다는 이유로 지원토록 만든다는 것이다.148) 이에 영국은 명문대학 입시에서의 극심한 경쟁을 완화하여 취약계층 학생들의 명문대학 입학 기회의 확대를 위한 노력을 계속하고 있다. 이는 그간 대척점에 있던 프랑스 대학 입학제도의 평등성(égalité)을 도입한 것이다.149)

다른 한편, 독일과 프랑스에서는 대학교육은 대학입학 자격을 갖춘 자 누구에게나 접근할 기회를 보장해야 한다는 차원에서 대학이 평준화되어 있고 대학입학의 문호가 개방되어 있다. 그런데, 이미 살펴본 대로 대학이 평준화되어 있는 독일에서도 최근에 의학 등 인기전공에 지원자들이 많이 몰리고 있다. 심리학 전공의 경우에는 그 경쟁률이 높아 40:1에 이르기도 한다. 게다가 경쟁이 치열하여 아비투어 평점의 최고점인 1.0이거나 이에 아주 가까워야 입학할 수 있다. 그리고 대학의 진학률도 높아져 2017년에는 55%에 이르고 있다. 이에 독일에서도 영미와 같은 명문대를 향한 경쟁은 없으나 인기전공만은 그 예외가 되고 있다.

프랑스는 최근 대학의 신입생 선발권을 도입하기 전까지는 가장 개방적인 입학제도를 가지고 있었다. 고등학교 졸업시험이자 대학입학 자격시험인 바칼로레아만 통과하면 대학에 입학할 권리가 있었다. 학생선발권이 없는 국립대학은 학생의 거주지와 같은 지리적 여건과 선호순위를 고려하되, 정원보다 지원자가 많으면 동 순위자는 추첨을 통해 합격자를 결정하였다. 대도시인 파리 시내 대학 등에 지원자들

---

148) Conall Boyle. 『Lotteries for Education』, IMPRINT ACADEMIC, 2010, p.176.
149) https://www.hepi.ac.uk/2018/04/16/striking-differences-spotlight-student-prostests-france

이 많이 몰리면 후 순위로 계속 밀리다가 배정되는 전공이 본인의 열정과 관심이 거의 없는 분야가 되는 경우도 발생하고 있다. 실제로 입학 지원서의 선호순위 리스트에서 18위에 있던 전공으로 배정된 어느 신입생은 자신이 왜 그 전공으로 배정되었는지 의아해하는 사례도 발생했다고 한다.

한편 프랑스에서도 평준화된 국립대학과는 별개로 운영되는 엘리트 양성기관인 그랑제콜 입학을 위한 경쟁은 매우 치열하다. 게다가 입학 준비반의 입시부터 경쟁이 매우 치열하고, 준비반이 설치된 명문고의 입학을 위한 경쟁률도 매우 높다. 그랑제콜의 정상에 서 있는 ENA(Ecole Nationale d'Administration)는 프랑스 정부의 고위관리와 다수의 대통령을 배출한 엘리트학교이다. 그런데 2019년 프랑스의 노란 조끼 운동그룹에서 ENA와 같은 엘리트학교의 폐쇄를 요구하였다. 이에 같은 해에 마크롱 대통령은 그 폐쇄계획을 발표하였다.

대입제도의 공정성 문제 부각

미국은 대학입시에서의 공정성 등을 둘러싸고 가장 열띤 논쟁이 벌어지고 있는 나라 중의 하나이다. 고교학점과 SAT와 같은 전국적인 표준화 시험성적 간의 공정성 등에 대한 논쟁이 계속되고 있다. 이미 1970년대에 대학입시에서의 소수 인종에 대한 적극적 우대조치를 둘러싼 법적 분쟁 및 사회적 논쟁이 계속되고 있다. 이로 인한 법적 분쟁은 주로 사회경제적으로 대우받는 전문직업인을 양성하는 로스쿨과 메디컬스쿨 및 명문대학의 입시에서 발생하고 있다.

더구나 최근에는 미국의 일부 명문대학의 입시에서 세간의 이목을 끄는 부정 스캔들이 발생하였다. 2019년 수십 명의 부유층 학부모가 자녀들의 명문대학 입학을 위해 입시 브로커와 입학사정관을 매수한 사건이 발생하였다. 그들은 대리 시험응시, 점수 조작, 자격미달자의 체육특기자 추천 등의 방법을 통하여 자녀들을 입학시켰다. 그래서 그 학부모들이 무더기로 기소된 대규모 대학입시의 비리가 드러나게 되었다. 이로 인해 입학사정관제를 시행하는 미국 명문대학 입학제도의 공정성이 뜨거운 쟁점으로 부각하고 있다. 그들이 모두 부유층 학부모라는 점에서 미국 대학에만 특유한 동문자녀우대 입학제(legacy admissions)에 관한 관심도 높아지게 되었다. 이 제도를 이용하면 최고 명문대학에 입학할 확률이 다른 학생들에 비해 두 배 내지는 네 배로 높아진다고 추정하고 있다.150) 이는 SAT 시험에서 160점을 더 취득하는 것과 같은 것으로 나타났다. 통상적으로 미국 최고 명문대의 재학생들의 10~15%는 부모 중 한 사람이 그 대학 출신이라고 한다.

미국의 대학들은 입시에서 시험 점수 위주의 전형에서 벗어나 입학사정관제를 시행하고 있다. 그 이유는 시험성적 위주의 입시로는 지원자들 개인의 능력과 역량, 잠재력 등을 통합적으로 평가할 수 없다는 것이다. 아울러 취약계층 지원자들에 대해서도 불공정하게 작용한다는 것이다. 그러나 입학사정관제 역시 대학들의 신축적인 재량에 기반하여 시행되고 있다. 따라서 이 제도도 중립적인 사정에서 벗어나 특정 지원자에게 유리하게 작용할 수 있다는 점에서 불공정성에 대한 우려는 계속되고 있다.

이에, 대학 입학사정관제의 잠재적 수혜자들도 그 제도에 대해 의심의 눈길을 거두지 못하고 있다. 이 제도가 소수 인종이나 저소득층

---

150) The Atlantic. 『The Real Reasons Legacy Preferences Exist』. April 4, 2019.

지원자들의 명문대학 입학 기회의 확대를 위한 취지도 내포하고 있기 때문이다. 흑인과 히스패닉 지원자들은 입학사정관제가 부유한 백인 지원자들을 도와준 것으로 믿고 있다고 한다. 반면에 백인과 아시아계 지원자들은 오히려 흑인과 히스패닉을 지원자들은 도와준 것으로 보고 있다는 것이다. 즉, 이 제도가 특정 인종 그룹에 유리하게 작용하고 있으며, 본인들에게는 불공정할 뿐만 아니라 불리하다고 생각한다는 것이다. 그 사례로 캘리포니아대학 버클리 캠퍼스에서는 입학서류로 추천서를 받겠다는 계획을 발표하였다. 이에 한쪽에서는 특권층 학생들이 혜택을 받는 또 다른 기회라고, 다른 쪽에서는 유색인종을 돕기 위해 위장한 적극적 우대조치라고 비난받은 사실이 있다고 한다.151)

미국 명문대학 입학사정관제의 공정성을 둘러싼 갈등의 골은 깊어지고 있다. 그에 대한 논쟁도 끊임없이 벌어지고 있다. 미국 대학들이 시행하고 있는 입학사정관제는 학생들의 학문적인 성취를 유일한 기준으로 삼지 않고, 종합적인 평가 기준들을 활용하고 있다. 따라서 지원자들이 입학 사정에 있어 그들의 어떤 특성과 성과들이 가치 있게 평가되는가를 알고 있어야 한다. 아울러 어떤 평가항목에 주어진 가중치를 합산한 점수로 입학을 결정하는가도 그들에게 분명히 알릴 필요가 있다는 것이다.152) 이를 통하여 각 대학은 지원자들이 입학 사정 절차에서 공정하게 대우를 받았는지를 알 수 있도록 해야 한다는 것이다.

실제로 2015년 초에 스탠퍼드대학의 재학생들이 관련 법규를 근거

---

151) Rebecca Zwick. 『Who Gets In?, Strategies for Fair and Effective College Admissions』. Harvard University Press. 2017. p. 47.
152) ibid. p. 197.

로 자신들의 입학 사정에 관한 자료공개를 집단으로 요청한 적이 있다. 이에 동 대학은 처음에는 그들의 요청에 응하였다고 한다. 그러나 자료공개의 요청이 폭발하자 자료를 보관하지 않는 것으로 정책을 바꾸었다고 한다.153) 입학사정관제는 사정 절차에서 지원자들의 시험점수에만 의존하지 않고 학문적인 잠재력 등에 대한 대학의 자율적인 판단을 중요시하고 있다. 따라서 미국 명문대학의 입학을 둘러싼 공정성 및 투명성에 대한 논란은 계속될 것으로 보고 있다.

영국에서는 종래 전국 고교생의 7%에 불과한 사립학교 출신의 학생들이 옥스브리지 등 명문대학 정원의 40% 이상을 차지하고 있었다. 따라서 사회적 격차에 따른 고등교육의 기회균등을 위해 공립학교 출신 학생들의 비율을 60% 이상으로 계속 유지해 나가는 것이 큰 관심사이자 역대 정부의 정책목표로 등장하였다. 이미 2004년에 영국 교육기술부의 위탁을 받아 설립된 '고등교육입학제도검토위원회'가 대입제도의 공정성 제고를 위한 권고안을 발표하였다.154) 이 권고안은 공정한 대입제도를 위한 주요 원리들을 대학에 알리고자 마련한 것이다. 이 권고안에서는 공정한 입학의 기반이 될 다섯 가지의 원리를 명시하고 있다. 첫째, 공정한 입학제도는 투명해야 한다. 둘째, 대학은 지원자의 학업성취와 잠재력에 기반하여 대학에서의 학업을 성취할 능력이 있는 자들을 선발해야 한다. 셋째, 신뢰할 수 있고 타당한 평가방식을 사용하도록 노력해야 한다. 넷째, 입학 절차상 지원자가 지원요건을 갖추는데 적절하지 않은 장벽은 최소화하여야 한다. 다섯째, 공정한 입학 시스템은 모든 면에서 전문적이어야 하며 적절

---

153) ibid. p. 198.
154) Admissions to Higher Education Steering Group. 『Fair admissions to higher education: recommendations for good practice』. 2004.

한 제도적 구조와 절차에 의해 뒷받침되어야 한다. 즉, 그 구조와 절차는 높은 수준의 효율적인 입학 시스템과 지원자에 대한 전문적인 서비스를 촉진하도록 설계되어야 한다는 것이다. 특히, 두 번째 원리인 지원자들의 학문적인 성과와 잠재력 평가에서 특정 지원자의 좋은 배경에 따른 특혜의 부여는 적절하지 않다고 하였다.

이 권고안은 공정한 대입제도는 지원자를 그의 능력과 장래 희망직업에 적합한 전공에 입학시키는 것이라고 하였다. 이를 위해 배경에 상관없이 모든 지원자에게 동등한 기회를 부여하는 것임을 밝히고 있다. 그리고 미국에서 허용되는 명문대학의 동문자녀우대 입학제를 불공정한 것으로 간주하고 있다. 실제로 옥스브리지 등 영국 명문대학에서는 이 제도를 시행하지 않는다. 영국은 지원자들의 배경을 불문하고 학문적인 능력이나 잠재력을 유일한 전형기준으로 삼고 있다.

2019년에는 영국대학협회(Universities UK)가 공정한 대입 절차 리뷰 자문그룹을 발족하였다.[155] 이는 대학입시에서 가장 중요한 학생들의 최선의 이익을 보장하기 위해 위 권고안의 원리들을 새롭게 만드는 것을 목적으로 하고 있다. 2020년 11월에 이 자문그룹에서 발표한 권고안에는 대학입시에서 지원자의 성적 등 지원자격이 중요하나 잠재력 평가를 위한 다른 정보도 종합적으로 활용하여 우수한 학생들을 선발해야 한다는 것이다. 그래서 대학의 질적 유지는 물론, 지원자 모두에게 대학교육 기회의 접근성을 확대할 필요가 있다는 것이다. 아울러 사회계층의 이동과 기회균등을 향상하는 배경고려입학제도(contextual admissions)의 운영을 권고하고 있다. 그리고 배경고려입학제도 운영이유 등 제도 전반에 대한 정보를 널리 투명하게

---

155) The fair admissions review advisory group. 『FAIR ADMISSIONS REVIEW』. JUNE 2019 - NOVEMBER 2020.

공개하고 일관성을 유지할 것도 권고하고 있다.

공정성 제고를 위한 외국의 제도

미국의 적극적 우대조치

다인종 국가인 미국에서는 1970년대 말 대학입시에서 처음으로 흑인, 히스패닉 등 소수 인종 출신의 지원자들에게 혜택을 부여하는 적극적 우대조치(Affirmative Action)를 시행하였다. 이 우대조치는 초기에는 소수 인종 출신의 지원자들에 대해 쿼터제 또는 자동적 가점 부여 등의 혜택을 부여하였다.

미국에서는 로스쿨과 메디컬스쿨의 입시에서 처음으로 적극적 우대조치를 시행하였다.[156] 이 우대조치는 취약계층의 학생들에게 경제적 보상과 사회적 명예가 보장되는 전문직 양성 프로그램에의 입학 기회를 높이려는 것이었다. 그런데 이 우대조치를 둘러싼 많은 논쟁과 갈등, 사법기관의 판단 및 제도의 변화 등을 겪게 되었다. 1978년에 미국 연방대법원은 University of California v. Bakke 사건[157]의 소송에서 인종이 입학 사정에서 고려될 수 있는 요소이나, 특정 인종에 대한 쿼터제는 금지하였다. 그리고 1996년에 캘리포니아주는 공립교육 기관들이 인종 등에 근거하여 특혜를 부여하는 것을 금지하면서 이를 주 헌법에 명시하였다. 이를 계기로 미시간주, 네브라스카주, 뉴햄프셔주, 오클라호마주, 플로리다주 등 8개 주에서도 공립 교육기관에서 인종에 근거한 특혜부여 제도를 금지하고 있다.

---

156) Hilal Kuspinar. 『Affirmative action and education equity in higher education in the United States and Canada』. August 2016.
157) 438 U.S. 265(1978)

이 우대조치를 둘러싼 법적 분쟁은 주로 입시에서 경쟁이 상대적으로 치열한 로스쿨 및 메디컬스쿨과 같은 전문직업인의 양성 분야에서 발생해 왔다. 소수 인종 출신 지원자들의 적극적 우대조치의 혜택에 의한 합격은 헌법에 보장된 평등권을 침해한다는 것이다. 또 다른 소송은 University of Texas at Austin v. Fisher 사건158)에 관한 것이다. 이 사건에 대한 소송은 2012년에 제기되었다. 그런데 2013년에 연방대법원은 이 사건에서 대학에 승소 판결을 내렸다. 이 판결에서는 학생 구성원의 다양성 증진을 이유로 한 적극적 우대조치가 평등권을 침해하지 않는다고 하였다. 그러나 피셔 측은 다시 연방대법원에 상소하였다. 이에 2016년에 연방대법원은 소수 인종을 입학 사정의 한 요인으로 활용할 수는 있되, 그 범위를 제한토록 판결하였다. 적극적 우대조치를 대법원에서 인정하는 근거는 적극적 우대조치가 학생 구성원의 다양화로 얻게 되는 교육적 이익을 정부의 강력한 (compelling) 이익의 근거로 보기 때문이다.

미국법원들은 서로 의견이 상치되는 판결을 내리기도 하였다. 그러나 대체로 인종에 기반한 적극적 우대조치로 대학 입학생들의 구성이 다양화된다는 사실을 근거로 승인하고 있다. 아울러 다양하게 구성된 학생들의 입학으로 교육과 학문의 다양성이 증진될 수 있음을 인정하고 있다. 이러한 적극적 우대조치는 경쟁이 매우 치열한 로스쿨 학생들 구성의 다양화에 이바지했다는 평가를 받고 있다. 지금은 이 우대조치에서 소수 인종의 쿼터제 실시나 자동적인 추가점수 부여 등은 금지되고 있다. 그리고 입학 사정 과정에서 제한적으로 소수 인종을 고려토록 설계된 제도만 허용되고 있다. 이에 대학들은 지원자들의 구체적·개별적인 배경을 고려한 입학제도와 절차를 통해 신입생의

---

158) 570 U.S. 297(2013)

선발을 다양화하고 있다. 그래서 모든 학생이 대학에서 개인적 배경의 다양성으로 인한 풍부한 경험으로 교육적 이익을 누릴 수 있도록 이 문제를 해결하고 있다.

캘리포니아주의 사립대인 스탠퍼드대학은 자발적으로 대학 내 최고 포용책임자(Chief Inclusion Officer)라는 새로운 직책을 두고 있다. 그래서 신입생들을 선발할 때부터 포용성과 다양성 제고를 위해 노력하고 있다. 2015년 11월 미시간 대학에서는 학생들과 직원들이 대학 총장과 면담을 하였다. 이 면담에서 학생들의 다양성과 형평성의 제고를 위한 대학지도부의 의지와 노력의 부족하다는 문제가 제기되었다. 아울러 수년 동안 학내의 소수 인종 신입생의 수가 10% 초반대에 머물면서 계속 감소하는 현실도 지적하였다. 그러면서 대학지도부의 더 강력한 대책을 촉구하였다. 2018년 한국을 방문한 미시간대학 총장은 공부만 잘하는 학생들로만 대학을 가득 채우는 것은 교육상 전혀 보탬이 되지 않는다고 하였다. 아울러 학생들은 각기 다른 모습에서 서로가 많은 것을 배운다고 하였다. 따라서 대학은 더 다양한 배경과 재능을 가진 학생들을 선발해야 한다고 하였다. 나아가 학생들의 환경과 경험 및 활동 등을 포함하여 전인적으로 평가해야 한다고 피력하였다.[159] 2021년 7월에 미시간 대학은 보도자료에서 그간 다양성과 형평성 제고를 위해 노력한 결과를 밝히고 있다. 이 자료에서는 동 대학의 2020년 가을 학기 Pell Grants 수혜대상 저소득층 학생들의 비율을 공개하고 있다. 그런데 그 비율이 종전의 16.3%에서 19.3%로 증가했다고 한다.

하버드대학의 마이클 샌델(Michael J. Sandel) 교수는 겉으로는 공정해 보이나 인종적·경제적 불평등의 배경을 다루지 않는 시스템은

---

[159] 중앙일보. 『신입생 뽑을 때 성적만큼 경험-활동 중시』. 2018. 5. 30.

불공정한 것이라고 하였다. 그리고 인종과 클래스를 배려하지 않는 입학 시스템은 공정성 또는 능력주의라는 가면 하에 자기를 방어하는 것이라고 지적하였다.[160]

2018년 캘리포니아대 샌디에고 캠퍼스는 Washington Monthly에 의해 그해 공공의 선(Good)에 가장 많이 공헌한 국내 최고의 공립대로 선정되었다. 게다가 이 대학은 지난 9년 동안 8번이나 1위를 차지하였다. 그 평가지표는 사회적 계층이동, 연구와 공공서비스 등에 대한 기여도이다. 즉 저소득층 학생들의 충원과 졸업, 최첨단 연구 결과의 실적, 박사과정의 진학자 수를 평가지표로 하고 있다. 아울러 지역사회와 국가에 대한 서비스의 중요성 고취 등도 평가지표로 하고 있다. 이 대학은 UC 계열 대학 중 가장 높은 비율의 저소득층 학생들을 입학시킨 것을 인정받고 있다.

미국의 포브스지는 2018년에 소득 분포 하위 20% 가정 출신 학생들의 계층이동에 가장 성공을 거둔 10개 대학을 발표하였다. 여기서는 그 학생들의 사회에 진출 후 상위 20% 내에 속한 소득자의 비율로 표시되는 계층 상향 이동지표를 사용하였다. 이 발표에서 뉴저지 Institute of Technology가 1위를 차지하였다. 그리고 UC Irvine과 UCLA가 각각 2, 3위를 차지하였다. 포브스지는 가치가 높은 교육은 취약계층의 학생들을 잘 키워내는 일이라고 보도하고 있다. 뉴욕타임즈는 2014년에 저소득층 학생들을 등록·지원하려는 대학의 노력에 대한 대학접근지수(College Access Index)를 기반으로 대학 순위를 발표하였다.[161] 그런데 여기서 Vassar 대학, Grinnell 대학, North

---

160) 마이클 샌델. 같은 책.
161) https://www.nytimes.com/interactive/2015/09/17/upshot/top-colleges-doing-the-most...

Carolina at Chapel Hill 대학, Smith 대학 등이 최상위로 뽑혔다.

랭킹시스템 자체에 대한 많은 논란과 비판에도 불구하고 지금은 미국 내에서 이 시스템의 지향성이 다양화되고 있다. 그리고 대학들이 계층 간의 격차 해소를 통한 사회통합의 증진에 어느 정도 공헌하는가를 탐색할 수 있도록 하고 있다.

미국의 적극적 우대조치 대안

소수 인종에 대한 적극적 우대조치를 폐지한 일부 주에서는 취약계층을 위한 대안이 출현했다. 예를 들어 캘리포니아대학은 그 대안으로 저소득층 학생들을 겨냥한 ELC(Eligibility in the Local Context) 프로그램을 도입하였다. 이 프로그램은 캘리포니아주의 사회경제적 지위가 낮은 지역의 ELC 고등학교로 지정된 학교에서 12학년(고교졸업 학년)으로 진급하는 학생들을 대상으로 하고 있다. 이 프로그램은 대상 학생 중 소정의 요건만 갖추면 정원의 범위 내에서 캘리포니아대학 계열 9개의 캠퍼스 중 하나에 입학을 허용하고 있다. 그 요건은 학업성적이 상위 9% 이내에 들고, 12학년 전에 동 대학 인정 입학 필수과목(a-g)의 평점이 3.0 이상이어야 한다. 이 프로그램은 저소득층 밀집 지역의 고교 재학생들의 내신이 상위 일정 비율 내에 드는 때에는 자동입학자격을 부여토록 설계된 것이다. 그리고 그 비율은 해당 고교 학생들을 대상으로 조사한 결과에 따라 변경될 수 있다.

텍사스주도 1996년 적극적 우대조치가 일시 금지(2002년까지 유지됨)된 후에 그 대안으로 'Ten Percent Plan'을 계속하여 시행하고 있다. 이 Plan도 고교 상위 10% 내에 드는 텍사스주의 저소득층을 포함한 모든 학생에게 주립대학의 자동입학을 허용하고 있다. 그런데 텍사스 오스틴대학은 2009년부터 자동 입학생의 수를 입학정원의 75%로 제한162)하고 있다. 따라서 실제로는 고교 상위 6% 내에 들어야 자동입학이 가능하게 되었다. 명문대학인 텍사스 오스틴대학이나 텍사스 A&M 대학이 오직 고교 석차로 신입생의 대부분을 선발하는데 반대하는 법안도 나왔다. 그러나 이 법안은 주 의회에서 통과되지 못했다. 이 Plan으로 인하여 텍사스주에서는 고교 석차를 올리기 위해 학업의 성취도가 낮은 고교로 전학하는 학생들도 있다고 한다.

한편 플로리다주에서도 위 프로그램들과 유사한 취지로 'Talented 20' 프로그램을 시행하고 있다. 이 프로그램은 주 내의 공립고교 졸업 학년 학생들이 일정 요건을 갖추면 주의 12개 공립대 중 한 곳에 배정될 수 있도록 하고 있다. 그 요건은 졸업 학년의 성적이 상위 20% 이내에 들면서 주 교육위원회가 대입 준비과목으로 규정한 영어, 수학, 자연과학, 사회과학 등에서 총 18학점을 취득해야 한다.

텍사스주에서는 고교졸업 석차가 상위권에 드는 학생들에게 주내 공립대학에 자동입학 자격을 부여하는 제도에 대해 논란이 되고 있다. 그 주된 내용은 고교마다 교육의 질이 차이가 날 수 있다는 것이다, 그런데도 그 차이를 인정하지 않아 전통적으로 주내 명문대에 많은 입학생을 배출한 고교들은 손해를 보고 있다는 것이다. 그 반면에 소수의 입학생만을 배출한 고교들은 상대적으로 혜택을 입게 된다는 것이다. 즉, 명문대 입학에 제로섬 게임이 적용된다는 것이다. 그뿐만 아니라 이 제도로 혜택을 받은 학생들이 실제로 대학에 입학한 후에는 학업을 제대로 따라가지 못해 어려움을 겪고 있다는 것이다. 나아가 학생들이 성적표 꾸미기에 집중하고, 동료들을 그들의 성공에 장

---

162) 나머지 25%는 입학사정관제를 시행하고 있다.

애가 된다고 여기는 현상 등도 지적되고 있다.

최근에 텍사스주 'Ten Percent Plan'의 도입 효과를 조사·분석한 연구에서는 대상 학생들을 두 그룹으로 나누어 실시하였다.163) 그들 중 한 그룹은 이 Plan의 시행 전 공립 명문대학인 텍사스 오스틴대학에 소수의 입학생만을 배출한 고교 출신으로 이 Plan의 혜택으로 입학한 학생들이다. 그리고 다른 그룹은 전통적인 명문고를 졸업했으나, 그 석차가 임계비율을 벗어나 경쟁률이 상대적으로 떨어지는 다른 대학에 진학한 학생들이다.

연구 결과, 이 Plan의 목표인 첫 번째 그룹에 속한 학생들은 대학 등록 및 졸업률이 향상되었다. 아울러 졸업 후 7~9년 경과 시 소득 수준에 어느 정도 긍정적인 영향을 미친 것으로 밝혀졌다. 즉 이 그룹의 학생들도 다른 연구들에서의 주장과는 달리 최고 명문대학에 들어와서도 학업에 뒤처지지 않았다고 한다. 게다가 졸업 시기도 다른 학생들과 비슷하게 맞추어졌다는 것이다. 그리고 상대적으로 대학입학에서 피해를 본 다른 그룹의 학생들도 대학 등록률, 졸업 또는 소득이 감소하는 불이익을 겪지 않은 것으로 나타났다. 그 이유는 이 그룹의 학생들은 비록 주내 최고 명문대는 진학하지 못했으나, 취약계층의 학생들보다 가정에서의 지원과 후원이 더 탄탄하였던 것으로 추정되고 있다. 이 Plan이 목표로 한 학생 구성의 다양성 제고는 통계로 입증되고 있다. 즉 이 Plan의 초기인 1998년에는 텍사스주 내의 41%의 고교에서 텍사스 오스틴대학에 신입생을 배출하였다. 그러나 2003년에는 그 비율이 70%에 이른 것으로 나타나고 있다.

---

163) Sandra E. Black, Jeffrey T. Denning & Jesse Rothstein. 『The Effect of Gaining and Losing to Selective Colleges on Education and Labor Market Outcomes』. CSHE. 2. 2020.

영국의 배경고려입학제도

영국에서는 인종 등에 근거한 적극적 우대조치는 2010 평등법(The Equality Act 2010)에 따라 금지되고 있다.164) 영국은 서유럽 국가들의 대학들이 평준화를 지향하는 것과는 달리 명문대학 그룹을 중심으로 대학이 서열화되어 있다. 따라서 영국 정부와 명문대학들은 대학입시에서 대학의 학문적인 질은 유지하면서 잠재력을 가진 취약계층 학생들의 입학 기회를 향상하는 정책과 제도의 마련을 위해 최선의 노력을 기울이고 있다.

이미 살펴본 대로 영국 정부는 2004년에 '고등교육입학제도검토위원회'에 의뢰하여 공정한 대입제도의 전국적인 시행을 위한 권고안을 발표한 바 있다. 이 권고안에서 대학은 지원자의 교육적·사회적 불이익을 보상(compensate)하는 것이 그 본연의 임무는 아니라고 공표하였다. 그러나 지원자들의 사회경제적 배경에 상관없이 시험성적만으로는 충분히 파악할 수 없는 숨어 있는 재능과 잠재력을 밝혀내어 가능한 한 최상의 능력을 갖춘 자들을 선발하려는 대학의 노력은 정당한 것이라고 밝히고 있다.

동 위원회는 대학입학 이전의 교육적인 성취가 대학 학부에서의 학업성취를 예측하는 최상의 단일 지표로서 대입 전형에서 주된 역할을 담당한다고 하였다. 그러나 시험성적이 반드시 잠재력을 대변하지는 않는다고 밝히고 있다. 그 이유는 아이의 두 살 때부터의 사회경제적 배경이 교육적인 성취에 영향을 미치기 시작하므로 지원자들이 처한 환경에 따라 교육적인 성취가 다르게 나타날 수 있다는 것이다. 이에

---

164) Wikipedia. 『Affirmative Action』. 2021. 7. 10 인출.

학생들의 교육적인 성취뿐만 아니라 사회경제적 배경 등 다양한 배경 요소(contextual factors)도 고려하는 것이 공정하고 적절하다는 견해를 천명하였다. 즉, 학생들의 시험성적뿐만 아니라 출신 고교 및 지역, 개인적 환경 등 배경에 대한 구체적 데이터도 고려해야 한다는 것이다. 그리하여 영국에서는 학생들의 배경을 고려한 입학제도를 시행하고 있다.

이와 같은 맥락에서 영국에서는 각 대학의 특성에 따라 대학 차원에서 취약계층 학생들의 기회확대를 위한 입학제도를 다양하게 시행하고 있다. 최고 명문으로 꼽히는 옥스브리지는 전형기준의 기본원칙으로 지원자들의 사회경제적 배경에 상관없이 학문적 능력과 잠재력을 유일한 기준으로 하고 있음을 밝히고 있다.

옥스퍼드대학은 지원자들의 취약한 사회경제적 배경과 출신 고교의 전반적인 교육 성과가 지원자들의 잠재력을 충분히 발휘하는데 어려움을 줄 수 있다는 사실을 인정하고 있다. 그래서 이 대학에서는 개인적인 배경 데이터(contextual data)를 활용하고 있다. 이 데이터에는 지원자의 졸업 중·고교, 거주지역 및 공적 보육제도 이용 여부 등이 포함되고 있다. 지원자의 졸업 중·고교의 정보에는 해당 학년 학생 전체의 중학교 졸업 자격시험(GCSE) 및 A-level 결과, 무상급식 학생의 비율 등이 포함되고 있다. 그리고 거주지역 정보는 거주지역 청년 중 고등교육 참여자의 비율을 기준으로 5분위로 분류한 POLAR(the participation of local areas) 우편번호 분류제를 활용하고 있다. 아울러 거주지역의 사회경제적 부를 측정하여 5분위로 분류한 ACORN 우편번호 분류제를 활용하고 있다. 공적 보육제도 대상자로 3개월 또는 그 이상 지정되었으면 가장 높은 학업 장애를 겪은 것으로 간주하고 있다. 이와 같은 기준에 비추어 가장 취약한 배경을 가진 지원자들에 대해서는 학업의 잠재력이 있다고 예측되는 경우 대학 입학시험과 면접의 기회를 최대한 부여하고 있다. 그래서 그 지원자들이 잠재력을 나타내는 기회를 가질 수 있도록 배려하고 있다.

이와 같은 취지에서 시행하고 있는 옥스퍼드대학의 최신 취약계층 프로그램은 'Opportunity Oxford'와 'Foundation Oxford'이다. 전자는 대학본부가 시행하는 브리지 프로그램으로 표준지원요건(standard entry requirements)을 충족하는 취약계층 지원자들을 추가로 합격시키고 있다. 아울러 첫 학기 시작 전에 그들의 학업뿐만 아니라 대학 생활 전반에 걸쳐 준비시켜 주는 프로그램이다. 후자는 개인적인 사정 등으로 표준 지원요건에 미달하는 취약계층 공립고교 출신자들을 위해 개발 중인 'Foundation Year' 프로그램이다. 이는 1년간 그들을 대상으로 한 집중프로그램과 지원을 통해 실력을 향상하여 옥스퍼드대학에서 정규 학업을 시작할 수 있도록 도와주는 것이다.

옥스퍼드대학은 취약계층의 고교 1학년 학생들을 대상으로 한 대학 기숙 오리엔테이션 프로그램(UNIQ) 참가자를 선발하고 있다. 이 경우에는 우편번호 분류제165)를 활용하여 더 열악한 지역 거주자에게 우선순위를 부여하고 있다. 이 프로그램은 명문대학의 진학률이 낮은 공립학교 1학년 재학생들을 봄 또는 여름에 5일 동안 대학에 기숙시키고 있다. 그러면서 그들에게 개설된 강좌와 입학에 관한 정보

---

165) 구체적인 예로 POLAR(the participation of local areas) 우편번호 분류제는 영국 전역에 걸쳐 지역 거주 청년 중 고등교육 참여자의 비율을 기준으로 5분위로 분류한다. 1분위는 진학률이 가장 낮은 지역들이며, 낮을수록 우선권을 부여한다. ACORN 우편번호 분류제는 거주지역의 사회경제적 부를 측정하여 5분위로 분류, 5분위가 가장 취약한 지역을 나타내고 낮을수록 우선권이 부여된다.

를 제공하는 등 대학 생활을 직접 체험해 보는 기회를 부여하고 있다. 실제로 이 프로그램에 참여한 학생들의 대학입학 성공률은 40%에 이르고 있다. 이는 일반 지원자들의 평균 입학 성공률의 두 배에 달하고 있다.

한편 캠브리지대학은 입학 사정 시 A-level 성적이 표준 지원요건보다 낮은 경우에 그가 가진 부족한 학업성적을 보완하기 위해 개인적인 배경 데이터를 활용하지는 않는다고 한다. 다만 입학사정관이 각 지원자를 전인적으로(holistically) 평가하는데 필요한 최대한의 정보를 제공할 수 있는 데이터를 지원서에 표기토록 하고 있다. 그래서 입학 사정 초기 단계에서 더 신중하게 다루어지도록 하고 있다. 이 데이터는 POLAR 등 주소지 우편번호 분류에 의한 지원자의 거주지역, 졸업 중·고교의 전체 학생 성적, 개인적인 환경 등 세 종류로 구성되고 있다. 즉 지리 인구 상의 데이터인 거주지의 사회경제적 특성과 대학진학률, 출신 중·고교의 학교별 해당 학년 학생의 졸업 자격시험 성적(GCSE)과 A-level 성적이 이에 속하고 있다. 아울러 이 학교 출신자들의 옥스브리지로의 최근 진학 현황도 고려하고 있다. 만약 지난 5년 동안 옥스브리지 진학자를 5명 이하로 배출했다면 학교 차원에서 캠브리지대학의 지원과 인터뷰 절차에 대응하는 능력이 상대적으로 떨어진다는 것을 나타내기 때문이다. 즉 지원자들의 잠재력 개발에 부정적인 영향을 미치는 구조적 여건까지도 고려하고 있다. 마지막으로 개인적인 사정인 공적 보육제도의 이용이나 무료급식 및 여타 정상참작 사유 등도 이에 속하고 있다.

그런데 지원자가 옥스브리지의 배경고려입학 대상자 요건에 해당이 되더라도 인터뷰 대상자로 선발되는 등 그 혜택을 누리려면 표준 지원요건을 반드시 갖추어야 한다. 즉 일반 지원자들과 마찬가지로 A-level 세 과목의 성적이 모두 전공별로 제시된 지원요건을 충족해야 한다. 이를테면 두 대학은 모두 학문적인 수월성은 포기하지 않는다는 것이다.

이에 반해 킹스칼리지런던은 배경고려입학 대상자에 대한 표준 지원요건을 완화하고 있다. 즉 그 대상자에 대해서는 A-level 세 과목 중 두 과목의 성적에서 그 등급이 각각 한 단계 낮더라도 지원자격을 부여하고 있다. 예를 들어 의대에서는 취약지역의 공립고교 학생들을 대상으로 하는 EMDP(Extended Medical Degree Programme)의 지원자는 표준 지원요건인 A-level 등급 A*AA보다 완화된 A*BB이더라도 지원할 수 있다. 이 프로그램은 2000년대 초부터 전통적으로 의대 입학이 매우 어려운 취약계층 학생들을 대상으로 하고 있다. 이를 통하여 일반 학생들보다 입학성적이 떨어지는 취약지역의 공립고교 출신 학생들을 적성시험과 인터뷰를 통해 입학시키고 있다. 이 학생들에 대해서는 통상적인 수업 외에 입학 후 2년 동안 별도로 주어진 시간에 멘토링, 추가 학습기회 혜택, 개인별 맞춤형 학습 프로그램 등을 제공한다. 이 프로그램을 통하여 2020년 현재 270명 이상의 의사가 배출되었다.

한편 리즈대학도 이와 유사한 입학제도를 시행하고 있다. 이 대학은 그동안 대학진학 실적이 저조한 그룹들의 학부과정 입학 기회의 확대를 위한 다양한 입학제도를 시행하고 있다. 리즈대학으로의 입학 기회의 확대 제도(Access to Leeds)는 다음 6가지의 기준 중 2가지를 충족하면 A-level 과목의 성적이 표준 지원요건에서 두 단계 낮아도(예: AAA→ABB) 지원을 허용하고 있다. 그 기준은 저소득층 가정의 출신자, 가족 중 첫 일반대학의 진학자, 중학교 졸업 자격시험

(GCSE)에서 전국평균 등급 이하 학교에 재학한 자, 개인적 사정 등으로 학업에 지장을 받은 학생, 고등교육기관 진학률이 낮은 지역의 거주자, 공적 보육제도의 이용자 등이다.

게다가 리즈대학은 위의 입학 기회의 확대 제도 외에도 대학진학률이 낮은 지역 출신자 우대제도(Low Participation Neighbourhoods)를 시행하고 있다. 그래서 지원자들이 별도로 신청하지 않아도 해당 지역 출신이면 입학 사정 시 이를 자동으로 고려하고 있다. 나아가 이 대학은 꿈의 기회 실현프로그램(Realising Opportunities)을 운영하고 있다. 이를 통해 취약계층 학생들이 많은 인근 지역 학교를 선정하여 꿈을 키워주고 있다. 아울러 적성에 맞는 대학의 전공을 선택하고 대학의 학업을 성공적으로 마칠 수 있도록 지원해 주고 있다. 리즈대학의 입학 기회의 확대 제도는 영국 내에서 가장 큰 규모로 2003년에서 2019년까지 약 6천여 명의 저소득층 학생들에게 도움을 주었다. 그래서 이 대학은 대학입학 기회의 공정성 제고로 2019년에 학생들의 사회적 계층이동 공적상을 받기도 하였다.

다른 한편 리즈베켓대학은 대학진학자가 매우 적은 지역에 속하는 거주지의 우편번호를 가진 지원자 또는 장애인, 21세 이상인 자, 공적 보육제도의 이용자 중 어느 하나만 해당하면 위의 우대제도를 적용하고 있다. 게다가 대학이 소재한 지역사회의 발전에 이바지하는 방안의 하나로 해당 지역 출신의 인재들을 교육·훈련하고 있다. 그리고 이를 위해 웨스트요크셔주의 5개 지역 출신 지원자들은 지원요건의 일정 수준에 미달해도 합격시키는 지역사회 앵커 기관 정책(Anchor Institution Policy)을 시행하고 있다.

이처럼 영국의 명문대학들은 저소득층 학생들이 양질의 균등한 대학교육 기회를 누릴 수 있도록 다양한 노력을 기울이고 있음을 엿볼 수 있다. 즉 학업성적뿐만 아니라 배경 정보(contextual data), 다양한 브리지 프로그램 등을 활용하여 그들의 입학률과 학업성취율을 높이려고 노력하고 있다. 다만 2017년 통계에 따르면 영국의 상위 30위 내의 명문대학 중 단지 18개의 대학만 취약계층 지원자들을 위한 배경 고려 입학제도를 시행하고 있다고 한다.166)

한편 영국의 역대 정부에서도 취약계층 출신의 학생들이 명문대학에 더 많이 진학하도록 다양한 노력을 기울이고 있다. 그 한 예로 토니 블레어 정부에서는 고등교육재정위원회의 대학에 대한 재정지원 시 대학 내 공립고등학교 출신자 비율로 대학의 순위를 매기고, 저소득층 밀집 지역의 우편번호를 가진 학생들의 수에 따라 인센티브를 부여하는 우편번호 프리미엄 제도를 시행하였다.167) 다른 정부들도 대학재정지원 인센티브제 등을 활용하여 대학들을 독려해 왔다. 그 결과 2015년부터 2021년 사이에 캠브리지대학 입학생 중 공립고교 출신 비율이 62.3%에서 70%로, 옥스퍼드대학에서는 55.6%에서 68.7%로 상승하였다.168)

다른 한편, 취약계층의 공립고교 출신 학생들에 대한 입학제도 상의 배려에 대해 비판적인 시각도 존재하고 있다.169) 즉 취약계층 학생들에 대해 지원요건을 낮추는 것은 단지 측정 가능한 학업성취의 잣대를 자의적인 조정으로 대체하는 것일 뿐이라는 것이다. 그리고

---

166) THE. 『University Admissions: which system is the fairest?』. January 10, 2019,
167) The Economist, 『Bending the rules』. Aug. 22nd 2002.
168) https://www.dailymail.co.uk. 2021. 3. 15.
169) The Economist. ibid.

공립고교 출신의 비율 쿼터를 채우라고 대학들을 압박하는 것을 중대한 실수로 간주하고 있다. 그뿐만 아니라 대학들은 최상의 학생들을 뽑으려는 노력에서 시선이 분산된다는 것이다. 나아가 공립고교의 실패를 취약계층 학생들을 통해 보상함으로써 교육의 질을 높이려는 정부의 노력을 약화할 수 있다고 비판하고 있다.

그런데 이 와중에 최근에 런던의 빈민가 공립고교에서 매우 고무적인 성과를 보인 사례가 나와 세간의 화제가 되고 있다. 2021년 3월 런던의 빈곤율이 매우 높은 지역의 공립고교에서 옥스브리지에 55명의 예비 합격자를 배출하였다. 이는 48명을 배출한 명문 이튼칼리지를 앞지른 것이다.[170] 이 학교의 교장은 그가 키워낸 학생들은 더 부유한 지역에 소재한 학교의 재학생들과 똑같은 능력을 지녔다고 하였다. 아울러 학생들에 대한 기대감이 높은 강한 문화가 학교 활동 전반에 깔려 있다고 하였다. 이와 같은 학교문화 속에서 학생들이 큰 꿈을 가지고 학생 신분의 규율을 지키며, 열심히 공부할 수 있도록 동기를 부여한 것이 결실을 거두었다는 것이다.

이러한 현상은 통상적으로 빈곤율이 높은 지역의 학교에서는 그리 흔치 않은 것이다. 실제로는 학생들의 사회경제적 배경이 그들의 행동과 꿈에 미치는 영향이 매우 크다는 것이다. 미국에서 행해진 연구결과들에 따르면 저소득층 학생들은 스스로 불평등한 사회구조와 한계를 인정하고 있다고 한다. 그래서 자신의 행동과 꿈을 주어진 상황에 맞춰 가는 것이 일반적인 경향이라고 한다.[171] 그런데 이 학교 학생들은 최고 명문대학에 입학할 수 있다는 꿈을 품고 열심히 공부할

---

170) 조선일보. 2021. 3. 19.
171) Ogbu, J(1979). 『Socail Stratification and the Socialization of Competence』. Anthropology and Education Quarteley 10(1) 등 다수의 연구가 있다.

수 있었다. 이는 학내의 종사자들이 열정적으로 그들을 격려하고 가르치면서 필요한 지원을 아끼지 않았기 때문이다.172) 이런 기적이 일어나게 된 가장 큰 요인은 이 학교의 모든 종사자와 학생들의 기대감이 높은 강한 문화에 있었다.

다른 한편, 영국의 대학들이 제공한 다양한 입시제도의 혜택으로 입학한 학생들이 대학에서 어떻게 적응하는지에 대해 관심이 쏠리는 것은 당연하다. 이에 관해 영국 명문대학인 브리스톨대학은 홈페이지에서 배경고려입학제도로 입학한 학생들이 평균 이상으로 학업을 잘 수행한다고 밝히고 있다. 이 대학은 동 제도의 지원자들에 대해 다음과 같은 요건들을 제시하고 있다. 그 요건은 대학진학률 또는 평균 A-level 성적이 전국 하위 40%에 속하는 공립고교 졸업, 소속 학생 75% 이상의 거주지역이 고등교육참여자 비율을 나타내는 POLAR4 우편번호 분류제의 1~2분위에 속하는 공립고교 졸업, 브리스톨대학에서 시행하는 학문 아웃리치 프로그램 수료, 공적 보육제도 이용 등이다. 지원자들은 이 요건 중 어느 하나만 갖추면 표준지원요건보다 A-level 두 과목의 시험성적이 낮아도 입학이 허용되고 있다. 이미 오래전인 1992년에 브리스톨대 법과대학은 입학성적은 조금 떨어지나 잠재력이 있는 저소득층 학생들을 선발하는 제도를 마련하였다. 그런데 그들 중 많은 학생이 사립고교를 나온 동료들 못지않게 성공적으로 학업을 마쳤다고 한다.173)

호주에서 행해진 다음과 같은 연구는 위의 긍정적인 성과들을 어느 정도 뒷받침하고 있다.174) 이 연구는 대학생학업진행통계에 따라 이

---

172) https://www.dailymail.co.uk. 2021. 3. 15.
173) The Economist. ibid.
174) UNESCO Bangkok Office. 「The Transition from Secondary Education to

루어졌다. 이 연구에서는 고교성적이 소속한 상대적 지위에 따라 대학 학업성적 예측의 정확도가 달라진다고 설명하고 있다. 즉, 상위권에 속하는 학생들의 고교성적은 대학에서의 학업성적을 더 정확하게 예측하게 한다고 한다. 그러나 중위권 학생들의 경우는 그 예측력이 떨어진다는 것이다. 그러므로 대학들이 신입생 선발을 위해 고교성적에 지나치게 의존하는 것은 학문적인 잠재력을 지닌 지원자들을 배제할 수 있다고 한다. 취약계층 학생들은 열악한 가정배경 등으로 인하여 학업에 열중하여 잠재력을 충분히 발휘하기 어려웠을 수도 있다. 그러나 그들은 부모 등 개인적인 배경에 의지할 수가 없어 그들 스스로 삶을 개척해야 하므로 대학에서 더욱 학업에 매진하게 될 수도 있다는 것이다.

이스라엘의 히브리대학 등 4개 명문대학에서는 인종 중립적이며, 사회계층에 기반한 적극적 우대조치를 시행하고 있다. 이와 같은 적극적 우대조치의 혜택으로 입학한 학생들은 실제로 경쟁이 가장 치열한 인기학과에서도 학업을 성공적으로 마치고 학문적으로도 뒤처지지 않았다. 이에, 계층에 기반한 입학 시의 혜택 부여는 사회경제적 이동에 장기적으로 영향을 미칠 잠재력이 있다는 사실을 입증하고 있다. 아울러 대학구성원의 다양성을 높이는 것으로 나타나고 있다.[175]

Higher Education: Case Studies from Asia and the Pacific』. 2015.
175) Sigal Alon & Ofer Malamud. 『The impact of Israel's class-based affirmative action policy on admission and academic outcomes』. Economics of Education Review. 2014. 3. 4.

Chapter
09

대입 공정성 제고의 대안; 추첨제

대입 추첨제의 대두
　　미국에서의 추첨제 제안
　　영국에서의 추첨제 제안
외국의 추첨제 시행 사례
　　네덜란드 의대의 추첨제
　　프랑스 국립대학의 추첨제
　　　　입학생 배정추첨제
　　　　'소프트' 선발제로 개혁
　　영국 일부 대학의 추첨제

Chapter 09 대입 공정성 제고의 대안; 추첨제

　미국과 영국 두 나라에서는 명문대학 입학을 위한 경쟁이 날로 치열해지고 있다. 앞서 살펴본 대입 부정 스캔들에 연루된 예일대의 경우 2018년 2,178명 모집에 36,843명이 지원해 역대 최저 합격률인 5.91%에 머물렀다. 이는 그 전해의 합격률인 6.31%에 비해 더 떨어진 것이다.[176] 스탠퍼드대학도 2018년의 합격률이 4.3%로 더 낮아졌다.[177] 그리고 하버드대학은 2018년의 합격률이 4.6%에 머물고 있다.

　이들 대학에는 매우 우수한 지원자들이 전국에서 몰려들어 그들 간의 변별 문제도 쉽지 않다. 하버드대학은 2008년에 정원 1,600명에 27,500명이 지원해 합격률이 7%에 그쳤다. 그런데 그 지원자 중 2,500명이 SAT 리딩에서 만점을, 3,300명이 SAT 수학에서 만점을 받았다.[178] 영국의 명문대학들도 몰려드는 우수한 지원자들에 대한 변별력 확보의 부담이 늘어나고 있다. 대학입학시험인 A-level의 최고급인 A등급의 취득 비율이 1997년 15.7%에서 2007년 25.3%로

---

176) The New York Times. 『Elite Colleges Announce Record Low Admission Rates in Wake of College Cheating Scandal』. March 29, 2019.
177) ibid. 스탠퍼드 대학은 앞으로는 연방정부에만 입학에 관한 데이터를 제출하고, 일반에게는 공개하지 않을 것이라고 밝혔다.
178) Rebecca Zwick. ibid. p. 187.

매년 증가했기 때문이다. 2010년에는 변별력을 높이기 위해 최고급을 A* 등급으로 격상하였다. 그리고 나아가 A** 등급까지의 격상도 제기된 적이 있다.179)

대학입시에서 경쟁이 극히 치열해지면 특권층 또는 성적이 우수한 학생들도 중압감과 심한 고통을 겪게 마련이다. 미국과 영국에서도 명문대학 입학을 위한 학생과 학부모의 노고는 우리나라의 현실과 유사한 측면이 있는 것 같다. 하버드대 교수 마이클 샌델(Michael Sandel)도 미국의 부유한 학부모들과 그 자녀들이 치열한 경쟁으로 겪는 정신적인 고통과 압박감, 다양한 특별활동의 부담감 및 엄청난 사교육비 지출 등을 지적하고 있다.180) 영국에서도 옥스브리지 같은 명문대학의 입학을 둘러싼 부유층 자녀들의 정신적인 압박감과 스트레스 등이 심하다고 한다. 전국 학생들의 평균치 이상의 우울증, 약물 남용 등으로 고통을 겪고 있다는 지적이 있다.181)

한편, 입시에서 경쟁이 치열할수록 취약계층의 학생들은 명문대학 입학의 대열에서 배제되기 쉽다. 이는 통계적 수치로 입증되고 있다. 2017년에 하버드대학의 경제학 교수 라즈 체티(Raj Chetty)는 학생들의 출신 가정의 소득에 따른 대학의 합격률을 발표하였다. 그런데 상위 1%의 년 소득 63만 불 이상인 가정의 학생들이 3만 불 이하인 가정의 학생들보다 아이비리그대학 합격률이 77배나 더 높다고 하였

---

179) A-level 주영한국교육원 Mar 10, 2016; A-level 시험은 A-level Sixth Form(12, 13학년) 기간에 치르는 논술형 필기시험으로 2회에 걸쳐 치르고 있다. 1년 차 시험인 AS(Advanced Subsidiary)레벨은 4~5과목을, 2년 차 시험인 A2(A2 examination)레벨은 3~4과목의 시험을 치르고 있다.
180) 마이클 샌델. 앞의 책.
181) Sam, 『The Solutions to Cambridge's Admissions? Have a Lottery』. https://medium.com/@sam.enright2001. May 8, 2019. 인출.

다.182) 나아가 그는 2018년에 5개의 아이비리그대학을 포함한 38개 미국 대학의 신입생 분포를 살펴보았다. 그 결과, 부모의 수입이 상위 1%에 드는 학생들의 수가 하위 60%의 저소득층 학생 전체의 수를 상회했다고 밝히고 있다.

영국도 옥스브리지의 입학생들은 지리적으로 런던 및 남동부지역의 사립 고교 출신에 편중되는 등 입학생 편중이 오래전부터 심각한 문제로 대두되었다. 이에 그간 영국 정부는 공립학교 출신의 비율을 높이기 위해 재정지원을 통한 독려 등 다양한 대책을 마련해 왔다. 대표적인 사례로 토니 블레어 정부에서는 고등교육재정위원회의 대학에 대한 재정지원 시 공립고교 출신 비율을 반영시켰다. 그 결과, 1999년에는 59%에 머물렀던 캠브리지대학 등 상위 6개 명문대학의 공립고교 출신 비율이 2001년 63%를 차지하게 되었다. 이때, 옥스퍼드대학은 그 비율이 전국적으로 가장 낮아 53%에 그쳤지만, 처음으로 공립고교 출신 신입생의 수가 사립고교 출신을 앞섰다고 한다. 그 이후에도 옥스브리지에서는 매년 공립고교 출신 신입생의 수가 계속 증가하고 있다. 2015년부터 2021년 사이에 캠브리지 대학은 입학생 중 공립고교 출신의 비율이 62.3%에서 70%로, 옥스퍼드대학은 55.6%에서 68.7%로 상승하였다.183)

---

182) Clint Smith. 『Elite Colleges Constantly Tell Low-Income Students That They Do Not Belong. Education』. March 18, 2019.
183) https://www.dailymail.co.uk. 2021. 3. 15.

대입 추첨제의 대두

미국에서의 추첨제 제안

앞서 살펴본 대로 미국 명문대학의 합격률은 10%도 되지 않는다. 미국에서는 지원자들의 시험성적과 함께 관심사와 다양한 측면에서의 활동 실적 등을 종합적으로 반영하는 입학사정관제를 시행하고 있다. 따라서 명문대학 입시를 둘러싸고 공정성 논란이 계속될 뿐만 아니라 경쟁도 매우 치열하여 각종 부작용이 나타나고 있다. 이에 대한 돌파구로서 하버드·프린스턴·컬럼비아·스탠퍼드 대학 등 명문대학 일부 교수들이 나서 추첨에 의한 신입생 선발이 가장 공정하다는 제안을 꾸준히 해 오고 있다.[184]

1997년에 하버드대 로스쿨 명예교수인 라니 귀니어(Lani Guinier)는 시험성적에 기반한 전형제도는 부유층 학생들만 유리하게 됨을 지적하였다. 흑인과 라틴계 등의 취약계층 학생들은 구조적으로 배제될 수밖에 없다고 하였다. 그는 입시에서 시험성적을 덜 강조한다고 하여 수월성을 포기하는 것은 아니므로 각 대학은 일정한 기준의 입학 자격을 설정하자는 것이다. 그리고 그 기준을 충족하는 지원자만을 대상으로 입학절차를 진행하자고 제안하고 있다. 여기에 포함되는 기

---

[184] Lani Guinier, Professor Emerita of Law at Harvard. www.law.harvard.edu/faculty/guinier/racetalks/real-bias.htm. June 24, 1997; Dalton Conley, Professor of Sociology at Princeton University. 『Enough fretting over college admissions. It's time for a lottery』. August 13, 2018. The Washington Post; John Mitchell Mason, Professor of the Columbia University. 『A Question of Fairness: College and University Admissions』. PartII May 25. 2011. Huffpost; Hank Greely, Professor of Law at Stanford Law School. 『The equality of allocation by lot』. Harvard Civil Rights Civil Liberties Law Review 12 1 1977. Conall Boyle, 『Lotteries for Education』. 2020에서 재인용.

준은 고등학교 학점, SAT 성적, 에세이, 비교과 활동, 역경 극복 실적 등이다. 이에 대한 개인별 블라인드 평가 후 대학에서 정한 기준을 통과한 지원자만을 대상으로 추첨으로 선발할 것 등을 제안하고 있다. 다만 완전한 블라인드 평가지만 동문의 자녀, 인종, 거주지역, 가정 소득 등 더 가치를 두려는 기준이 있으면 추첨단계에서 가중치를 부여할 수 있다고 하였다. 그리고 체육특기자, 예술적 재능을 가진 자, 고액기부자의 자녀 등은 달리 처리할 수 있다고 부연하였다.

가장 최근에는 하버드대학의 교수 마이클 샌델(Michael Sandel)이 자신의 저서와 국내 방송 프로그램 화상 출연을 통해 무작위 입학 추첨제의 시행을 제안하고 있다. 그도 역시 추첨제의 대상을 일정한 수준의 학문적인 자격을 갖춘 지원자들로 제한하고 있다. 그는 현행 능력주의에 기반한 입시제도가 겉으로는 공정해 보이지만 실제로는 부유층에게 유리하게 작용한다고 지적하였다. 그래서 취약계층에 대해서는 매우 불공정하여 계층 간의 불평등을 정당화시키고 있다고 하였다. 아울러 현행 능력주의에 공정을 더하기 위해 동문 자녀의 우대, 기여입학제, 사교육의 영향을 많이 받는 SAT의 반영 비중 약화 등의 보완조치가 필요함을 역설하였다. 나아가 그는 자신의 고교 재학 시의 경험을 바탕으로 명문대학 입학을 위한 치열한 경쟁과 그에 따른 부작용 등을 피력하였다. 그리고 가장 공정한 입시제도는 일정 수준의 자격을 갖춘 지원자들을 대상으로 무작위 추첨제를 시행하는 것이라고 하였다. 이어서 그는 추첨제로 인한 학력의 저하 문제에 대해서는 최상위 60~80개 대학의 학생들은 수업 중 토론이나 학력의 수준에서 큰 차이가 없을 것으로 추정하였다. 그는 하나의 실험으로 대학의 절반은 기존대로, 나머지 절반은 추첨제로 충원할 것을 혁신적으로 제안하고 있다. 게다가 그는 학생 구성의 다양성 제고의 필요에 따라 특정 그룹에는 당첨 확률을 더 높이는 방안도 제시하고 있다.

그리고 그는 명문대학의 명예에만 골몰한 그간의 입시제도가 성적이 우수한 학생들의 전국적인 폭넓은 분포를 저지했고, 그들을 소수의 경쟁률 높은 대학들로 몰아넣었다고 하였다. 그 결과, 대학의 불평등만 심화시킨 반면에 교육의 수준은 별로 개선되지 않았다고 주장하였다. 아울러 명문대학들이 유자격 지원자들을 추첨으로 뽑게 되면 그들이 겪는 스트레스를 줄일 수 있다고 하였다. 그리고 입학을 위해 온갖 스펙 쌓기 경쟁을 벌일 필요가 없어 학부모들이나 학생들이 모두 안정을 되찾을 수 있을 것으로 예측하였다. 나아가 그는 조바심나는 입시경쟁을 마치 불타는 고리를 뛰어넘는 것에 비유하였다. 이에 대학입시에서 추첨제를 시행하면 학생들은 그로부터 어느 정도 해방될 수 있다고 하였다. 따라서 학생들은 진정으로 개인적 또는 지적 모험에 더 기꺼이 나서게 될 것으로 기대된다고 하였다.

한편 스와스모어대학의 심리학 교수 바리 슈왈츠(Barry Schwartz)도 마이클 샌델(Michael Sandel) 교수와 같이 일정한 수준의 자격을 갖춘 지원자를 대상으로 한 무작위 추첨제를 주장하고 있다. 그는 미국 명문대학의 현행 입시 전형제도를 헛수고로 간주하고 있다.[185] 아울러 그는 미국 명문대학의 합격률이 10% 안팎에 그치므로 탈락한 나머지 90% 정도의 학생들도 자신의 고교에서는 최상위권 학생들이라고 하였다. 따라서 그들도 지원한 명문대학에서 성공적으로 학업을 수행할 수 있는 충분한 자격을 갖추었다는 것이다. 나아가 그는 입학을 둘러싼 지나친 경쟁으로 인해 고교생들이 교내외에서 "배움 그 자체보다 성공을 위해서"란 잘못된 이유로 공부하고 활동하고 있다고 지적하였

---

185) Barry Schwartz, 『Top Colleges Should Select Randomly From a Pool of 'Good Enough'』. The Chronicle of Higher Education. February 25, 2005.

다. 그래서 그들은 대학에 입학한 후에 학문을 진정으로 연마하려는 동기가 약해진다는 것이다. 입시에서 추첨제를 시행하게 되면 마이클 샌델(Michael Sandel) 교수가 지적한 대로 대학에 제시하기 위해 모든 과목의 득점과 스펙을 쌓지 않아도 된다고 하였다. 오히려 고교생들 스스로가 그들의 강점을 살리는 공부를 과감히 할 수 있어서 더 바람직하다고 하였다.

한편 스탠퍼드대학 로스쿨 교수인 행크 그릴리(Hank Greely)는 예일대학 로스쿨 입시에서 시행하는 매우 정교한 시스템을 들어 추첨제의 필요성을 주장하고 있다. 즉 예일대 로스쿨 입시에서는 325명의 정원에 3천여 통의 지원서가 들어오면, 그 지원서는 세 명의 교수들에 의해 읽히고 등위가 매겨지고 있다는 것이다. 그런데 그 중 상위권과 하위권 지원자들을 분별해 내는 일은 쉬운 일이라고 한다. 다만 어려운 문제는 지원자 중 누가 250번 째에서 350번째 카테고리에 속하는가를 파악할 때 발생한다는 것이다. 그 이유는 그 카테고리에 속하는 지원자들 간의 실적(merit) 격차가 크지 않기 때문이라고 한다. 따라서 최상의 지원자들을 뽑으려는 노력은 비용이 많이 드는 비즈니스이며, 형식에 지나지 않는다고 한다. 그러므로 그들에 대한 무작위 추첨제의 시행이 가장 공정하고 비용을 절감하는 방식이라고 주장하고 있다.186)

반면에 대학입학 추첨제에 반대하는 목소리도 다양하게 나오고 있다. 1970년 공공정책 전문가인 다엘 울플(Dael Wolfle)은 대학입시에서 무작위 추첨제의 시행을 반대하고 있다. 그는 추첨제의 시행은 가장 전도가 유망하거나 고등교육의 최대 수혜자인 지원자들을 선발

---

186) Hank Greely, ibid. Conall Boyle, ibid. 재인용.

하는 교수진의 능력을 무시하는 처사라고 지적하고 있다.187)

또 다른 반대론자 통계학자 레베카 즈윅(Rebecca Zwick)은 추첨제로는 실제로 어떻게 학생들을 공정하게 대학에 입학시킬까에 대한 딜레마를 해결할 수 없다고 주장하고 있다. 추첨제는 재화에 대한 청구권을 가진 그룹의 구성원 간 우열을 판별할 수 있는 근거가 없는 경우에만 의미가 있다는 것이다. 그런데 대학입시에서 지원자 간의 신뢰할 만한 우열의 판별 근거가 없는 상황에 놓이게 되려면 커트라인이 매우 높아야만 된다고 한다. 매우 높은 커트라인을 넘는 지원자만 대상으로 추첨제를 시행하면 소수 인종이나 취약계층의 학생들이 그 풀에 들어가는 비율이 극히 낮을 수밖에 없다는 것이다. 따라서 이런 상황에서의 추첨제 시행은 경쟁을 현저하게 낮출 수 없으며, 교육적인 기회의 확대에도 도움이 될 수 없다고 한다. 반면에 낮은 커트라인을 통과한 지원자를 대상으로 추첨제를 시행하게 되면 논란을 초래할 수 있다는 것이다. 이 경우에는 특정 입학생보다 외관상으로 훨씬 더 나은 지원자들을 탈락시키는 결과를 초래하여 불공정하기 때문이라고 한다. 결론적으로 대학입시에서 추첨제의 시행은 불편부당(impartial)하지 않다는 견해이다.188)

정치학자인 피터 스톤(Peter Stone)은 인류 역사 속의 중요한 추첨 사례들을 분석하고, 의사결정에 있어 추첨의 역할 등을 깊이 연구한 학자이다. 그는 추첨의 탁월한 장점으로 정화 효과(sanitizing effect)를 매우 강조하고 있다.189) 그에 의하면 재화 등의 배분 절차에서 중

---

187) Wolfle, D.(2011). 『Chance, or human judgement?』. Peter Stone, 『THE LUCK OF THE DRAW, The Role of Lotteries in Decision Making』. OXFORD UNIVERSITY PRESS. 2011. P. 104에서 재인용
188) Rebecca Zwick. ibid. p. 170
189) Peter Stone. ibid. p. 83~88.

시해야 할 가치가 있는 타당한 사유들(good reasons)은 당연히 모두 고려해야 한다는 것이다. 그런 후 부당한 사유들(bad reasons)만 남았을 때는 그 사유들을 배제해야 한다고 한다. 게다가 결과를 예측할 수 없는 추첨을 활용함으로써 의사결정을 정화하는 효과를 거두게 된다고 한다. 그래서 추첨으로 내리는 최종 결정이 부당한 이유에 기반을 두지 않아 당사자 누구에 대해서도 불편부당(impartiality)을 보장하게 된다고 한다. 이는 공정한 추첨의 예측 불가능한 속성을 이용하여 부당한 사유들이 의사결정에 아무런 영향을 미치지 못하도록 한다는 것이다.

이와 같은 추첨의 정화 효과를 대학입학에서의 추첨제에 적용해 보기로 한다. 앞서 살펴본 대로 대학입학에서의 추첨제를 옹호하는 자들은 대학에서 학업을 성취할 수 있는 일정한 자격요건을 제시하고 있다. 그리고 그 요건을 갖춘 자들로 추첨대상자 풀을 조성하여 추첨으로 선발코자 한다. 아울러 일정한 자격요건을 넘어선 더 높은 능력을 요구하고, 이를 변별하기 위한 선발절차는 종합적인 측면에서 긍정적인 효과보다 부작용이 더 많을 수 있다는 것이다. 즉, 그들은 추첨의 정화 효과가 엄격한 전형제도로 인해 발생하는 각종 부작용보다 더 크다고 주장하고 있다.

피터 스톤(Peter Stone)은 앞서 살펴본 다엘 울플(Dael Wolfle)의 대학입학 추첨제에 대한 비판은 오해에서 비롯된 것이라고 밝히고 있다. 다엘 울플의 주장은 지원자들 간 격차의 상존으로 인하여 합격자들을 결정할 수 있는 충분한 근거의 존재를 전제로 하고 있다는 것이다. 그런데 실제로는 그 근거의 존재에 불확정성(indeterminacy)이 존재한다고 한다. 그러므로 추첨은 단지 선발 과정에서 발생할 수 있는 불확실성을 공정하게 해결하는 방법으로 사용될 수 있다는 것이다.

그러나 추첨제를 옹호하는 학자들도 추첨의 장점만을 주장하고 있는 것은 아니다. 그들도 아래 네덜란드 의대의 성적가중치 추첨제에서 발생한 사례와 같이 능력이 탁월한 지원자에 대한 보상이 결핍될 수 있다는 점을 지적하고 있다. 그리고 다른 사람보다 더 뛰어나고자 매우 열심히 노력할 인센티브를 약화한다는 점도 인정하고 있다.

영국에서의 추첨제 제안

영국에서는 좋은 학교 또는 명문대학 입시에서의 추첨제 시행문제가 미국보다 더 오래전부터 논란이 되어 왔다. 영국의 경제학자이자 통계학자인 코날 보일(Conall Boyle)은 2010년에 추첨의 교육 분야 활용에 관한 연구서로 '교육 추첨제(Lotteries for Education)'란 저서를 발간하였다.190) 그는 네덜란드 의대의 가중치 추첨제의 결과 분석 및 영국 등 일부 국가 대학입시에서의 추첨 사례를 연구하였다. 그는 이 연구에서 입학성적이 대학 학업성취의 예측에 어느 정도는 상관되어 있다는 사실을 인정하였다. 그러나 입학성적이 낮은 학생들도 대학의 학업을 성취할 가능성이 충분하다는 것이 입증되었다고 하였다. 그러므로 입학성적만으로 대학의 학업성취를 예측하는 것은 한계가 있다고 하였다. 아울러 입학성적이 일정 수준에 도달하면 그 이상의 성적은 학업성취에 거의 영향을 미치지 않는다고 하였다. 이런 사실에 비추어 볼 때 대학 입학성적과 대학의 학업성취와의 관계에

---

190) Conall Boyle. ibid.

대한 규명은 거의 의미가 없어진다고 하였다. 이를 근거로 그는 대학 입학에 있어 추첨이 효율적일 수 있음을 주장하고 있다.

그리고 그는 또 다른 공정성의 측면에서 추첨제를 다음과 같이 옹호하고 있다. 대학들은 학업 도중에 탈락할 수 있는 학생들의 합격률을 최소화하고 있다고 한다. 이에 대학들은 입학기준을 높여 항상 최상위의 성적 보유자들을 선발하려고 노력한다는 것이다. 반면에 훌륭한 입학자격을 갖추기 위해 시간과 노력을 들여 열심히 준비한 학생들도 여전히 중도 탈락률이 높다고 한다. 따라서 대학들과 학생들 간 위험 감수율의 균형을 맞춰 공정한 관계를 맺기 위해서는 추첨대상자의 풀을 넓혀야 한다는 것이다. 그래서 대학입학 후 학업성취율이 최소 50% 이상인 학생은 모두 포함할 필요가 있다고 피력하고 있다. 즉, 통계학적인 비유를 들어 능력에서 의미 있게(significantly) 격차가 벌어지지 않은 지원자들은 동등하게 대우하는 것이 공정하다고 보고 있다.

나아가 그는 최대의 또는 보편적 실적(maximum or universal merit)에 대비되는 적절한 실적(relevant merit)을 전형기준으로 삼는 것이 공정하다고 강조하고 있다. 즉 전공 학문과 관련된 능력만 갖추면 누구나 대학에 입학할 수 있는 동등한 권리가 있다는 것이다. 대학은 학문을 추구하는 전당이므로 입시에서는 타당한 학문적인 지표만 사용해야 하며, 임계수준 성적(threshold score)이 이를 의미할 수 있다고 한다.

그는 명문대학이나 인기전공이 높은 성적만을 요구하면 왜곡된 인센티브를 제공하게 된다는 것이다. 따라서 커트라인이 매우 높은 인기 전공의 경우는 지원자가 자신의 적성을 고려하지 않고 단지 성적이 높다는 사실만을 연유로 하여 지원토록 만든다고 한다. 지원자가 자신의 장래 직업과 연계되는 전공을 선택할 때는 입학 가능성이 아니라 적성을 기반으로 해야 한다고 강조하고 있다.

2002년 바흐람 베크라드니아(Bekhrandia)도 대학 입학성적이 높은 학생들이 평균적으로 졸업성적도 더 높으나 여전히 많은 예측 불가능성이 존재함을 피력하고 있다.191) 그는 대학에 입학한 특정 학년의 학생 전체를 대상으로 한 연구를 수행하였다. 그 결과, A-level 과목의 성적이 18점인 학생이 24점인 학생보다 대학입학 후 공부를 더 잘하거나, 동등하게 잘할 확률이 60%라고 밝히고 있다.

같은 맥락에서 2002년 BBC News에서 William은 자신이 재직하고 있는 명문대학인 킹스칼리지 런던의 졸업생을 대상으로 한 연구 결과를 밝히고 있다.192) 이 연구에서는 A-level 성적으로 학생들의 졸업 학사학위 성적 등급을 예측하였다. 그런데 그 결과는 순수한 운에 의한 예측보다 극히 미미하게 더 나은 정도로만 예측이 되는 것으로 나타났다고 한다. 이 대학은 엘리트 대학으로 우수한 학생들만 입학할 수 있어서 그들 간 능력의 격차가 크지 않기 때문이라고 한다. 이 연구는 엘리트 대학들이 매우 우수한 지원자 중에서 최고 득점자들을 선발함으로써 얻는 이익은 매우 적다는 사실을 시사하고 있다.

영국에서 사회적 계층이동의 향상을 목표로 운영되는 교육 자선단체의 서튼 트러스트 최고책임자인 리 엘리엇 메이저(Lee Elliot Major)와 런던경제대학의 교수인 스티븐 마친(Stephen Machin)은 공동으

---

191) Bahram Bekhradnia.(2002). 『Who does best at university』. HEFCE, Conall Boyle. Ibid. P. 166에서 재인용.
192) Wiliam. BBC News. Aug. 13, 2002. Conall Boyle. ibid. P. 168에서 재인용.

로 저서를 발간하였다. 그들은 이 저서를 통해 미국 명문대학 교수들의 제안과 마찬가지로 지원자들이 넘치는 대학들은 대학에서 정하는 일정 수준의 성적을 넘는 지원자들을 대상으로 무작위 추첨으로 선발할 것을 제안하고 있다. 명문대학의 엄격한 입학 전형제도는 그 절차를 헤쳐나갈 지혜를 자녀들에게 전수해 줄 수 있는 중산층에게 유리하게 작용한다고 주장하고 있다.193)

외국의 추첨제 시행 사례

네덜란드 의대의 추첨제

우리나라에서는 대학의 지나친 서열화와 입시에서의 과열 경쟁 등으로 심각한 사회적인 문제들이 야기되고 있다. 그래서 최근에는 이런 문제들에 대한 해결책의 하나로 네덜란드 의대의 국가 관리 입학 추첨제가 가끔 거론되기도 하였다. 그런데 네덜란드의 추첨제는 2017년부터는 모든 의대에서 사라지고 100% 대학 자율전형으로 전환되었다.194) 의대는 인간의 생명과 안전을 다루는 고도의 전문직업인의 양성을 목적으로 하고 있으며, 대체로 어느 나라에서나 입학 경쟁이 치열하다. 따라서 의대의 신입생 선발에서 담대하게 추첨제를 오랫동안 시행해 온 네덜란드의 사례는 세간의 이목을 끌고 있다.

네덜란드도 독일, 프랑스처럼 대학입학 자격만 갖추면 원칙적으로

---

193) Lee Elliot Major & Stephen Machin. 『Social Mobility: And Its Enemies』. Pelican Books. 2018. CEP. A series of background briefings on the policy issues in the December 2019 UK General Election.에서 재인용
194) Anouk Wouters et al., 『Students' approaches to medical school choice: relationship with students' characteristics and motivation』. Int'l Journal of Medical Education, 2017 Jun 12.

본인이 원하는 대학과 전공에 입학할 수 있다. 그러나 예외적으로 항상 지원자가 많이 몰리는 의학·치의학·수의학 전공의 경우는 정원 제한제를 시행하고 있으며, 1972년에 처음으로 국가 관리 추첨제를 시행하였다. 그 이유는 추첨제가 특정 학생집단을 부당하게 편애하지 않아 교육의 기회 평등을 보장할 수 있고 의사는 성적뿐만 아니라 환자에 대한 자세와 소통능력 등 비인지적 역량도 중요하다고 판단했기 때문이었다.195)

그런데 추첨제 시행 당시에는 고교의 졸업시험 성적이 매우 우수한 지원자들을 대상으로 한 자동입학제를 병행하고 있었다. 즉 고교의 졸업시험 성적이 10점 만점에 8.5점 이상으로 지원자 전체의 8% 내에 드는 최상위권의 지원자들은 추첨 없이 자동입학이 허용되고 있었다. 그리하여 그 나머지 지원자들만 추첨으로 합격 여부를 결정하였다. 이런 네덜란드의 단순 추첨제(a straight lottery)는 1975년에 성적가중치 추첨제(a weighted lottery, numerus fixus)로 변경되었다. 이 가중치 추첨제는 단순 추첨제와 전원 선발제 간 타협의 산물이라고 할 수 있다. 즉 이 추첨제는 졸업시험의 평점이 높은 그룹은 합격률을 높이고, 반면에 평점이 낮은 그룹은 합격률을 낮추어지도록 설계되어 있다.196) 이 추첨제로 의대에 입학할 수 있는 평균 확률은 공개되지는 않았으나, 그 추정치의 평균 확률은 40%, 성적 최우수자 그룹의 확률은 80%로 보고 있다.197)

---

195) Ben Wilbrink.『The Weighted lottery in the admission to 'restricted' university studies in the Netherlands』. http://benwilbrink.nl/projection/lottery.htm.
196) 졸업시험의 최고점은 10점이고 최저점은 1점인데 그 합격점은 6점이다.
197) Conall Boyle. ibid. p.144

그런데 1996년 한 여학생이 10점 만점에 9.6점의 매우 높은 점수를 받았음에도 성적가중치 추첨제로 인해 3년 연속 탈락하는 불운한 사례가 발생하였다. 그 학생은 성적뿐만 아니라 지원 동기, 인성 등 비인지적 측면에서도 높은 평가를 받고 있었다. 게다가 그 학생이 받은 9.6의 점수는 매번 80%의 합격률을 가지고 있었다. 이 사건으로 인하여 성적가중치 추첨제의 공정성과 합리성의 문제가 부각하면서 많은 비난과 논쟁을 불러일으키게 되었다.[198]

이에 네덜란드 정부는 1999년에 성적 최우수자 자동입학, 성적가중치 추첨제, 대학 자율전형 등 세 가지 입학제도를 병행하기로 하였다. 아울러 2000년부터 의대의 대학 자율전형 선발비율을 정원의 최대 50%까지 허용하기로 하였다. 그 후에도 점차 대학 자율전형의 비율을 높여 나갔으며, 2013년부터는 최대 100%까지 대학 자율전형이 가능하게 되었다. 그리고 2017년에는 모든 의대에서 100% 대학 자율전형으로 전환되었다. 따라서 결국은 네덜란드 의대에서 오랫동안 시행해 온 국가 추첨제는 완전히 폐지되고 말았다.

이와 같은 입학제도의 점진적인 변화 속에서 네덜란드의 대학들은 같은 학년도에 입학한 의대 학생을 대상으로 다양한 신입생 전형방식 연구를 진행하였다. 즉, 신입생의 입학 경로에 따라 임상 전 교육 및 임상 교육 단계에서의 인지적·비인지적 성취도를 연구하였다. 아울러 중도탈락률, 동기부여의 정도, 단계별 학업 및 졸업 소요 기간, 비용과 편익 등을 분석하였다. 그리고 이를 토대로 전형방식 간의 우수성 등을 상호 비교하는 다양한 연구를 수행하게 되었다.[199]

---

198) Ibid. P.148~150.
199) Anouk Wouters et al., 『Motivation of medical students: selection by motivation or motivation by selection』. BMC Medical Education 37(2016); Fiona Patterson

그 결과, 대학 자율전형을 통한 입학생들의 학업성취와 대학 생활이 추첨제를 통한 입학생들보다 항상 일관되게 또는 월등히 낫다는 사실이 입증되지는 않았다. 예를 들어 2000년도에 네덜란드 9개의 의대 중 5개의 의대가 신입생의 질을 높일 목적으로 대학 자율전형을 시행하였다. 이 전형에서 각 대학은 다소 차이는 있으나 자기소개서, 광범위한 테스트 및 면접을 통하여 평균적으로 정원의 10% 정도를 선발하였다. 그런데 몇 년 시행 후의 연구 결과, 3개 대학에서 선발된 학생들은 추첨을 통한 입학생들보다 학업의 성취도가 더 높지 않았다는 사실이 밝혀졌다. 반면에 1개의 대학에서 선발된 학생들은 상대적으로 학업의 성취도가 더 높은 것으로 나타났다.200)

이보다 훨씬 뒤인 2016년도의 다른 연구는 대학 자율전형의 기준을 두 가지로 나누어 행하여졌다. 즉 전형기준을 학업성적 등 인지적인 기준과 각종 과외활동 등의 비인지적 기준으로 나눈 것이다. 그리고 이 두 기준으로 각각 선발된 학생과 추첨으로 입학한 학생 간에 임상 전 교육 단계에서의 학업성적, 중도탈락률, 취득 학점 등을 비교한 것이다. 그 결과, 비인지적 기준에 의해서만 선발된 학생들은 추첨으로 입학한 학생들보다 우수한 것으로 나타나지 않았다. 반면에 학업성적이 우수한 학생들은 추첨으로 입학한 학생들보다 의대 학업을 더 성공적으로 수료하였다.201) 또 다른 연구에서는 추첨을 통한 입학

---

et al., 『How effective are selection methods in medical education? A systematic review』. Medical Education 2016: 50; Sanne Schreurs et al., 『Does selection pay off? A cost-benefit comparison of medical school selection and lottery systems』. Medical Education 2018: 52 등

200) Cathleen Stasz & Christian van Stolk, 『The Use of Lottery Systems in School Admissions』. RAND EUROPE. January 2007.

201) Susanna M. Lucieer et al., 『Non-cognitive selected students do not outperform lottery-admitted students in the pre-clinical stage of medical school』. Adv in Health Sci Educ, (2016) 21.

생들은 임상 교육 단계에서 대학 자율전형을 통한 입학생들보다 평균 학점이 더 낮고 중도탈락률이 더 높았다고 밝히고 있다.202)

그런데 아이로니컬하게도 네덜란드 모든 의대에서 폐지된 국가 추첨제를 다시 시행하자고 주장하는 학자들이 여전히 존재하고 있다.203) 그 이유로 폐지된 추첨제와 대학 자율전형에 의한 입학생들 간의 학업성과 등에서의 차이가 근소하다는 점을 들고 있다. 아울러 추첨제는 다양한 장점을 보유하고 있다는 점을 들고 있다. 그 장점은 입학생의 사회경제적 배경의 다양성 제고, 매우 저렴한 전형 비용, 투명성 제고, 취약계층에게 동등한 의대에의 접근 기회 제공 등이라고 한다.

이처럼 그들이 이미 폐지된 의대의 추첨제 시행을 계속 주장할 수 있는 배경은 네덜란드의 고유한 교육시스템에 그 이유를 두고 있다. 그것은 의대 지원자 모두를 추첨대상자 풀에 포함하는 것을 가능하게 하는 네덜란드의 엄격한 학업능력별 분류에 기반한 중등교육 시스템204)과 더불어 20% 미만인 대학진학률이다. 인문계 중·고교는 초등학교에서 상위 15% 내에 드는 학생들만 진학하고 있다. 더욱이 학년마다 유급되는 학생들이 20%에 이를 정도로 엄격하게 학사관리를 하고 있다. 그리고 학생들은 중학교 3학년 말에 문화와 정치, 경제와 경

---

202) Urlings-Strop et al., 『Selected medical students achieve better than lottery-admitted students during clerkships』. Med Educ., 2011 Oct;45(10).
203) Anouk Wouters et al., 『Selection and lottery in medical school admissions: who gains and who loses?』. MedEdPublish, December 2018.
204) 중등교육에는 세 종류의 트랙이 있으며 일반대학 진학을 위한 인문계 중·고등학교(VWO, 6년제), 상위 직업전문대 준비과정인 상위 보통 중·고등학교(HAVO, 5년제), 중하위 전문대로 진학하는 중하위직업 중·고등학교(MAVO, 4년제)가 있다. 인문계 중·고등학교는 초등학교에서 상위 15% 내에 드는 학생들이 진학하며, 학년마다 유급되는 학생들이 20%에 이를 정도로 엄격하게 학사관리를 하고 있다.

영, 자연과 보건, 자연과 기술 등 대학입학 후 전공하게 될 분야를 선택한다. 그리고 그 분야를 중심으로 고교 3년 동안 공부를 계속하게 된다. 의대 진학을 위해 자연과 보건 분야를 선택한 학생들은 의대 교과과정의 필수과목을 일정 수준 이상으로 수강해야만 한다. 그 필수과목에는 수학, 물리, 화학, 생물의 4개 과학 과목이 포함되고 있다.

프랑스 국립대학의 추첨제

입학생 배정추첨제

프랑스의 입학생 배정추첨제는 최근 선발제로 바뀌었으나, 그 직전의 상황과 그 변화의 배경을 살펴보고자 한다. 프랑스는 헌법상의 평등권을 근거로 고등교육의 기회균등을 보장하기 위한 교육법(code de l'education)이 마련되어 있다. 이 교육법에 따라 학생들은 바칼로레아(Baccalaureat)만 통과하면 국립대학의 입학이 보장되고 있다. 이 교육법에는 프랑스의 모든 국립대학은 법적 의무로 그 대학 구내에 거주하는 바칼로레아를 통과한 지원자들을 모두 수용하도록 규정하고 있다. 지원자 수가 정원을 초과하면 지원자의 거주지, 가정환경 및 선호도 순위에 따라 배정의 우선순위를 정하고 있다. 거주지가 같은 순위의 그룹 내에서는 지망학과를 1순위로 표기한 지원자들에게 우선권이 주어진다. 그리고 해당 대학 구의 거주 지원자는 다른 대학 구의 거주 지원자보다 우선권이 주어진다. 후자에 속한 지원자는 다른 지역 거주 지원자보다 우선권이 주어진다. 그런데 이로써도 그 우선순위를 가릴 수 없는 경우에는 마지막으로 무작위 추첨으로 입학 여부가 결정되었다.

위와 같은 방식으로 프랑스 국립대학들은 2009년부터 2017년까지 국가 차원의 대학입학서비스 포털인 APB(Admission Post Bac)를 통하여 입학생을 배정해 왔다. APB를 통한 대학 배정의 기준과 절차는 학업과 입학 정보의 중앙집중화를 도모하기 위해 마련된 것이다. 아울러 지원자의 선호와 대학정원의 제약에 따른 입학생 배정을 최적화하고 모든 지원자가 공정한 절차를 거치는 것을 목적으로 하고 있었다. 각 대학은 매년 6~7월에 3회에 걸쳐 매칭 알고리즘을 가동하여 입학, 조건부 입학, 대기자 명단을 개인별로 통보하고 있다. 그리고 그에 대한 지원자의 수락 또는 거부, 대기 여부의 확인 절차를 거쳐 최종적으로 입학 등을 확정하는 절차를 거치고 있다.

그런데 최근에 APB는 여러 가지 비판에 직면하게 되었다. 특히, 지원자의 선발권이 없는 국립대학에 적용된 배정 우선순위의 복잡성과 불투명성 등 절차상의 불명확성 등이 제기되었다. 아울러 지원자들이 본인의 지망학과보다는 입학이 확실시되는 대학을 우선하여 선택하는 결과가 초래되었다. 그뿐만 아니라 지원자들의 수와 지망학과의 정원과 커트라인에 해당하는 지원자의 순위 등에 대한 정보도 제공되지 않았다.[205]

이와 같은 APB 제도에 대한 비판들이 계속되는 와중에 2015년에 고교 학생단체가 대학이 사용하는 매칭 알고리즘의 기준들을 공개할 것을 요구하였다. 이에 2016년 6월에 교육부는 그 적용기준을 발표하였다. 그리고 2017년에 교육부는 정부의 소관 위원회로부터 대학의 매칭 알고리즘만을 근거로 한 입학생 배정의 중지와 APB를 통한 입학생 배정에 대한 투명성을 높일 것도 요구받게 되었다.[206]

---

205) Admission Post-Bac. Wikipedia. 2019. 9. 18 인출
206) ibid.

그뿐만 아니라 APB에서는 지원자가 많아 후 순위로 계속 밀리다 보면 본인의 열정과 관심이 거의 없는 학과에 배정되는 경우도 흔히 발생하였다. 이를 확인코자 소르본대학의 교육 부총장은 후 순위로 밀려 본인들의 선호순위 리스트 상 18번째에 올려진 영어 영문과에 배정된 학생들을 면담하였다. 그 결과, 무슨 연유로 그렇게 배정되었는지 의아스레 생각하고 있었다는 것이다.[207]

이와 같은 현상은 결국 전공에 대한 낮은 동기부여와 학문적인 준비가 미흡한 학생들을 양산하는 결과를 초래하였다. 따라서 그들이 대학입학 후 학업을 성취하는데 여러 문제가 발생하고 있다. 인기전공으로 알려진 법학에서도 상황은 크게 다르지 않았다.[208] 2013년 스트라스부르그 법과대학 1학년 학생 중 2/3는 2학년으로 진급을 하지 못했다. 법학 공부에 대한 열의가 부족한 학생들을 위해 학업 도우미 수업을 개설해도 그 참석률은 극히 저조했다고 한다. 프랑스에서는 통상적으로 대학입학 후 3년이 지나면 졸업 자격이 주어지고 있다. 그런데 이 기간 내에 졸업하는 학생들은 35%에 불과하다. 과학을 전공하는 학생들도 36%만 정규 기간인 3년에 졸업할 뿐, 50%는 4년이 되어서야 졸업하고 있다.[209]

게다가 1학년에서 2학년으로의 진급이 가능한 정원을 국가가 사전에 정하는 정원 제한을 적용하는 전공도 있다. 의대의 경우 1학년부터 콩쿠르를 통과해야 2학년으로 진급할 수 있다. 그런데 그 진급의 학생 수는 평균적으로 전체 학생의 30% 안팎으로 매우 적은 편이다.

---

207) https://www.timeshighereducation.com/features/french-university-admissions-creme-de-la-creme. January 17, 2019.
208) KBS 뉴스.『프랑스 대학 신입생 상당수 유급』. 2013. 10. 30.
209) https://www.timeshighereducation.com/news/frances-most-iconic-university-sorbonne-reborn.

이에 2020년 개인의 역량 등에 따른 진급 제도를 시행하되, 그 진급 인원을 미리 한정하지 않기로 하였다.210)

한편 프랑스에서는 국립대학의 학생 수용 여건이 미흡한 점도 교육의 질적 저하를 초래하는 원인이 되고 있다. 이를테면 대학의 한 강좌에 수강생들의 수가 1천 명에 이르기도 한다. 그래서 본 강의실이 좁아 학생들이 인근 강의실, 계단이나 복도 등에서 생중계로 수강하고 있다는 것이다.211)

2016년 프랑스의 대학입학제도에 관한 여론조사에서 고교생과 대학생 중 57%가 일정 수준의 선발 개념이 포함된 입학절차에 대해 찬성하고 있다. 즉 그들은 지원자가 정원을 초과하는 경우는 내신성적 등을 반영한 대학 자율전형권의 허용을 지지하고 있다. 이런 현상은 프랑스에서는 크나큰 이변이 아닐 수 없다. 그동안 대학 1학년 학생들의 높은 중도탈락률 등을 이유로 선발제도를 도입하려 했으나, 학생들의 반대로 도입에 실패하였기 때문이다.

다른 한편, 동 순위 학생에 대한 추첨제의 법적 근거도 문제가 되었다. 프랑스에서는 추첨제에 대한 아무런 법적 근거가 마련되지 않았다. 그래서 법률가들은 그동안 추첨을 통한 입학생 우선 배정의 적법성에 문제를 제기해 왔다. 그 와중에 2016년 6월 보르도 행정법원에서 이 문제에 대한 판결이 나왔다. 이 판결은 대학이 정원 270명의 학과에 지원한 1,266명의 1순위자에 대해 무작위 추첨으로 입학생을 배정한 사건에 관한 것이다.212) 동 행정법원은 합법적인 우선순위는

---

210) 주 오이시디 대한민국 대표부.『프랑스 의대, 2020년에 1학년 경쟁 진급제도 폐지』. 2018. 9. 21.
211) Diana Beech.『Striking differences: sportlight on student protests in France』. 16 April 2018.

교육법에 그 근거를 두어야 한다고 하였다. 아울러 지원자의 수가 수용 가능한 정원을 초과하면 고등교육부의 법규에 따라야 한다고 하였다. 그러므로 지원자의 주소, 가정형편(familial situation) 및 지원자가 표기한 선호도에 따라 입학생을 배정해야 한다고 판시하였다.

'소프트' 선발제로 개혁

위에서 살펴본 대로 프랑스에서 그간 시행하여 온 입학생 배정추첨제는 여러 가지 문제점이 드러나게 되었다. 그리하여 2018년 마크롱 정부에서는 입학생 배정에 기반한 APB를 선발 개념을 포함한 파쿠르스업(Parcoursup)[213]으로 대체하였다.

파쿠르스업은 국립대학·그랑제콜 준비반의 입학 지원이나 허가 등 국가적으로 고등교육기관 입학절차를 관장하는 플랫폼이다. 지원자들은 이 플랫폼을 통해 각 전공에 대한 구체적 정보를 입수하고 있다. 그리고 그들이 원하는 국내 10개의 국립대학에 선호순위를 표기하지 않고 응시서류를 제출하고 있다. 지원자들이 제출하는 응시서류는 바칼로레아 성적표, 고교 마지막 2개 학년의 성적표, 자기소개서, 학업 동기가 포함된 학업계획서 등이다. 그러나 지원자의 활동과 관심사를 보여주는 자원봉사, 스포츠 활동 등 각종 교내외 활동의 실적 및 직업교육의 경력 등은 도움이 되나 의무적으로 제출할 필요는 없다. 더욱이 특이한 점은 10개 대학 모두에서 입학이 거부된 지원자들은 추가모집에 대비하여 나의 희망사항(ma préférence)을 별도로 제출할 수 있다. 이 자료는 대학에는 제공되지 않고, 대학구별 고등교육접근

---

212) TRIBUNAL ADMINISTRATIF DE BORDEAUX, N°1504236. 「Le tirage au sort pour l'admission post-bac à l'université est illégal」. 21 juin 2016.
213) www.parcoursup.fr

위원회(La commission d'acces a l'enseignement supérieur)에서 지원자들에 대한 상담용으로만 활용되고 있다. 그래서 이 위원회는 상담을 통해 지원자들의 관심사 등에 부합하는 대학의 학과에 대한 합격을 지원해 주고 있다.

각 대학은 대학입학사정위원회에서 지원자들의 학업계획·지식·역량과 지망 전공과의 부합 여부 등을 심사하여 정원의 범위 내에서 입학생을 선발하고 있다. 이처럼 입학제도가 바뀌자 고교에서는 최종 학년에 대학진학 학생들에 대한 진로지도를 강화하고 있다. 게다가 고교의 소관 위원회에서는 각 학생의 진로에 대한 의견을 그들이 지원한 대학에 제출하여 입학 심사 시 활용토록 하고 있다.

그런데 국립대학 입학절차에 선발 개념을 도입하였지만 파쿠르스업은 여전히 국립대학을 비선발(non-selective) 대학으로 분류하고 있다. 따라서 국립대학은 일정 수준의 선발권을 가지나 입학, 조건부 입학, 대기자 명단 등 세 가지 결과만을 학생들에게 통보할 수 있다[214]. 지원자는 위 세 가지 결과 중 한 가지를 통보받게 되면 그에 대한 수용 또는 거부, 내지 여부 등의 절차를 거쳐 입학 등이 확정된다. 조건부로 입학한 학생들은 보충수업 등 학업의 수준 향상을 위한 조치를 통하여 일정 기간 내에 그들의 역량을 끌어 올려야 한다. 대학 측에서도 학업의 성취에 있어 실력이 많이 부족한 학생들에 대한 학업을 지원해야 한다. 아울러 대학은 많은 학생에 대한 교수의 평가와 학생과의 개별적 면담 및 맞춤형 프로그램의 지원 등에 필요한 자원을 제공하기 위해 노력해야 한다.

파쿠르스업은 이전 APB에서 지적된 절차적인 측면을 보완하여 지

---

214) https://www.parcoursup.fr/index.php?desc=qustions 2019. 8. 9 인출.

원자들에 대한 지원시스템을 강화하였다. 즉, 각 대학 소개 프로그램에 대한 정보를 제공하고 지원자와 대학 간의 상호작용과 각 대학의 오리엔테이션 활동의 안내도 중시하고 있다.

프랑스의 바칼로레아는 200년의 오랜 역사를 지니고 있다. 게다가 특히 철학이 필수과목에 포함되어 고도의 사고력을 키워주는 수준 높은 시험으로 평가받고 있었다. 아울러 수학을 포함한 모든 과목은 논술형으로 시행함으로써 사고력을 키우는 수준 높은 논술 시험의 모델로 평가되고 있었다. 그런데도 전공과 개별 학생의 적성, 능력 또는 관심사 간의 높은 불일치 등으로 신입생들의 유급률이 60% 수준에 이르게 되었다. 이런 사실은 프랑스에서 대학입학 제도의 변화를 불가피하게 만든 원인 중의 하나로 볼 수 있다.[215]

최근에 프랑스에서는 고교의 교육과정과 바칼로레아의 개혁을 단행하였다. 바칼로레아 개혁의 주된 이유는 대학 신입생 선발의 단순화와 현대화이다. 종래의 바칼로레아는 시험과목이 너무 많은 등 복잡하고, 고교 마지막 해에 시험이 집중되었다. 그래서 현대사회에 필요한 전문성을 키워주지 못한다는 비판을 받고 있었다. 종래의 바칼로레아에서는 학생들이 세 개의 계열인 문학, 경제 및 사회학, 과학 중 하나를 선택하여 수강하고 시험을 치렀다. 게다가 프랑스 대학들은 학생들의 거주지와 선호도 순위와 추첨에 따라 입학생들을 배정하였다. 따라서 학생들이 선택한 계열이 대학입학에 영향을 미치지 못하였다. 따라서 학생들의 시험과목과 대학입학 후 실제로 공부하게 된 전공이 일치되지 않는 경우가 많았다. 이와 같은 현상은 대학에 입학한 학생들의 중도탈락률을 높이는 원인을 제공하게 되었다.

---

[215] 물론 신입생들의 학업 부적응 문제는 열악한 국립대학 재정과 교육여건 등에도 기인한다.

새로운 대입제도에서는 고교 교육과정의 학업과 대학 전공 간 연계를 강화하고 있다. 프랑스의 대학에서는 학생들이 고교 수준에서 요구되는 대학의 전공 관련 과목의 공부에 충실했는지에 대한 평가를 주요한 선발기준의 하나로 삼고 있다.

이와 같은 프랑스 국립대학 입학제도의 개혁에 반대하는 움직임도 있었다. 그 항의의 표시로 고교의 교사들이 모든 학생에게 만점을 주거나 대학생들의 반대 시위 등이 있었다. 그들은 종래의 제도는 매우 평등한(egalitarian) 시스템이었으나, 이번 개혁으로 인하여 학생들의 사회경제적 배경 등에 따른 불평등이 심해지고 지적하였다. 일부 학생단체는 특정 대학의 선발기준을 공개하라는 소송을 제기하기도 했다.216)

이에 프랑스 교육부 장관은 입학제도의 개혁에 즈음하여 이전의 제도는 문제가 많았음을 지적하면서 새로운 제도는 오히려 대학이 지원자를 거절하지 않도록 함을 목적으로 한다고 하였다. 지원자 수가 정원을 초과하는 학과에서는 지원자의 학업계획, 고교의 학업성적, 교과 외의 활동 등이 지망 전공과 가장 잘 맞을 때 우선순위를 부여토록 한 것이라고 하였다. 그리고 새로운 제도는 엄격한 선발절차를 의미하는 것은 아니라는 점을 강조하였다. 오히려 일반적인 선발절차의 무자비함과 운에 따른 추첨제 간의 중간 형태로서 '소프트한 선발'이라고 표현하며 더 신축적·인간적이며 스마트한 대안이라고 밝히고 있다.

---

216) http://www.enseignementsup-recherche.gouv.fr/cid144930/parcoursup-cloture-de-la-phase-complementaire-de-lad-procedure-d-inscription. 2019. 9. 19 인출.

영국 일부 대학의 추첨제

영국에서는 2000년대 초에 일부 명문대학의 입시에서 추첨제를 시행하여 많은 관심과 논쟁을 불러일으켰다.217) 영국은 2003년 퀸매리 대학 의대 대학원 의사양성 프로그램 신입생 선발에서 추첨제를 시행하였다. 이 의대는 대학원 과정에 학부과정보다 짧은 3년 반 동안의 의사양성 프로그램을 신설하였다. 이 프로그램의 정원은 40명인데 1,200명의 훌륭한 자격을 갖춘 지원자들이 대거 몰려들었다.218) 이런 사태를 예측한 대학에서는 먼저 인성 평가 테스트를 거쳐 650명을 선발하였다. 그런데 그들 중에서 정원의 3배수인 120명의 면접대상자를 무작위 추첨으로 선발하였다. 그리고 그 대상자들에 대한 면접을 거쳐 40명을 최종적으로 합격시켰다. 그러자 무작위 추첨에서 탈락한 530명의 지원자가 매우 크게 반발하였고, 언론 등에서도 이를 큰 문제로 다루게 되었다. 게다가 이 추첨제의 시행에 대한 찬반을 둘러싼 열띤 논쟁이 벌어지게 되었다. 그래서 이 대학의 추첨제 시행은 결국은 일회성으로 끝나고 말았다.

이 사태에 관하여 BBC 뉴스219)에서는 다음과 같은 사례를 소개하고, 그에 대한 의견을 청취하였다. 즉 의사가 되기를 간절히 원하여 화학을 전공하고 박사후연구원을 하면서 병원에서 자원봉사도 열심히 하였던 한 여성이 이 프로그램에 지원하였다. 그녀는 인성 테스트를 통과하였으나, 면접대상자를 뽑기 위한 5대 1의 무작위 추첨에서

---

217) NewStatesman, 「Elite universities should select students via "lottery", says report」. 12 December 2019; Sam, The Solutions to Cambridge's Admissions? Have a Lottery. https://medium.com/@sam.enright2001. May 8, 2019.
218) Conall Boyle. ibid. p.124~126에서 재인용.
219) BBC NEWS. 「Why gamble with would-be doctors?」. 24 April, 2003.

탈락하였다. 이에 그녀는 우수한 지원자를 배제하는 추첨에 분개하면서 이 절차를 '도박'에 비유하였다. 이에 대학원 입학관계자는 추첨은 '도박'이 아니며, 높은 수준의 기준에 따라 우수한 지원자를 선발했다고 반박하였다. 지원자 중에는 미생물학 박사, 해부학의 학위소지자들도 있었다고 하였다. 아울러 양로원 자원봉사를 한 엔지니어, 다년간 공공병원에서 종사한 간호사 등 다양한 배경과 경험을 가진 우수한 지원자들이 넘쳐났다고 한다. 그런데 그들 중 미래에 가장 훌륭한 의사가 될 수 있는 지원자를 구별해 내는 방법을 입학담당자인 자신에게 알려 줄 수 있는 사람은 아무도 없었다고 토로했다는 것이다.

같은 해 몇 달 뒤 영국 일간지에서는 영국 정부에서 대학의 신입생 선발 시 전국적인 추첨제(national lottery)를 시행하는 방안을 검토 작업 중에 있다고 보도하기도 했다. 그러나 그 작업은 결국 아무런 결말 없이 종결되었다고 한다.[220]

그 후 2004년에는 영국 리즈 메트로폴리탄 대학과 허더스필 대학에서 지원자가 몰려드는 물리치료학과의 입시 전형에서 무작위 추첨제를 시행하였다.[221] 두 대학은 모두 대학에서 전공의 학업을 성취할 수 있는 일정 수준의 입학성적을 정한 후 이를 충족하는 지원자들만을 대상으로 무작위 추첨제를 시행하였다. 그러나 2009년에는 이 제도가 다시는 공고되지 않았다.

---

220) Glen Owen & Tony Halpin, 『Universities to Pick Students by Lottery』. The Times, September 6, 2003. Peter Stone. ibid. p.10에서 재인용.
221) BBC News. Mar 27, 2004, Conall Boyle. ibid. p128~130에서 재인용.

Chapter
10

우리나라의 대학입시제도

우리의 모델: 미국의 표준화 시험과 입학사정관제
현행 대입제도와 공정성 문제
    대학수학능력시험
    학생부종합전형

Chapter 10 우리나라의 대학입시제도

우리의 모델: 미국의 표준화 시험과 입학사정관제

우리나라의 현행 수능과 학생부종합전형은 미국의 표준화 시험인 SAT와 입학사정관제를 모델로 하고 있다. 그런데 최근 들어 수능과 학생부종합전형을 둘러싼 대입제도의 공정성에 대한 논란이 벌어지고 있다. 본 고장인 미국에서도 오래전부터 표준화 시험인 SAT와 입학사정관제의 공정성 문제가 부각하고 있다. 그중에서 특히 표준화 시험인 SAT가 대학입시에서 지원자의 대학에서의 학업 성취도를 예측하는데 공정한 잣대인가에 관한 논쟁이 그치지 않고 있다. 미국의 고교에서는 표준화 시험인 SAT에 대비한 수업은 전혀 하지 않는다. 따라서 미국에서는 SAT와 고교 수업과의 괴리 문제가 언제나 비판의 대상 중의 하나로 되고 있다.[222] SAT는 학생들 각자가 준비해야 하므로 취약계층의 학생들은 대학입시에서 불리할 수밖에 없다.

이에 관한 오랫동안의 광범위한 연구 결과, SAT와 같은 표준화 시험이 학생들의 사회경제적 배경과 연관되어 있다는 점이 확고부동한 사실로 밝혀지고 있다.[223] 2009년 뉴욕타임즈는 소득 2만 불을 기준

---

[222] Richard C. Atkinson & Saul Geiser. 『REFLECTIONS ON A CENTURY OF COLLEGE ADMISSIONS TESTS』. CSHE. April 2009.

으로 10개 그룹으로 분류한 학생들의 SAT 시험의 성적을 분석하였다. 그 결과에 따르면 소득 구간이 상승할수록 각 소득 구간별 SAT의 평균 성적이 12점 이상으로 높아졌다. 그리고 최상위층과 그 바로 아래층 간의 점수 차이가 가장 큰 것으로 나타났다. 따라서 학생들 가정의 소득과 시험성적 간의 매우 긴밀한 상관관계가 인정된다고 보도하였다.[224]

1989년에서 2000년까지의 미국 대학입학사정관의 80%가 고교 재학 중 대학 준비과목의 학점을 일관되게 중요한 것으로 평가하고 있다. 이에 고교학점이 고교의 종류나 질에 상관없이 대학에서의 학업성취를 가장 정확하게 예측하는 것으로 드러나고 있다[225]. 즉 SAT가 대학에서의 학업성취를 예측하는 능력이 고교학점보다 떨어진다고 한다. 그리고 저소득층과 소수 인종은 SAT에서 구조적으로 불리하게 되어있다는 것이다. 그래서 그들이 명문대학 입시경쟁에서 배제당하는 결과가 초래되어 사회경제적 격차를 더 심화시켰다고 비판받아 왔다. 게다가 표준화 시험이 고교학점보다 학생들의 사회경제적 배경에 더 많은 영향을 받는다고 한다. 그 이유는 조기 교육의 기회와 경험에서의 양적·질적 차이와 개인적으로 코칭을 받을 여건에도 격차가 있다는 점 때문이다.[226] 종래에는 내용의 공정성 측면에서 시험의 내용이 특정 문화를 이해하는 학생들에게 유리하게 작용한다는 사실도 많이 지적되고 있었다.

---

223) Rebecca Zwick. ibid.
224) www.nytimes.com, August 27, 2009.
225) Cabrera, F. A. & Burkum, R. K., (2001) 『College Admission Criteria in the United States: An Overview』.; Richard C. Atkinson & Saul Geiser. ibid.
226) Rebecca Zwick. ibid. P. 22.

캘리포니아대학은 입시제도에 대해 오랫동안 학생들의 데이터를 축적·연구한 결과가 매우 풍부한 편이다. 이 대학은 2007년의 장기 성과에 관한 연구나 다른 많은 연구의 결과를 다음과 같이 밝히고 있다. 즉 4년 내의 졸업이나 대학의 학점 예측에 있어 고교 교과과정의 대학입학 준비 필수과목 학점이 일관되게 표준화 시험의 성적보다 우위를 지키고 있다는 것이다[227]. 그리고 이런 사실은 고교의 종류나 질과는 아무런 관계가 없다고 한다.

이보다 앞서 2001년에 캘리포니아대학의 총괄 총장인 Atkinson은 미국교육협의회(American Council on Education)에서 SAT에 대한 지나친 강조는 어린 학생들의 자존감(self-esteem)과 장래 희망(aspirations)에 부정적인 영향을 끼칠 우려 등이 있다고 피력하였다. 아울러 미국 교육에도 악영향을 끼칠 수 있는 측면에 대한 넓은 공감대가 형성되어 있다고 역설하였다. SAT의 단점으로 고교 수업과의 괴리, 측정하려는 능력과 역량의 범위가 제한적이라는 한계를 들고 있다. 아울러 비판적 사고 및 문제해결의 기술 등을 포착하지 못하는 점도 들고 있다.

캘리포니아대학은 주립대학이면서 사립 명문대학이 채택하고 있던 입학사정관제 도입의 선두에 서 있었다. 그는 대학 생활을 잘 해내느냐 여부는 초중고시절의 경험, 교육적 기대, 학교의 노력, 가정환경 등 종합적 요인이 몇 시간의 시험보다 더 잘 예측할 수 있다고 하였다. 이에 SAT 성적 이외의 전형기준인 탤런트, 리더쉽, 경제적 어려움, 사회문화적 다양성 등이 더 중시되어야 한다고 주장하였다. 입학사정관의 역할은 성적에만 기초한 기계적 절차가 아니라 공예품을 만

---

[227] Richard C. Atkinson & Saul Geiser. ibid.

들 듯이(crafting a class) 한 학년도의 신입생 구성을 멋지게 해내는 예술작업이라고 규정지었다.

그가 위와 같은 주장을 펼칠 당시 주립대학인 캘리포니아대학의 각 캠퍼스는 고교학점과 표준화 시험성적, 대학 준비과목 이수 등과 같은 학업적인 요소로 신입생을 선발하고 있었다. 이에 고교학점과 SAT 점수 등 매우 엄격한 전형기준을 잘 적용해 왔는데, 입학사정관제를 도입하여 탁월한 지원자들을 희생시키는 대가를 치르면서 불분명한 기준들을 도입했다는 비판도 있었다.

미국에서는 2015년에 대학입학 실태(state of college admission) 보고서를 발간하였다. 이 보고서는 미국의 각 대학이 매우 중요시하고 있는 신입생 전형기준들을 밝히고 있다.[228] 그런 전형기준 중 고교의 대학 준비과목(College Prep Courses)의 학점을 꼽는 대학이 79%로 가장 높았다. 이어서 고교의 모든 과목에서의 학점과 교육과정의 난도가 똑같이 각각 60%, 마지막으로 표준화 시험성적이 56%이었다.

최근에 명문 사립대인 시카고대는 2018년부터 SAT 성적 제출을 의무화하지 않고 지원자의 선택사항으로 바꾸었다. 즉, 지원자가 SAT 성적이 본인의 능력이나 잠재력을 반영한다고 생각하면 제출하면 된다. 그러나 그 반대로 SAT 성적이 학문적 준비나 잠재력을 충분히 반영하지 않는 것으로 생각하면 제출하지 않아도 된다. 현재 우리나라에서 맹활약하고 있는 미국 방송인 타일러 씨는 시카고대를 졸업했다고 한다. 그런데 그는 표준화 시험성적은 높지 않았으나 글을 쓰는데 소질이 있어 에세이를 잘 작성하여 합격했다고 TV 프로그램에

---

228) Rebecca Zwick. ibid. P. 5.

서 밝힌 적이 있다.

프린스턴대학은 SAT 등 표준화 시험에 포함된 작문시험의 결과를 요구하지 않고, 고교 재학 시 교사가 성적을 매긴 작문 샘플을 제출하도록 하고 있다[229]. 명문 인문대학인 베이츠 칼리지 및 보든 칼리지도 표준화 시험성적의 제출을 선택사항으로 하고 있다. 더구나 최근에 벌어진 코로나 사태로 SAT 성적 제출의 선택권이 더욱 확대되고 있다. 하버드대학은 2021년 말에 홈페이지를 통해 향후 4년간 SAT와 같은 표준화 시험성적을 반영하지 않기로 발표했고, 이를 추가로 4년 더 연장한다고 밝히고 있다. 한편, 캘리포니아대학은 2022년도 입시부터는 SAT와 같은 표준화 시험성적을 전혀 반영하지 않기로 했다.

앞서 살펴본 대로 주립대학인 텍사스 오스틴대학은 입학정원의 75%를 고교졸업 학년의 석차가 상위 10% 내에 드는 학업성적 우수자들로 채우고 있다. 나머지 25%는 입학사정관제로 선발하고 있다. 그런데 이 경우 고교의 졸업 석차가 상위 10~25%에 속하면서 텍사스주가 정한 고교과목의 이수 요건을 갖춘 지원자는 표준화 시험성적의 제출이 면제된다. 반면, 이와 같은 자격을 갖추지 못한 지원자들은 대안으로 일정 점수 이상의 SAT와 같은 표준화 시험성적을 제출토록 하고 있다. 즉, SAT 성적을 보조적인 자료로 활용하고 있다.

미국에서는 표준화 시험의 폐지를 위해 노력하는 'FairTest'란 자발적인 단체가 결성되었다. 이 단체의 출범 당시에는 1980년대 말에는 30개에 불과한 대학들만 표준화 시험의 성적을 요구하지 않았다

---

[229] THE. 『University Admissions: which system is the fairest?』. January 10, 2019,

는 것이다.230) 그러나 2021년 10월 현재 2022년 가을 학기의 입시 전형에서는 표준화 시험의 성적을 선택사항으로 하거나, 반영하지 않는 대학이 1,785개로 증가하여 대학 전체의 76%에 이르고 있다고 한다.231) 이 단체는 결과적으로는 그런 전형기준을 선택한 대학들이 신입생의 선발 결과에 만족하고 있다는 것이다. 아울러 학생들의 구성이 더 다양해졌으나, 학생 교육의 질은 이전보다 떨어지지 않는다고 한다. 그래서 대학들이 교육의 형평성과 수월성의 두 마리 토끼를 동시에 잡았다고 평가하고 있다.

2021년에 9월에 SAT를 주관하는 칼리지보드에서는 대학입학제도의 변화를 예고하였다.232) 즉 대학 현장에서의 입학제도의 변화 등을 수용하고 학생들의 부담을 줄이기 위해 앞으로는 SAT II에 해당하는 선택과목의 시험을 영구히 치르지 않는다고 밝혔다. 그 이유는 다수의 대학이 특정 과목에 대한 학생들의 관심과 능력을 나타내는 지표로 SAT II 선택과목보다 고교에서 수강한 AP 과목의 성적을 활용하고 있다는 것이다. 그리고 SAT I 성적만으로도 주요 과목에 대한 정보를 알 수 있고, 고교의 성적표나 학생들이 선택한 수강과목 등을 통해서도 이를 알 수 있다는 것이다. 아울러 선택사항인 에세이도 별도로 치르지 않는다고 하였다. 나아가 칼리지보드는 2022년 1월에 미국에서는 2024년부터 SAT를 디지털 방식으로 전면 전환한다고 하였다. 그러면 시험문제도 훨씬 쉬워지고, 시험시간도 단축되며, 지문도 단순·간단하게 된다고 발표하였다.233)

---

230) https://www.fairtest.org.
231) 2019년까지는 45% 수준이었지만 코로나19 이후 급증했다. 매일경제 2021. 12. 17.
232) College Board. 『College Board Will No Longer Offer SAT Subject Tests or SAT with Essay』. September 15, 2021.
233) 조선일보. 2022. 1. 27.

한편 종래의 표준화 시험을 계속 활용해야 한다는 주장도 팽팽하게 맞서고 있다.234) 그들은 전국의 고교 간 교육의 질적 격차에 따른 고교학점의 신뢰성 문제를 지적하고 있다. 그리고 고교학점과 표준화 시험의 결과를 분리할 경우보다 함께 고려할 때 대학 1학년 학점과의 상관관계가 더 긴밀해진다고 한다. 그래서 학점의 예측에 대한 정확성이 더 높아져 오류가 발생할 위험이 감소한다는 사실 등을 주장하고 있다.235) 그뿐만 아니라 캘리포니아대학과 같은 공립대학들은 기회균등을 매우 중시해야 한다는 것이다. 그런데도 오랜 전통의 학문 및 능력기반의 입학제도에서 벗어나면서 다양한 주관적 기준에 가중치를 두는 제도로 바꾸어 왔다고 한다. 그런데 이 제도도 역시 아시아계 지원자들에 대한 차별 등 먹구름이 드리워져 있다고 지적하고 있다. 또 다른 주장은 표준화 시험성적이 소득 수준과 연관된다고 하여 이를 선택사항으로 하게 되면 입학절차의 투명도가 저하된다고 한다. 그래서 오히려 지원자들, 특히 취약계층인 소수 인종 지원자들의 스트레스를 더 높이게 된다는 것이다.236)

미국의 입학사정관제는 지원자를 전인적으로 평가(Holistic Admission)하는 제도이다. 따라서 SAT 성적도 여러 가지 전형기준 중의 하나에 불과할 뿐이다. 이 제도는 고교학점, 고교 선택과목의 난도, 교내외 활동, 에세이, 추천서, 특별한 재능, 개인의 배경 등을 모두 고려하여 지원자의 능력과 적성 및 잠재력 등을 포괄적으로 평가하고 있다. 이렇게 공인된 시험성적에만 의존하여 신입생을 선발하지 않아서 인종

---

234) Rebecca Zwick. ibid. P. 82, 152 & 158.
235) 실제로 915만 명의 학생과 110개 대학을 대상으로 대학 1학년 학점을 예측한 결과, 그 요인을 고교학점만으로 하면 0.36, SAT만으로 하면 0.35, 학점과 SAT를 조합하면 0.46으로 상승하고 있다.
236) THE. 『University Admissions: which system is the fairest?』. January 10, 2019,

간, 계층 간의 공정성 및 전반적인 투명성의 문제를 둘러싼 논쟁과 법적 분쟁은 계속되고 있다.

현행 대입제도와 공정성 문제

우리나라에서 대입제도의 공정성이 문제로 부각하게 된 배경은 그간 명문대학들을 중심으로 학생부종합전형이 대폭 늘어난 반면에 수능을 통한 정시전형의 비율이 약해졌기 때문이다. 학생부종합전형의 모델이 된 미국의 입학사정관제는 고교성적 및 SAT 성적과 같은 객관적인 숫자만이 아니라 적성과 잠재력, 학교 커뮤니티와 사회에의 기여 등 미래지향적인 다양한 기준이 반영된 제도이다. 이에 명문대학의 지원자는 넘쳐나고 합격률은 10% 안팎이니 공정성과 투명성을 둘러싼 논쟁과 갈등은 불가피한 현실로 되고 있다.

우리나라의 수능은 미국의 SAT 제도를, 학생부종합전형은 입학사정관제를 모델로 한 것이어서 현행 대학입시를 둘러싼 공정성도 문제가 되지 않을 수 없다. 특히 수능을 둘러싼 논쟁은 미국과는 다른 양상으로 벌어지고 있다.

대학수학능력시험

미국에서는 SAT를 '부자 시험(a wealth test)', '굽은 잣대(a crooked yardstick)' 등으로 표현하고 있다.237) 많은 연구 결과, 학생의 가정이 부유할수록 SAT에서 더 높은 성적을 받는 경향이 있다는 사실이

---

237) Rebecca Zwick. ibid. P. 8.

드러났기 때문이다. 미국은 학교에서 SAT를 준비시켜 주지 않고 학생이 개인적으로 SAT를 준비해야 하므로 그들의 배경에 따라 준비도가 다를 수 있다. 반면에 우리나라에서는 수능은 공정한 대학입시 전형기준의 대명사로 되고 있다. 가장 큰 이유는 학생부종합전형은 우연성이 크나 수능은 투자한 노력과 시간에 비례해 정직하게 성적이 보장되기 때문이다. 상류층의 부모를 둔 학생이라도 열심히 공부하지 않으면 수능시험의 성적이 좋을 수 없다. 그러므로 이 전형은 학생들의 배경과는 상관없이 그들의 실력을 평가하는 도구로서 더 공정하다고 한다. 아울러 객관적이고 투명하다는 장점도 있다. 따라서 명문대학을 중심으로 수능 위주의 정시전형 비율이 높아지고 있다. 우리나라는 SAT의 영향력이 점차 축소되고 있는 미국과는 달리 수능을 통한 정시전형을 확대하고 있다.

우리나라는 대학의 합격을 그간의 성적을 높이려는 노력에 대한 보상으로 여기는 경향이 강하다.[238] 따라서 대학입시에서 학생들의 성적 향상을 위한 노력(hard work)의 결과인 시험성적을 매우 중시하고 있다. 그에 비해 대학입학 후에 본인의 적성과 소질에 맞는 학업을 성취하고, 장래 직업 세계로의 성공적인 진입에는 별로 염두에 두지 않는 경향이 있다. 일단 대학 합격, 특히 명문대학 합격 그 자체에 큰 비중을 두고 있다. 반면에 미국의 입학사정관제는 성적과 함께 숫자가 나타낼 수 없는 지원자들의 적성과 관심사, 잠재력 등에 대한 평가를 토대로 대학에서의 학업성취와 장래의 바람직한 삶에 대한 예측에 더 집중한다는 점이다.

우리나라 학생으로 미국 하버드와 예일대 로스쿨에 동시 합격한 학

---

[238] 중앙일보.『중고차 시장이 된 대학입시장』. 2020. 1. 17

생이 하버드대 학부에 입학했을 때의 경험을 밝힌 것을 본 적이 있다. 그 학생의 심사를 맡은 입학사정관은 그의 합격 비결을 스펙을 만들기 위한 급조보다 열정을 가지고 꾸준히 한 흔적이 보였다는 사실에 돌리고 있다. 그 학생은 다양한 경험을 위한 운동과 더불어 갖가지 비교과 활동을 했다고 한다. 그러면서 그 자신의 적성에 맞는 것이 무엇인지 깨닫게 되었고, 그 결과 인권, 환경문제에 집중했다는 것이다. 그는 잠시의 방황이 적성의 파악과 진로 결정에 도움이 되었다고 한다. 그리고 로스쿨 지원 시에도 자신의 열정에 따라 다양한 경험과 그 내용을 소재로 작성한 에세이가 합격의 비결이라고 하였다. 그가 보기에는 미국의 대학에서는 일찌감치 사회로 눈을 돌린 인재를 원한다는 것이다. 대학에 입학해서도 세상에 관심이 많은 학생일수록 우수한 학점을 받는 데 유리하다고 한다.[239]

미국 대학들은 지역·국제문제를 해결하는 대학의 역할을 강조하고 있다. 하버드대학은 전교생의 사회참여 활동을 장려하고 있다. 이 대학은 학생들의 사회참여 활동을 위한 기관을 설립하여 프로그램을 운영하고 있다. 그리고 이를 통하여 학생들이 산적한 사회문제를 깊이 이해하고 해결할 수 있도록 대학 차원에서 적극적으로 지원하고 있다. 사회참여 경력은 입학 사정에서도 중요한 요건으로 되고 있다. 다양한 활동 경험과 배경의 학생을 의도적으로 선발하여 다양화된 교육환경을 조성해야만 서로 배우며, 사회의 복잡성을 이해하고, 넓게 보는 지도자로 양성할 수 있기 때문이다.[240]

하버드대학은 홈페이지에 공개된 신입생 전형기준과 절차에 관해 "전형적인 하버드 학생"이란 없다는 사실을 밝히고 있다. 즉, 각 지원

---

239) 조선에듀. 『하버드·예일 로스쿨 동시합격』 윤소현씨. 2018. 5. 8.
240) 중앙일보. 『사회참여 인재 키우지 않는 대학은 쓸모없어 진다』. 2020. 1. 13.

자를 전인적인 차원에서 개인별로 신중하게 심사하나, 그 심사 절차는 매우 유연할 수 있다는 것이다. 그 전형기준은 크게 네 개의 카테고리로 '성장 가능성과 잠재력', '관심사와 활동', '인성', '하버드 커뮤니티에 대한 기여' 등이다. 그리고 각 카테고리에는 3~9개의 구체적 질문이 주어지고 있다. 특히 '인성' 부분에서는 '당신은 대기만성형(a late bloomer)이냐'는 질문도 포함하고 있다.

영국에서도 명문대학의 입시에서 경쟁이 치열하여 취약계층 학생들의 접근 기회가 차단되지 않도록 각고의 노력을 기울이고 있다. 영국의 고등교육재정위원회는 명문대학에 대한 취약계층 학생들의 접근 기회를 확대키 위해 대학재정지원의 설계 및 시행에 적극적으로 참여하였다. 그런데, 이에 참여하게 된 계기는 미국의 하버드대학이 제공했다고 한다. 즉 2000년에 옥스퍼드대학 입학을 거절당한 영국 중하위계층 출신의 로라 스펜서 양이 미국 하버드대학 장학생으로 선발되었다. 이 사실이 언론매체에서 대대적으로 보도된 사실이 그 계기를 제공했다는 것이다.[241] 이 위원회는 부유층 자녀가 많은 사립고 출신의 영국 명문대학의 독식 관행을 고치려고 2001년 도입한 '참여 확대를 위한 프리미엄' 조치로 대학별 공립고 출신 학생들의 입학 비율에 따른 추가 재정을 지원하였다.

그 후 2004년에 영국 정부의 위탁을 받아 설립된 '고등교육입학제도검토위원회'가 공정한 대입 관행을 위한 권고안을 발표하였다. 이 권고안은 최근에 보완·확대를 거쳐 대입제도의 공정성 제고를 위한 기초를 계속 제공하고 있다. 이미 살펴본 대로 이 위원회에서는 두 살의 유아기 때부터의 사회적 배경이 교육적 성취에 영향을 미치기

---

241) 동아일보.『영국서도 대학 지역할당제 논란』. 2002. 8. 26.

시작한다는 것이다. 그래서 지원자들이 처한 여건과 상황에 따라 교육적인 성취가 다르게 나타날 수 있음을 지적하고 있다. 따라서 지원자들의 배경에 상관없이 시험으로 드러나지 않는 재능과 잠재력을 구별해 내어 최상의 신입생 선발을 위한 노력은 대학의 정당한 책무임을 강조하였다. 아울러 그간 지원자가 기울인 노력이 공정한 평가 및 절차를 거쳐 수월성을 입증한다면 이는 당연히 보상되어야 한다는 것이다. 영국에서의 공정한 대입제도는 전형의 절차적 공정성 못지않게 출발선에 이르기까지 경쟁에 필요한 능력과 자격요건을 발달시킬 기회의 공정성도 포함한다는 것이다. 즉, '사회적 배경의 불공정성을 제거한 기회 평등', '배경의 공정성'을 담보하는 일도 중요하다고 한다.242) 영국 대학들이 도입한 배경고려입학제도가 바로 이런 배경의 공정성을 고려한 것이다.

다른 한편, 미국에서는 학생들의 사회경제적 배경에 따라 영향을 받는 SAT 성적의 한계를 극복하고 의지와 잠재력을 가진 취약계층 학생들에게 입학 기회를 확대코자 하는 고민의 흔적이 드러난 사례가 있다. 칼리지보드로부터 위탁받아 SAT를 출제·관리하는 ETS(Educational Testing Service)에서는 취약계층 학생들의 실적(merit)을 제대로 평가하기 위해 SAT 성적을 이용한 대안을 검토하였다. 그리고 그 사실이 언론에 기사화된 적이 있다. 그 대안은 "노력형(strivers)" 지수(index)를 개발하여 전형 절차에서 활용하자는 것이었다. 이 지수는 특정 학생이 처한 환경에서 통상 기대되는 SAT 성적보다 최소 200점 이상 높게 받은 경우는 성취도가 높은 학생으로 평가하는 것이다. 그 목적은 단지 SAT 성적에만 의존할 때 보다 흑인 등 소수 인종 학생들을 더 많이 선발할 수 있도록 하는 데 있다. 그러나 이 대안은 많

---

242) 김도균. 『한국 사회에서 정의란 무엇인가』. 아카넷. 2020. 245면

은 논란을 불러일으켰고, 칼리지보드에 의해서도 비판을 받았다.

대학수학능력시험(이하 수능)은 대학에서의 수학능력 측정 시험으로 교육과정과 연계되어 있지 않아 학교에서 배운 것만으로 충분히 대비하기 어려워 사교육에 의존할 수밖에 없다. 우리나라는 수능 준비를 위한 저렴한 인터넷 강의나 EBS 수능 연계 등으로 저소득층 또는 농어촌 지역의 학생들도 수능의 준비에 도움을 받을 수는 있다. 그러나 여전히 사교육 기관의 접근이 쉬운 대도시권의 학생들이 수능에서 더 강세를 나타내고 있다. 수능이 확대되면 경제적으로 여유가 있는 가정 출신의 학생들은 재수 등을 통해 합격에 성공률을 높일 수 있다. 2018년 5월에는 서울대에서 정시모집을 늘리면 강남 3구 출신 합격생이 두 배로 늘어난다고 분석한 연구 결과도 있다. 따라서 수능은 절차적 공정성과 투명성, 객관성에서는 강점을 가지나 기회의 공정성 측면에서 취약하여 미국의 SAT가 지닌 문제에서 벗어날 수 없다고 할 것이다.

아울러, 수능점수는 소수점 두 자리까지 환산한 점수로 산정하고 있다. 입시에서 탈락한 이유가 수능 환산점수 0.01점 차이에 불과하다면 공정하다고 할 수 있는지도 문제시되고 있다.[243] 우리나라 전문가들도 같은 맥락으로 이 문제를 보고 있다. 즉 수능 응시 당일의 상태 등에 따라 최소한 10점 이상의 오차 범위가 나타날 수 있다고 한다. 그런데도 근소한 점수 차이로 탈락을 결정하는 선발 형태는 입시공학적인 선 긋기일 뿐, 교육적인 공정성이라 말하기 어렵다는 것이다.[244] 수능은 자료의 조사·검토 기간 등을 제외하면 그 출제 기간은 실제로는 몇 주에 불과하고, 시범 평가도 없다. 게다가 매번 출제자가

---

243) 한겨레. 2019. 9. 29.
244) 국민일보. [시사풍향계-권오현] 『수능 초심으로 돌아가야 한다』. 2018. 2. 14.

바뀌고, 수능 체제도 달라져 전문성을 쌓기 어렵다. 그래서 당연히 그 오차 범위가 커질 수밖에 없게 된다. 수능 창시자인 박도순 교수도 수능 소수점 자리의 차이로 탈락이 갈린다는 것은 언어도단이라고 밝히고 있다.[245] 미국의 SAT를 주관하는 칼리지보드에서는 SAT 점수 차이가 작다면 이를 과대 해석하지 않는 것이 중요하다고 밝히고 있다.[246] 즉 SAT 점수가 응시자의 당일 상태, 시험조건 및 정답 찍기 성공으로 영향을 받을 수 있다고 한다. 이에 다른 기준으로는 우수한 지원자를 SAT 성적이 낮다는 이유만으로 탈락시키는 근거가 되지 않도록 해야 한다는 것이다. 그리고 SAT 점수가 고교 학업성적과 같은 다른 정보들과 연계활용이 되지 않는 때에는 그 타당성이 적정하게 입증되지 않으면 최저점수로의 사용을 조심하는 것이 바람직하다고 한다 권고하고 있다.[247]

 수능을 지지하는 자들은 모든 학생이 제한된 시간에 같은 문제를 풀며, 기계가 엄격히 채점한다는 것이다. 그러므로 불공정성의 문제가 불거지고 있는 학생부종합전형에 비해 평등하고 객관적이며 공정하다고 주장한다. 그러나 수능이 '평평한 경기장'에서 치른다고 하더라도 단 일회성 시험으로 개인의 인생 전도와 모든 가능성을 전적으로 좌우하게 된다. 따라서 이런 중요한 시험의 결과가 병목을 형성하게 된다. 이 좁은 통로지점인 병목은 치열한 경쟁을 유발하기에 남들보다 우수한 성적으로 통과하려면 모든 학생이 이 시험에서 높은 점수를 받을 수 있는 특정 능력만을 키우기 위한 노력을 집중적으로 하게 된다.[248]

---

245) 내일신문. ['수능 창시자' 박도순 명예교수의 '수능 폐지론']『공정성은 허상, 수능 폐지해야』. 2021. 4. 14.
246) Rebecca Zwick. ibid. P. 196.
247) ibid. P.73.

수능이 논술형으로 바뀌고 논리력, 창의력 등 고차원적인 내용을 평가하더라도 결국은 병목현상이 될 가능성을 높인다. 따라서 치열한 경쟁에 따른 주입식 준비 등 지금과 큰 차이가 나지 않을 것이라는 우려가 있을 수 있다. 이에 우리 국민 대다수가 바라는 학생들 각자의 다양한 재능과 적성을 살리는 교육과는 거리가 멀어질 수밖에 없다.

학생부종합전형

미국은 대학입시에서 공정성을 둘러싸고 열띤 논쟁이 벌어지고 있는 나라 중의 하나이다. 미국 입학사정관제는 사정 절차에 있어 지원자의 성적에만 의존하지 않고 학문적인 잠재력과 다양성에 대한 기여 등 대학의 자율적인 판단을 중시하고 있다. 이 제도를 비판하는 자들은 전면적인 입학 사정 절차를 사실적인 결정 과정을 모호하게 만드는 눈속임 등에 비유하기도 한다.[249] 우리나라에서도 미국의 입학사정관제에 대해 다양한 의견이 제기되고 있다. 혹자는 입학사정관제가 소수자 우대 정책의 일환책이라 하고, 혹자는 좋은 고교를 우대하는 불평등이 전제되어 있다는 등 의견이 분분하다. 앞서 살펴본 대로 이 제도를 둘러싼 공정성과 투명성 논란은 계속될 것이다.

학생부종합전형은 2007년 미국의 입학사정관제가 시범 도입된 이후 비교적 짧은 기간에 명문대학 입시에서 주요 전형으로 빠르게 확대되어왔다. 이 전형은 학교 성적뿐만 아니라 자신의 관심사를 추구하거나 적성 등을 키우기 위해 어떠한 노력을 기울였는지를 종합적으

---

248) 김도균. 앞의 책. 262면
249) Rebecca Zwick. ibid. P.197.

로 평가하는 제도이다. 따라서 성적이 더 높은 학생이 반드시 입학한다는 것을 보장할 수가 없다. 즉, 성적만을 높이려는 것보다도 다양한 교내외 활동 등 자신의 적성과 잠재력 등을 보여줄 수 있는 경험을 쌓는 데 시간과 노력을 투자하는 것이 더 유리할 수 있다. 따라서 객관적이고 투명한 숫자로 표기되는 수능에 비하여 전형결과에 쉽게 수긍이 가지 않는 '깜깜이 전형'이라고 불리고 있다.

이 전형은 성적이 나타낼 수 없는 학생들의 적성과 잠재력 및 발전가능성 등을 종합적으로 평가하여 대학에서 요구되는 수준의 학문적인 역량이 있는가를 판단하려는데 그 취지를 두고 있다. 따라서 학생들 개인이 자신의 관심사와 적성 및 능력 등을 기반으로 수험준비를 하는 것이 가장 바람직하다고 할 것이다. 그런데 현실에서는 역설적으로 외부의 컨설팅 및 학생부 관리를 위한 스펙 등에 고액의 비용이 들고, 외부의 도움을 더 필요로 하는 '금수저 전형'으로 불리고 있다. 게다가 대학에 직접 제출하는 자료도 외부의 도움을 받는 경우가 많다고 한다. 나아가 남이 한 것이거나 남의 힘을 빌려 한 것을 마치 자신이 한 것처럼 꾸며내기도 한다는 것이다.[250] 그뿐만 아니라 고교 3년 내내 학생부와 내신을 관리해야 하므로 고교생활을 '감옥살이'에 비유하면서 수능보다 더 힘들다고 토로하고 있다. 또 내신을 위해 3년간 수십 개에서 수백 개의 과목을 바로 옆 친구와 경쟁하는 시험을 치르느라 애쓰고 있다.[251] 상위권 대학 중에서는 수능 최저등급까지 적용하는 대학들도 있다. 게다가 상당히 어려운 논술고사 또는 수학·과학 본고사를 면접 형식으로 진행하고 있다. 그래서 '학생부종합전형'을 '입시종합전형'으로 부르기도 한다.[252]

---

250) 경향신문. 『학생부종합은 입시종합』. 2017. 10. 24.
251) 중앙일보. 『대입 년 누구냐 ⓒ 내신성적의 두 얼굴』. 2018. 5. 25.

나아가 학생부종합전형의 자료는 모두 고교 재학 시 생성·관리되는 과정에서 동료 학생들이 직·간접적으로 불공정성을 경험하게 된다.253) 학생부종합전형은 학생들의 교과성적뿐만 아니라 적성과 소질, 잠재력 등을 종합적으로 평가하고 있다. 그 본질상 미래지향적인 특성을 포함하고 있다. 그런데 현실에서는 교과성적에서의 우열이 정성평가인 세부 특기 적성에 고스란히 반영되고 있다. 그래서 교과성적과 비 교과성적이 99% 일치하고 있다. 이와 관련하여 최상위권 학생에게 상 몰아주기 의혹 등에 휩싸이는 등 내신 등급이 높은 학생 위주로 관리되는 경향이 있다고 한다.

그뿐만 아니라 학생부종합전형은 우연성이 크고 지역, 학교, 교사 등의 변수에 따라 생활기록부의 작성에 충실 여부가 결정되는 경향이 있다. 이런 점도 이 전형의 불공평성 또는 불공정성의 우려를 가중하고 있다. 학생부종합전형은 '금수저 전형'으로 불리며 여러 가지 사유로 불공정하다는 지적을 많이 받고 있다. 게다가 학생들, 학부모들은 이 전형에 익숙하지 않은 채 정보가 적은 상황에서 수험준비를 해야만 하는 어려움에 직면해 있다. 아울러, 이 전형은 지역별·학교별 격차와 학부모의 사회경제적 배경에 따른 격차 등의 문제가 부각하면서 널리 지지를 받지 못하고 있는 형편이다.

우리나라 교육부는 2019년 학생부종합전형이 도입된 지 12년 만에 처음으로 그 비율이 높은 13개 대학을 대상으로 이 전형의 실태조사를 하였다. 그 결과, 특정 학교 출신이 우대받을 수 있는 정황을 발견했다고 발표하였다. 그들 중 5개 대학은 평가자가 시스템을 통해 출신 고교 졸업생의 진학 현황, 그들의 학점과 중도탈락률 등을 확인

---

252) 경향신문.『학생부종합은 입시종합』. 2017. 10. 24.
253) 이범.『문재인 이후의 교육』. 메디치. 2020.

할 수 있었다. 그리고 2개 대학은 지원자의 내신 등급과 같은 유형의 고교 내신 등급을 비교할 수 있도록 한 정보를 평가에 반영했을 가능성이 있다고 보았다. 고교가 대학에 제공하는 고교프로파일에서 일부 고교는 기본 정보 외에 대학진학 실적, 어학성적, 모의고사 성적을 편법으로 제공하고 있었다.

나아가 동점자 처리에서도 출신 지역과 학교가 영향을 미치고 있다. 우리나라 수도권 사립대학 입학관계자는 실제로 대학 내부에서 입시 동점자 처리 문제는 매우 어려운 숙제라고 하였다. 아울러 정량적 점수가 똑같은 경우 모든 정성적 요소를 따져보게 된다고 하였다. 그런데, 마지막까지 변별력이 없을 때 보는 게 출신 지역과 학교라고 하였다[254]. 이는 배경이 좋은 지역과 학교 출신을 우선 배려한다는 사실을 의미하고 있다. 이에 학생부종합전형의 결과는 출신 고교의 수준에 따라 대학이 달라진다고 주장되고 있는 것이 현실이다.

영국에서 시행하고 있는 배경고려입학제도는 우리의 관행과는 대조적인 측면이 있다. 옥스브리지 등 명문대에서 도입한 이 제도는 객관적인 기준에 따라 분류되는 취약지역의 고교 출신 학생들을 입학 사정 절차에서 배려하고 있다. 그 이유는 취약지역 고교 출신의 명문대학들에 입학한 학생들의 수가 손꼽을 정도로 적다는 것이다. 이런 사실은 그 지역 학교의 진학지도가 성과를 거두지 못했다는 사실이 입증되고 있다. 따라서 그 지역의 고교 출신 지원자들은 상대적으로 불이익을 감수해야 할 수밖에 없기 때문이다. 이 제도는 학생들이 성취한 결과만을 보지 않고 어려운 환경에서 역경을 극복한 잠재력을 높이 평가하고 있다.

---

254) 동아일보, 2018. 8. 20.

앞서 살펴본 미국의 입학사정관제는 명문 사립대학들이 맨 처음 도입하였다. 이 제도를 도입하게 된 이유에 대해서는 다양한 견해들이 주장되고 있다. 그들 중의 하나로 입학 사정의 유연성을 이용하여 그 당시 우수한 유대인의 과도한 입학비율의 감소를 염두에 두었다는 소문도 있다. 어쨌든 현행 입학사정관제는 수월성과 다양성 및 형평성 등 서로 상충하는 가치들에 대한 균형을 유지하려는 노력의 산물로 볼 수 있다. 물론 지원자 중에는 자신의 불합격을 두고 입학 사정의 불공정성에 대한 문제가 계속 제기되고 있으며, 법적 분쟁도 진행 중이다. 특히, 지원자 가정의 좋은 배경이 합격에 결정적인 역할을 하는 동문자녀우대입학 입학제도의 불공정성은 많은 지적을 받고 있다.

영국에서는 불공정하다고 공개적으로 지적되고 있는 레거시 입학제도가 미국에서 존속하는 이유는 대학의 재정확충에 대한 기여이다. 그런데 최근 명문 사립대학 관계자는 언론 보도를 통해 레거시 입학제도가 지원자 간의 평가 성적이 같아서 우열을 가릴 수 없을 때 동점을 처리하는 기준(tie-breaker)으로 이용된다는 것이다.[255] 그 이유는 부모가 졸업한 대학에 대해 그 자녀들이 자연스러운 호감이 있다는 것이다. 그런데도 그 관계자는 그런 동점자의 처리방식은 설득력이 없다고 한다. 아울러 동점자가 발생하면 대학입학 전 역경을 더 많이 극복하고 혜택을 덜 받은 지원자를 선발해야 한다고 피력하고 있다.

오늘날 미국 대학들은 수월성 추구는 물론, 그와 더불어 잠재력을 가진 취약계층 학생들의 명문대학접근 장벽을 낮춰주려는 노력을 계속하고 있다. 언론기관 등에서도 대학의 사회적 이동통로서의 역할과

---

[255] The Atlantic. 같은 기사.

사회통합에 대학들의 기여를 더 촉구하고 있다. 그래서 그런 대학들의 노력과 졸업생들이 사회로 진출하여 이룬 성과를 평가·공개하고 있다.

US News & World Report는 최근 미국 대학평가에서 입학경쟁률을 삭제하고 Pell Grants 수혜자(미국 소득 분포상 하위 40% 가정) 중의 졸업 비율을 반영하고 있다. 뉴욕타임즈는 대학접근지수의 개발로 저소득층 출신 학생들의 접근성을 확대하려는 대학들의 노력을 평가한 랭킹을 발표하고 있다. Forbes는 계층 상향 이동지표를 사용하여 학생들의 계층이동에 가장 성공을 거둔 10개 대학을 발표하였다. 여기서 사용한 지표는 소득 분포 하위 20% 가정 출신 학생 중 사회에 진출한 후 상위 20%의 소득자에 속한 비율로 표시된 것이다.

Chapter
11

현행 대입제도의 문제점

대학입시 경쟁에 흔들리는 공교육
인성과 적성·진로 교육의 경시
고교 교육과 대학입시·학업과의 연계 미약
변별력 확보와 고난도 문항 출제

Chapter 11 현행 대입제도의 문제점

대학입시 경쟁에 흔들리는 공교육

우리 사회에서는 학생들이 어릴 때부터 경쟁에 내몰린 각종 시험에서 실패하지 않으려고 부단히 애쓰고 있다. 이에 학생들은 대학입시에서 수능이 쉬울수록 실수하지 않는 게 실력이라면서 시간을 재면서 같은 문제를 반복해서 풀어야만 한다. 수업시간에도 교사들은 학생들의 다양한 접근을 유도하기보다 획일적인 정답을 찾기 위한 노력을 더 강조하고 있다.

독일에서 자녀들을 초등학교에 보낸 학부모들은 한결같이 독일 교실과 가정에서는 선행학습이 전혀 없다고 입을 모은다.[256] 교사들은 선행학습이 정상적인 수업 진행을 방해하기에 간접적인 교권 침해로 본다. 학부모들도 학생의 수업에 대한 흥미와 동기부여를 감소시키므로 선행학습이 아이를 망치며 학생을 학교생활 부적응자로 만들므로 이것을 지키지 않으면 학교 교육은 무너진다는 사실을 철저하게 믿고 따르는 분위기라고 한다. 답을 미리 외워서 발표하는 것보다는 원리를 스스로 깨우쳐 답을 찾아 나가는 과정을 중시한다. 평가도 논술형

---

[256] 박성숙. 앞의 책. 백경자.『독일 부모는 조급함이 없다』. 이비락. 2021. ; 이은주.『유럽 문화와 교육 대국 독일 이야기』. 미래엔. 2014.

으로 이루어지며 기본지식을 토대로 분석·종합하여 창의적이면서도 논리적으로 표현하는 능력을 길러야 한다. 따라서 선행학습을 통해 지식을 쌓는 것만으로는 좋은 답변을 하기가 어렵다고 한다.257)

초등수학도 마찬가지로 1학년은 1년 내내 숫자 1에서 20 사이에서만 바둑알로 더하기 빼기를 반복한다는 것이다. 그리고 2학년으로 올라가면서 숫자의 크기는 100으로 커지지만 곱하기와 나눗셈에서도 바둑알을 가지고 연습하며 수학적 원리를 스스로 깨우칠 때까지 반복을 거듭한다고 한다. 구구단을 외우는 일은 아예 없다고 한다. 3학년이 되면 진도는 빨라지고 도형, 크기 등 다른 분야로 학습 범위가 확대되지만 1학년 때부터 쭉 해온 연산은 계속되는 반복 과정을 통해 수학의 원리를 스스로 천천히 깨우쳐 나간다고 한다. 초등학교 수학시험 서술형 응용문제는 답을 도출하면 그 답이 된 숫자가 갖는 의미를 적어야 감점이 되지 않는다는 것이다. 수학은 계산 자체가 목적이 아니라 숫자가 갖는 의미를 읽어 내는 것이라는 것을 가르친다고 한다.258)

우리나라 학자가 고찰한 노르트라인베스트팔렌주의 초등학교 및 김나지움 수학 교육과정259)에는 다음과 같은 내용이 포함되어 있다. "수학 수업에서는 문제 상황을 창조적으로 다루는 것이 중요하며 오류는 불안해야 할 대상이 아니라 원칙적으로 학습과정의 피할 수 없는 부분으로 명백히 인식되어야 하고 긍정적으로 다루어야 한다. 수학 수업에서는 개념과 관계에 대한 이해뿐만 아니라 표현도 중요하

---

257) 이은주. 앞의 책.
258) 백경자. 앞의 책.
259) 정영옥. 『독일의 수학 교육과정에 대한 고찰』-Nordrhein-Westfalen 주를 중심으로-』. 대한수학교육학회지 〈학교수학〉 제6권 제2호. 181-211. Jun. 2004.

다. 이때 관련된 상황을 수학적 언어로 표현하는 것뿐만 아니라 일상 언어로 표현하는 것도 중요하며, 자신의 관점을 명료하고, 논리적으로 설명하는 능력이 중요하다."

우리나라 학생들은 초등학교 시절부터 수학 시간에 빨리, 정확하게 계산하는 훈련을 받고 있다. 시중의 수학 참고서들도 계산 속도를 강조하고 있다. 그러나 이런 훈련은 학생들이 학년이 높아질수록 도전이 필요한 문제, 서술형 문제를 푸는 데 있어 더 쉽게 좌절할 수 있다고 한다. 대개 학생들의 학습 부진의 시작이 초등학교 3학년에 분수와 도형을 접하면서 생기는 수학에 대한 부정적 감정 형성이라고 한다. 분수는 해외에서 '비례적 추론'이라고 해서 매우 어려운 개념으로 다루는데, 우리는 피자 몇 번 잘라 보게 하고 분수 계산을 많이 시킨다는 지적도 받고 있다.260) 우리나라 수학 전문가도 수학은 단편적인 지식이나 사고를 측정하는 것이 아니라, 깊이 생각하는 힘을 기르는 학문이라는 것이다. 그런데 고교에서는 많은 문제를 짧은 시간 안에 많이 풀게 해서 실력을 가늠하고 있다고 한다.261)

한국교육과정평가원이 PISA 주요 상위권 5개국을 비교·분석한 연구 결과, 학생들의 읽기, 수학, 과학 성취와 교사의 피드백과의 상관관계가 마이너스로 나타났다. 그 이유는 우리나라 교사들의 피드백이 주로 학업역량이 부족한 학생을 질타하거나 경쟁을 부추기는 방식으로 이뤄지고 있기 때문이라고 한다.262) 우리나라 학생들은 국제학업성취도 평가에서 세계 최상위권 수학 성적을 자랑하지만, 수학 공부

---

260) 한국일보.『2분 내 연산 풀어라. 빗나간 초등 수학시간』. 2019. 4. 9.
261) 고등과학원 수학부 김정한 교수.
262) 중앙일보.『한국학생, 협동학습 많을수록 성취도 떨어진다... '경쟁 부담'이 원인』. 2022. 1. 2.

에 대한 흥미도는 매우 낮다. 그래서 수학 공부를 포기하는 학생들의 비율이 학년이 올라갈수록 높아진다. 그 가장 큰 이유로 중학교 수학 교사들은 '누적된 학습결손'(69%)을 꼽고 있다. 수포자의 첫 고비로 초등학교 3학년 분수와 5~6학년 분수 사칙연산을 지적하고 있다. 학교 성적을 올리기 위해 사교육이 필요하다고 생각하느냐에 대한 질문에 초등학교 6학년 학생의 75.8%가, 중학교 3학년의 경우 83.8%, 고등학교는 86.7%가 필요하다고 응답하고 있다.[263]

국어 왜곡의 마지막 종착역은 입시라는 비판을 받고 있다. 학생들은 수능에서 고득점을 위해 반복적인 문제 풀이와 사교육을 통하여 열심히 준비하고 있다. 그렇게 해야만 고득점이 가능한 구조이기 때문이다. 초·중교에서 고교로 진학하여 입시가 임박하게 되면 국어 교육의 환경은 더욱 열악해지고 있다. 수능에 출제될 각종 문항의 유형을 파악하려면 사실상 문제 풀이 위주의 수업을 할 수밖에 없기 때문이다. 한 국어 교사는 토론이나 글쓰기 수업의 경우 아이들이 수행평가예요 라고 묻고, 그렇다고 해야만 수업에 참여한다는 것이다. 나아가 국어 교사들은 현장에서 겪는 문제들을 다음과 같이 토로하고 있다.[264] 즉 학생들에게 남의 의견에 대한 자기 생각을 말해 보라고 하면 모르겠다고 한다는 것이다. 또 공식적인 말하기에 대한 자신감이 없어 두 문장 이상을 말할 수 없다고 한다는 것이다. 그리고 자기 생각을 써보라고 하면 힘들다고 한다는 것 등이다.

프랑스·독일 등에서 시행되는 대학입학 논술 시험은 수업에서 배운 지식을 토대로 자신의 견해를 풀어내는 시험이다. 마감이 있는 글쓰기는 대학뿐만 아니라 직장생활에서 필요한 과제의 수행 능력을 기르

---

263) 경향신문.『초등 6학년 75% "학교 성적 위해 사교육 필요"...』. 2022. 1. 5.
264) 동아일보. 2018. 12. 6.

는 것이다. 학생들은 별도로 논술 시험을 위한 준비를 하지 않고 어릴 때부터 학교 수업에서 자신이 공부한 것을 기초로 자신의 견해를 발표하는 토론식 수업과 글쓰기를 배워나가고 있다. 이를 통해 논리력·이해력·분석력·창의력·소통 능력 등 자기 주도적인 학습역량을 익히고 있다. 미국에서도 고교 수업의 핵심은 토론과 글쓰기이다. 기존의 지식을 습득하는 데 그치지 않고 토론과 글쓰기를 통해 자신의 견해를 밝히는 능력을 매우 중요하게 여기고 있다. 즉, 인문학적 소양과 능력을 매우 중시하고 있다. 대학에서나 직업 세계에서나 사회생활에서도 사람들은 타인에게서 배워 온 것을 단순히 주워섬기는 사람보다는 내면적인 지식을 바탕으로 새로이 발전해 나가는 사람의 독창성과 신선함에 더욱 커다란 관심을 기울이기 때문이다.[265]

  독일 학생들의 자기 주도적 학습 태도는 김나지움 진학을 위해서도 중요하다. 30년의 경력을 가진 함부르크 지역 학교의 심리 상담사는 초등학교 졸업 후 진학할 상급학교를 결정할 때 김나지움을 선택하려면 학생들의 자기 주도적 학습 태도가 많이 요구된다고 조언한다는 것이다. 즉, 김나지움에서는 학생들이 자기 주도적으로 과제를 해결해야 하며 수업시간의 발표력 등이 중요하다는 것이다. 김나지움 9학년 역사 수업을 참관한 경험도 이와 같은 사실을 확인해 준다. 선생님의 역할은 적었고 학생들의 참여와 활동이 중심이 된 수업이었다. 담당 교사의 철학은 역사적인 지식 전달보다는 학생들 스스로 자료를 찾아서 궁금증을 해결하는 것이 중요하고 한다. 그리고 찾은 자료와 정리된 스토리를 가지고 발표와 토의를 거쳐 사건을 주체적으로 이해하는 것은 학생들의 몫이라는 것이다.[266]

---

[265] 로렌스 형제(임종원 역). 『하나님의 임재 연습』. 브니엘. 2015. 11면.
[266] 백경자. 같은 책. 76면.

이런 독일 학교의 자기 주도적인 학습 태도는 대입 전형에도 그대로 적용된다. 사교육의 도움을 받지 않고 대입에 필요한 모든 자료와 준비가 이루어져 전형 절차의 공정성 확보의 토대가 되고 있다. 일부 대학에서 적성을 평가하고 탐색하는 절차에서도 지원자 개개인의 '진정한' 적성을 평가하고 알아내려고 같은 원리가 적용되고 있다. 구체적으로 전형 절차에 이를 드러낸 사례는 뮌헨공과대학과 뮌헨대학의 적성평가절차에서 확인할 수 있다. 하나는 대학에 제출하는 자기소개서, 포트폴리오 등의 자료는 스스로 했다는 사실을 스스로 확인한 서류를 함께 제출하게 하는 것이다. 다른 하나는 이 평가의 핵심은 전공 학업을 자기 주도적으로 해낼 역량을 갖추었나를 심사하는 것이라는 사실이다. 뮌헨공과대학 수학 전공의 경우는 김나지움 시절 배운 소재를 바탕으로 스스로 고른 수학적 주제에 대한 1~2쪽의 에세이를 제출토록 하고 있다. 그런데, 그 에세이를 스스로 작성했다는 확인서도 같이 제출토록 하고 있다.

다른 한편, 아비투어 평점 등이 우수해 1차 단계에서 이미 합격한 지원자를 제외하고, 커트라인경계선에 있는 자들을 정밀 심사하기 위한 2차 면접, 또는 필기 테스트에서는 그들이 전공 학업을 자기 주도적으로 해낼 역량을 갖추었나를 평가하는 것이다. 한편, 뮌헨공과대학 사회학 전공이 권고적인 성격의 진로탐색절차를 시행하는 이유 중의 하나가 지원자들의 자기 주도적인 사고와 학업역량이 필요하기 때문이라고 밝히고 있다.

참고로 프랑스에는 '엘로캉티아(ELQUENTIA)'라는 공익 교육프로그램이 전국적으로 운영되고 있다.[267] 이 프로그램은 '너만의 목소리

---

267) https://eloquentia.world.

를 내라'(Porter sa voix)는 교육 철학을 가지고 젊은이들을 상대로 공개석상에서의 말하기 교육과 경연대회를 열어주고 있다. 아울러 이를 통해 그들 자신을 자유롭게 표현하게 하고 자신감을 불어넣는 것을 취지로 하고 있다. 이 프로그램은 2012년에 파리 북부 외곽에 있는 이민 2·3세대의 사회경제적 취약계층 학생들이 주류를 이루는 파리 8 대학(뱅센-생드니대학)에서 시작되었다. 이는 취약계층 학생들을 차세대의 리더로 육성함을 목적으로 하고 있다. 이 프로그램은 대학에서 큰 성과를 거두게 되었다. 그러자 2014년에는 중학생과 고등학생을 위한 프로그램이 개발되었다. 그 취지는 중고생들 스스로가 자신감을 가질 수 있도록 도와주며, 말하기 교육을 통해 경청과 성찰의 능력을 개발하는 데 있다. 이 프로그램은 2017년 다큐멘터리 영화 '더 크게 말하라'(A voix haute)는 제목으로 상영되기도 하였다. 파리 8대학은 모든 학생에게 총 44시간의 교육을 권장하고 있다. 교수진은 전문가 그룹으로 구성되어 있는데 변호사, 배우, 화술전문가, 성악 교수 등이 참여하고 있다.

한국교육개발원 교육여론조사 2021에서 '자녀의 사교육을 위해 지출하는 비용이 가계에 부담을 준다'는 응답은 2020년 기준 94.3%로 대다수 학부모가 부담을 실감하고 있다. 사교육을 시키는 이유로 가장 많이 꼽힌 것은 "남들이 하니까 심리적으로 불안해서가 26.4%"였다. 불안을 이유로 한 사교육이 "25.4%의 남들보다 앞서 나가게 하려고"라는 응답보다 많았다. 이 조사 결과는 2002년 미국 북캘리포니아주 한인사회에서 자녀의 과외학습 열기가 지나쳐 한인 가정의 자녀 과외비 스트레스가 심각함을 보도한 현지 한국 신문에 실린 기사와 일치하고 있다. 여기서도 과외를 시키는 주된 이유를 "다른 한인들의 과외 실태를 듣고 안 시키면 불안해서"라고 하고 있다.268) 막연한 불안을 해소하기 위한 과외학습이 학업과 대학입시 준비에 긍정적 효과를 기대하기는 어려울 것이며, 대학 학업과 진로 준비에는 더욱 그러할 것으로 보고 있다.

한편, 현재 수도권 대학 등 30여 개의 대학이 수시전형의 하나로 시행하고 있는 논술전형도 학교에서는 준비할 수 없다고 한다. 학생들은 부득이 고액의 사교육비를 들여 사교육 기관에 의존하여 준비할 수밖에 없게 되었다. 그래서 이 전형은 사교육비 부담이 가장 큰 전형으로 간주하고 있다.

항간에는 의대에 입학하려면 초등학교 전부터 대치동으로 가야 한다는 이야기가 있다.269) 의대는 사교육 없이는 여간해선 들어가기 어려운 좁은 문으로 가난한 집 아이에게는 더욱 어려운 일이다.270) 따라서 전국 의대 입시 전형에서는 그 현상이 더 두드러지며 계층 간 격차가 가장 심해지고 있다. 2020학년도 자료에 의하면 의대 신입생 중 80.6%가 소득 상위 20%에 해당한다고 한다. 이는 2017학년도 75.1%에서 더 증가하였다. 그 이유는 상대적으로 저소득층이 불리한 수능 위주 정시전형의 비율이 다른 대학에 비해 높기 때문으로 보고 있다. 2021학년도 대학입시에서 국내 4년제 대학 전체의 수시전형 선발비율이 77%인 것에 비해 의대는 60%로 낮은 편이다. 이에 수시전형을 목표로 하는 내신이 좋은 지방 일반고 학생들이 불리한데, 의대는 수시전형에서도 수능 최저등급 기준 역시 매우 높은 편이다. 이에 가정 소득이나 학교 환경에서 불리한 학생들이 수능 최저등급에

---

268) 미주한국일보.『자녀 과외비 스트레스 심각』2002. 3. 13.
269) 한국일보.『"의대냐, 아니냐" 대치동의 이분법… 의대 합격자 수로 고교 서열화』. 2020. 1. 8.
270) 한겨레.『의대 신입생을 추첨하자』. 2017. 1. 15.

걸려 탈락하기도 한다는 것이다.271)

인성과 적성·진로 교육의 경시

우리나라에서 독일의 교육을 소개하는 자들은 한목소리로 독일이 인성교육을 중시하고 있다는 점을 언급하고 있다. 이는 독일의 역사적 배경이 그 계기가 되었으며, 오늘날 독일이 세계인들이 존경하는 국가로 발전하는 토대가 된 것으로 평가받고 있다. 인성교육은 별도의 프로그램을 통하지 않고 수업시간과 학교 내외에서 이루는 다양한 활동 속에서 이루어진다고 한다. 대학입학에 반영되는 김나지움 상급과정 2년간의 절대평가에 의한 내신성적은 아비투어 평점의 2/3를 차지하고 있다. 이 내신성적에는 수업시간 중의 발표, 수업 태도 및 동료와의 협력 등을 반영하는 구두 평가가 이미 반영되어 있다.

독일의 초중등학교에서는 학생들의 잠재력 분석을 가장 중요한 것으로 여기고 있다. 자기 계발의 동기를 부여하고 올바른 진로를 결정할 수 있는 계기를 마련하기 때문이다.272) 이는 대학 입시전형제도로도 이어지고 있다. 독일 연방헌법재판소의 판결에 따르면 독일 특유의 장기 대기자 전형을 시행하는 이유는 아비투어 평점은 조금 낮으나, 해당 전공이 적성에 맞는 지원자들에게도 적성을 살릴 기회를 균등하게 제공하기 위해서라고 한다. 즉, 성적만으로 전형하게 되면 이들은 적성이 맞는 지망 전공에서 공부할 기회를 상실하기 때문이라고 한다.

---

271) MK뉴스.『'개천의 용' 없었다… 의대 새내기 80%가 금수저』. 2021. 10. 12.
272) 김택환. 같은 책.

아비투어 내신성적에 반영되는 김나지움 상급과정 자격취득단계의 2년 동안은 필수과목 이외에 자신의 적성과 능력 등에 따라 과목을 선택할 수 있다. 아비투어 시험과목은 일반적으로 4개 과목인데, 자신의 능력을 가장 잘 발휘할 수 있는 능력과정 2개 과목과 기본과정 2개 과목을 선택할 수 있다. 이런 김나지움의 학점제와 능력과정의 운영은 자신의 적성 등을 발휘할 기회가 되고 대학 학업과 연계한 준비도 된다. 따라서 독일의 대입제도는 중등학교 교육과 긴밀하게 연계된 하나의 과정으로 받아들여지고 있다.

한편 독일의 대학에서는 지원자들이 입학 전에 스스로 쌓은 다양한 경험을 높이 평가하면서 제도적으로 장려하고 있다. 뮌헨대학 등 다수의 대학이 통상 1년이 소요되는 자발적 사회봉사의 해(Freiwilliges soziales Jahr)[273]를 포함한 다양한 공익 활동을 전형기준의 하나로 활용하기도 한다. 자원봉사자는 법적으로 도제(Auszubildende)와 유사한 지위를 인정받고, 주 39시간 근무 등 일반적인 근무 자세로 진지하게 임해야 한다.[274] 그 자원봉사 대상 기관의 범위는 매우 넓다. 예를 들어 병원, 양로원·요양원, 응급구조기관, 스포츠협회, 유치원, 장애인단체, 교회단체, 극장, 박물관, 라디오·TV, 청소년클럽, 종일제학교 등이 포함되고 있다.

의학 등 경쟁이 치열한 전공의 경우에도 학생들이 성적만을 높이기 위해 동료 간의 경쟁을 벌일 필요가 없다. 대학입학에서 영향력이 큰 내신과 아비투어 시험성적에서 절대평가 제도를 시행하고 있고, 대학

---

273) 의무 교육이 끝난 15~26세 청소년을 대상으로 6~18개월간 활동을 하는데 일반적으로 12개월을 한다. 봉사 분야는 사회복지·문화·스포츠·정치·문화재보호·환경보호 등 매우 다양하다.
274) Wikipedia. 『Freiwilliges Soziales Jahr』. 2022. 3. 9. 인출.

자율전형에서는 아비투어 평점 외에 전공의 적성테스트, 전공 관련 직업교육 및 경력 등 다양한 전형기준들을 활용하고 있기 때문이다. 새로이 도입된 적성전형에서는 아비투어 평점의 영향을 전혀 받지 않는 적성 관련 기준들로만 선발하고 있다. 특히 의대에서도 아비투어 소지 없이 보건의료 분야에 종사하면서 소정의 요건을 갖춘 자들에 대해서는 직업계 출신 전형으로 입학할 수 있는 길을 열어 놓고 있다. 따라서 학생들은 대학입시에서 동료들과의 경쟁보다 자신의 적성과 진로에 따라 선택한 전형을 통해 입학할 수 있다.

독일에서는 모든 학생을 대상으로 수월성 교육이 이루어지고 있다. 독일에서 강조하고 있는 수월성 교육은 영재 학생을 포함한 모든 학생이 자신의 잠재력, 소질과 적성을 최대한 계발할 수 있도록 가르치는 것이다. 그리고 어떤 수준에 도달한 학생이 그 단계에 머무르지 않고 자신의 능력에 따라 더 진전된 고급 수준으로 계속해서 학습해 나가는 것을 말한다.[275] 이처럼 모든 학생의 적성과 잠재력을 중시하는 학생 맞춤형 수월성 교육은 초등교육부터 직업교육까지 교육의 전 부문에 걸쳐 이루어져야만 한다.

독일에서는 대학의 학사학위가 없는 숙련근로자들도 영국의 근로자들보다 자격시험 과목 중 수학시험에서 요구하는 일정한 수준에 도달한 자들이 더 많았다고 한다. 이는 회사 내에서의 초기 및 지속 훈련을 통해 중요한 수리적 자질이 형성되었다는 것이다. 벽돌공을 양성하는 도제훈련에서도 포괄적이고 폭넓은 직업적 능력을 함양하고 있다. 그래서 이 도제훈련소는 폭넓은 지식이나 수학과 물리학 등 숙련기반 과목으로 교과과정이 구성되고 있다. 이처럼 근로자들은 폭넓

---

[275] 주독일한국교육원.『독일의 수월성 교육』. 독일 교육정보. 2021. 6. 23.

은 교육과정에서 더 분화된 전문영역으로 좁혀진 숙련공 양성과정을 이수하게 된다. 따라서 독일의 벽돌공은 벽돌쌓기 영역이 축소되는 영국에 비해 폭넓게 숙련된 자율적이며, 협력적인 업무를 수행하는 숙련공이 된다고 한다.276)

이미 살펴본 대로 프랑스는 바칼로레아와 같은 고등사고력을 평가하는 훌륭한 평가도구를 가지고 있었다. 그런데도 그동안 학생의 진로와 적성 등을 세심하게 고려하지 않은 입학제도로 인해 대학 신입생의 높은 유급률(60%) 등을 초래하였다. 이에 바칼로레아를 개혁하여 진로와 적성을 중요시하는 고등학교 교육과정과 대입제도를 도입하게 되었다.

우리나라 국민은 초·중·고교에서 가장 역점을 두어 함양해 주기를 원하는 사항으로 사회성·인간관계가 27.3%로 가장 큰 비중을 차지하고 있다. 특히 고교의 경우에는 사회성·인간관계가 21.6%로, 15.3%인 지식보다 더 중요시되고 있다.277) 한편 교육부에서도 2022 개정 교육과정의 마련을 위해 국민 의견을 조사하였다. 여기서도 응답자의 46.9%는 미래사회에 대비하기 위해 가장 시급히 추진해야 할 교육으로 '시민/인성교육'을 꼽고 있다. 미래의 학교 교육 방향 설정에 대해서는 55.0%가 '삶과 교과를 통합하는 교육'이라고 응답하고 있다. 학생들이 수업에 잘 참여하도록 유도하는 방법으로는 41.0%가 삶과 연관성을 높여야 한다고 응답하고 있다. 미래사회에 대비한 학교의 시험에서 평가해야 할 분야로는 56.4%의 응답자가 다양한 창의성을 꼽고 있다. 그리고 문제의 해결 능력은 32.4%, 교과서에 나오는 지식은

---

276) 정주연·최희선. 『도제훈련제도의 국가별 특성 및 한국직업훈련제도 개편에 대한 시사점』. 2013. 12.
277) 한국교육개발원 『교육여론조사 2021』.

7.0%에 그치고 있다.

우리나라 학생들은 PISA 학업성취도 평가에서 계속 상위권을 유지하고 있다. 그러나 학업에 대한 흥미도는 그와 반대로 OECD 국가 중 최하위권에 머물고 있다. 국내 대학에 재직하고 있는 미국인 교수는 한국의 교육열을 높이 평가하고 있다. 그러면서 그는 한국의 경쟁력은 공장 노동자라도 기본지식을 갖추고 수학 문제를 풀 줄 아는 데 있다고 한다. 그러나 그는 한국 학생들은 시험 보는 데만 열중하고 있으며, 책에서 배운 것과 실생활과 연계된 공부가 부족하다고 지적하고 있다.[278] 이 교수의 지적은 왜 우리 학생들이 학업 성취도는 높으나, 흥미도는 낮은지에 대한 답이 될 수 있다.

우리나라는 고교 내신성적의 상대평가로 인해 학생들이 동료들과 3년 내내 벌이는 내신 경쟁은 매우 치열하고 힘들어 고교는 사활을 건 전장'[279]으로 각인되고 있다. 더구나 고교 1학년 1학기 성적이 3학년까지 그대로 가는 경향이어서 패자부활이 어렵다는 지적도 많다. 매우 우수한 학생들도 1등급인 상위 4% 내에 들기 위해 과잉경쟁이 불가피하게 된다. 나아가 3년 내내 학생부를 관리하는 것은 '감옥살이'에 비유되기도 한다.

4차 산업혁명 시대로의 진입은 인성 함양을 통한 협업과 의사소통 능력 등을 키워 줄 것이 교육기관에 요구되고 있다. 그런데도 상위권 학생들은 동료들 간의 협동 학습에 대해 경쟁이 치열한 대학입시에서 다른 동료들의 '무임승차' 한다고 인식하여 부정적인 태도를 보여주고 있다. 이에 우리나라는 다른 나라와는 달리 오히려 협동 학습으로

---

[278] 중앙일보.『국민 거의가 수학문제 풀 줄 아는 나라, 한국은 대단하다』2011. 9. 10.
[279] 국민일보, 2019. 3. 12.

학업의 성취도가 낮아진다는 연구 결과가 나왔다.280) 명문대학 입학의 좁은 관문을 통과하기 위한 '실적'을 쌓아야 하기에 학업 수준이 다양한 동료 학생과의 협력을 통한 학업 활동은 반갑지 않은 일이 되고 있다. 학생들을 치열하게 경쟁시키고 있으며, 반복적인 문제 풀이로 정답을 외우게 하고 있다. 게다가 대학이 서열화되어 있다 보니 대학과 전공을 선택할 때 성적에 맞추어 진학하는 경향이 있어 자신의 적성과 진로는 부차적인 문제로 간주하고 있다.

그런데 한국교육개발원 교육여론조사 2021에서 우리 국민은 "대입 전형에서 가장 많이 반영되어야 할 항목"에 대해서는 '대학수학능력시험'이 30.9%였고, '인성 및 봉사활동'이 26.6%, '특기·적성'이 20.1%, '고교 내신'이 13.9% 순이었다. 고교 내신이 가장 적은 비율을 차지하고 있다. 2011년의 같은 조사에서는 고교 내신이 35.0%로 두 배나 높았다. 이런 사실에 비추어 볼 때 우리나라도 고교 교육과 대학입시 및 학업과의 연계를 긴밀히 하기 위한 대책 마련이 필요하다고 본다. 반면에 인성 및 봉사활동, 특기·적성을 합하면 46.7%에 이르고 있다. 이는 우리 국민도 독일과 같이 대학입시에서 성적만을 전형기준으로 삼는 사실을 원치 않고 있음을 보여주고 있다. 오히려 학생들 개인의 특징과 장점을 잘 살릴 수 있는 인성과 봉사활동 및 특기·적성의 반영도 중요시하고 있는 것으로 볼 수 있다.

고교 교육과 대학입시·학업과의 연계 미약

독일, 프랑스, 영국 등에서는 고교에서 각각 아비투어, 바칼로레아,

---

280) 중앙일보. 『협동학습 시켰더니 학업성취도 낮아져』. 2022. 1. 3

A-level 등의 대학입학자격시험을 준비시켜 주고 있다. 고교 교육과정 자체가 대학입시 준비에 초점이 맞춰져 있어 학교에서 공부만 충실히 따라 하면 대학에 입학할 수 있다. 독일과 프랑스는 대학입시에서 학생들의 고교 내신성적을 상당한 비율로 반영하고 있다.

앞서 살펴본 대로 독일은 김나지움 최종 2년간 내신성적 2/3와 아비투어 시험성적 1/3을 합산한 성적을 평점으로 환산하여 대입 전형 기준으로 활용하고 있다. 내신에 반영되는 능력과목은 통상 두 과목으로 주당 수업시수가 5시간으로 기본과정의 3시간에 비해 많다. 이런 능력과목은 고교 마지막 2년 동안 매 학기 계속하여 수강토록 하며, 아비투어 시험과목이 된다. 그리고 능력과목의 성적은 필기시험에 의해 매겨지며, 내신을 산정할 때는 기본과정의 2배로 점수를 계산하고 있다. 이처럼 독일은 고교 교육의 대학 전공과의 연계를 염두에 두고 김나지움 상급과정에 능력과목을 운영하여 학생들의 적성과 강점을 발휘할 기회를 제공하면서 대학에서의 학업을 준비시켜 주고 있다.

한편 프랑스에서는 최근에 고교의 교육과정과 바칼로레아의 개혁을 단행하였다. 이는 고교와 대학교육의 상호 연계로 신입생들의 학업 준비도와 동기를 높이고자 한 것이다. 아울러 대학 교육의 질을 향상하고, 전공 학업의 취업과의 연계 등 실용적인 효과를 꾀하려는 취지를 포함하고 있다. 이에, 2019년 9월부터 고교의 교육과정을 학생 맞춤형 과정으로 전면 개편하여 학생들의 적성과 진로를 살릴 수 있도록 하였다. 이 개편에서 기존의 세 개의 학문계열을 폐지하고, 계열별로 10~15과목으로 치르던 시험을 6과목으로 대폭 줄여 학생들의 학업 부담을 줄였다. 그리고 고교 3년간의 공통 핵심과정을 도입하였다. 아울러 고교 2학년 학생들은 대학의 전공 관련 과목을 미리

학습할 수 있는 전공 심화 과정의 세 과목을 선택하여 의무적으로 3학년 수강토록 하고 있다. 또 3학년에는 이들 중 두 과목을 선택하여 의무적으로 수강토록 하고 있다. 바칼로레아 시험은 3학년에 선택한 전공 심화 과정의 두 과목에서 출제된다. 이는 고교의 교육과 대학 전공과의 연계를 강화하여 학생들이 자신에게 가장 적합한 진로를 찾아갈 수 있도록 지원하는 데 있다고 한다.[281] 아울러, 학생들의 중도 탈락률을 낮추려는 취지도 내포하고 있다.

프랑스에서는 종래에는 바칼로레아 성적만으로 대학의 입학 여부를 결정하였다. 그러나 새로운 대입제도에서는 고교의 내신성적을 반영하고 있다. 즉 대학의 신입생 선발에서 바칼로레아 시험성적의 반영비율을 60%로 줄였다. 나머지 40%는 연속 평가 취지에서 고교 2학년 과정에서 1월과 4월, 3학년 12월의 시험성적을 합산한 점수를 30%로, 학생부 평가 10%로 배정하고 있다.[282] 고교 2, 3학년 내신을 새로 반영한 것은 고교와 대학교육의 상호 연계로 신입생들의 학업 준비도와 동기를 높이고자 한 것이다. 현재 프랑스 국립대학에서는 지원자가 정원을 초과하는 경우 위와 같은 비율로 산정된 시험성적으로 신입생을 선발하고 있다. 아울러 고교에서의 학업성과와 지망 전공 간 최상의 매치가 되는 지원자들을 우선하여 선발하고 있다.

영국은 중등교육의 마지막 단계인 12, 13학년에 다니는 Sixth Form College에서 대학입학 자격시험인 A-level을 준비해 주고 있다. A-level은 모든 과목이 선택과목으로 정해져 있어서 학생들은 원하는 과목만 선택하여 시험을 볼 수 있다. 따라서 학생들은 지망대학의 전

---

281) 이민경.『평등에서 경쟁으로?: 프랑스 대학입시제도 혁신의 특성과 쟁점』. 교육학연구 제60권 제2호. 2022. 4.
282) 상동

공별 요구과목 위주로 선택할 수 있다. 예를 들어 옥스퍼드대학에서는 전공별 입학 자격의 충족에 필요한 A-level 과목 및 등급을 명시하고 있다. 그 밖에도 학생들이 입학 후 학업을 성취할 수 있도록 하는 전공별 권고 과목이나 보조 과목 등을 명시하고 있다. 그래서 입학생들의 전공에 대한 학업의 준비도를 높이고 있다. 캠브리지대학도 Sixth Form College 대학입시 준비과정에서 학생들이 지망 전공의 학업에 충분히 대비할 수 있는 과목의 조합을 권고하고 있다. 이 대학의 합격생들은 통상적으로 13학년에 3개의 A-level 과목을 선택한 학생들이라고 밝히고 있다. 그 정도의 수준이면 전공의 학업에 필요한 학문적인 능력과 관심사의 폭을 충족하는 것으로 보고 있다. 대학이 선호하는 지원자는 지망 전공과의 연관성이 가장 밀접하거나, 근접한 과목의 지식을 광범위하고 심도 있게 개발하는 학생이라고 한다. 그래서 A-level 과목을 더 추가한 4개 과목의 등급을 제출하더라도 일반적으로 유리하지 않음을 강조하고 있다. 즉, A-level 한 과목을 추가로 공부하는 데 시간과 노력을 더 많이 투자한 사실은 인정할 수 있다. 그러나 그보다 더 중시하는 것은 전공의 학업을 광범위하고 심도 있게 해낼 준비가 되어있음을 입증하는 것이라고 밝히고 있다.

한편 캐나다는 고교 교과과정의 과목과 대학의 전공이 긴밀하게 연계되면서 대학입학 절차에 대한 부담이 적은 대표적인 나라에 속하고 있다. 미국의 주요 방송인 CBS 뉴스[283]에서 2010년 미국 고등학교 졸업생이 캐나다 대학으로 유학 가야 할 10가지 이유를 제시한 적이 있다. 그 이유 중의 하나로 캐나다에서는 미국보다 대학 간의 격차가 매우 근소하면서 모두 높은 수준을 유지하고 있다는 사실을 들고 있다. 그리고 거의 모든 대학이 SAT와 같은 표준화 시험의 성적을 요구

---

283) CBS NEWS, October 20, 2010.

하지 않는다는 사실을 들고 있다. 게다가 고교 최종 학년의 내신성적만 심사할 뿐, 에세이나 추천서를 요구하지 않아 입학절차가 비교적 단순한 사실도 그 이유의 하나가 되고 있다.

그런데 캐나다에서도 고교졸업 요건을 강화하는 추세에 있다. 주에 따라 주 단위 시험을 치르고 주에서 요구하는 과목 또는 과목 수준에서 일정 학점을 취득하여야 한다. 아래 소개할 브리티시 컬럼비아주는 주는 우선 주에서 요구하는 과목에서 최소 80학점[284]을 취득해야 한다. 그리고 2018학년도에 도입된 산술능력(numeracy)10, 2019/20학년도에 시작된 읽기·쓰기능력(literacy)10과 2021/22학년도에 도입된 읽기·쓰기능력(literacy)12 평가를 통과해야만 한다.

캐나다는 연방 국가로 주별로 교육제도나 대입제도의 차이가 있기는 하나 전국적으로 표준화된 시험을 치르지 않는다. 대학별로 공통 또는 전공별 지원요건 및 기준을 가지고 있다. 예를 들어 브리티시 컬럼비아 대학의 경우에는 공통·전공별 입학요건을 모두 갖추어야 한다. 그 공통 지원요건으로 지원자들은 고교졸업, 영어 11 또는 12 성적을 성취수준의 70% 이상 달성해야 한다. 그리고 권고사항으로 12학년 과목 중 최소한 6개의 비인지적 과목을 수강할 것을 제시하고 있다. 그 전공별 입학요건으로 예를 들어 공대의 경우는 12학년에서 영문학 12·기초미적분학 12·화학 12·물리 12를 수강해야 한다. 다만 수강실적이 없어도 실력이 있으면 개별심사를 받을 수 있다. 그리고 11학년에서는 영어 11 또는 영문학 11·제2외국어 11·기초미적분학

---

[284] 총 80학점은 12학년에 최소 16학점을 취득해야 하고 최소 28학점은 선택과목에서 취득해야 한다. 52학점은 직업 교육과정 두 개(8학점), 체육 보건 교육 10(4학점), 과학 10과 과학 11 또는 12(8학점), 사회 10과 11 또는 12(8학점), 수학 10과 11 또는 12(8학점), 국어10, 11, 12(12학점), 예술 10, 11, 또는 12 그리고/또는 응용 디자인, 기술과 테크놀러지 10, 11, 또는 12(4학점) 이다.

11, 또는 수학기초론 12·화학 11·물리 11과목의 성적이 요구되고 있다. 이러한 필수과목 이외에 추후 학위를 쉽게 취득할 수 있도록 11학년과 12학년에 국어(Language Atrs), 수학과 계산(Math and Computation) 및 일반과학(Sciences)을 수강할 것을 권장하고 있다.

이처럼 캐나다는 고교의 교육이 곧 대학입학 준비과정이며, 대학 전공 분야의 학업성취를 위한 기초지식과 기술 등을 제공한다는 사실을 토대로 하고 있다. 즉, 고교의 교육과 대학교육을 각기 분리하지 않고 서로 긴밀히 연계시키고 있다. 따라서 캐나다의 대입제도는 이 두 기관의 교육이 자연스럽게 연계되도록 도와주는 매개체 역할을 하고 있다. 캐나다의 대학들은 2022 THE 세계대학평가에서 세 개의 대학이 50위 권 내에, 두 개의 대학이 50~100위권 내에 들어 있다.

최근에 미국은 앞서 살펴본 대로 명문대학을 포함해 76%에 이르는 대학이 SAT와 같은 표준화 시험성적은 선택사항으로 바꾸거나 요구하지 않는다. 코로나 사태가 이와 같은 경향을 심화시킨 부분도 있다. 명문대학들은 학업적인 요소는 고교학점과 AP 등 선택과목의 난이도 등에 비중을 더 두고 고교 교육과 대학입시와 학업을 연계시키고 있다.

반면에 우리나라에서는 고교 교육과 대학의 입시 및 전공 학업과의 연계가 현재는 미약한 편이다. 고교의 수강과목과 수능의 시험과목 선택은 대학입시 합격을 위한 전략 차원에서 이루어진다. 예를 들어 공대 등 이과 계열에 관심이 있는 학생 중 상당수가 수능의 선택과목에서 물리와 화학을 회피하는 경향이 있었다. 그 결과 대학에 입학 후 정규수업을 못 따라가 학교에서 별도의 수업을 진행하거나 학생이 과외수업을 받기도 한다.285) 수능에서 화학을 선택하지 않았던 학생이 화학공학과가 취업이 잘되는 학과라서 입학하였다. 그러나 그 학생은 기초화학에서 낙제점수를 받고 시험 기간에 친구에게 문제 풀이 과외수업을 받았다는 고백도 있다. 수능에서의 이와 같은 경향은 고교 내신에서도 마찬가지이다. 학생들이 전공에 필요한 과목이나 우수한 학생들의 수강으로 자신의 성적이 떨어질 수 있는 과목을 수강하지 않아 대학에 입학한 후 어려움을 겪는 사례가 적지 않다는 것이다.

2025년 완성을 목표로 준비 중인 고교학점제가 계획대로 시행된다면 고교 수강과목과 대학입시 및 전공과의 연계가 지금보다 높아질 가능성이 있다. 고교학점제는 학생들이 자신의 진로와 적성에 따라 자유롭게 과목을 선택할 수 있다. 교사들도 학생의 진로와 그에 따른 학업 설계를 지도한다. 그런데 내신의 평가방식에 따라 자신의 흥미와 적성보다는 입시에 더 유리한 과목을 선택할 우려도 있다. 이에 대해 교육부에서 절대평가 방식 적용 방침을 밝혔으므로 이 제도의 취지를 살릴 수 있는 여건이 조성되어 있다.

수능의 경우 평가 영역이 상대 또는 절대평가이냐에 따라 시험준비에 임하는 전략이 달라져서 대학에 입학한 후 전공 학업에 어려움을 겪기도 한다. 구체적인 사례를 보자. 서울 모 대학 이공계열에 입학한 학생들은 '영어 울렁증'이 있다고 한다. 그 이유는 교과서와 수업 교재가 원서인 경우가 많고, 대학원 진학 후에도 해외 학회 등에 참석하려면 영어 발표 능력이 있어야 하는데, 그 실력이 부족하다는 것이다. 이런 현상은 대학입시에 지장이 없어 중학교 이후로 아예 영어 공부에서 손을 뗀 학생들이 많아서 나타난 것이라고 한다.286) 2018

---

285) 동아일보.『수업 못따라가 과외받은 이공대생들』 2019. 7. 16
286) 중앙일보. 2016. 3. 22.

년도 수능 영어영역의 평가방식이 절대평가로 바뀐 이후 대학들이 영어 반영비율을 크게 낮추면서 '영어 공부 무용론'이 불거지고 있다. 국어와 수학 등 다른 과목에 집중하며 방과 후 영어 수업시간을 줄여달라고 하는 학부모도 있다고 한다. 그러나 의대 등 영어 원서를 교제로 하는 대학들은 입학 후 학생들이 학업을 제대로 성취할 수 있을지 의문시하고 있다. 이와 같은 맥락에서 영어 절대평가는 '로또 합격'을 노리는 영어 포기자들의 상위권 대학 합격의 통로가 되었다는 지적도 있다.[287]

상대평가는 자신의 적성과 대학 지망 전공에 따른 수능 과목의 선택보다는 같은 과목을 응시하게 될 다른 학생들의 성적 수준을 예상해 전략을 세우게 된다. 특히, 2022학년도 수능부터 문·이과 통합형 시험이 시행되면서 공통과목인 수학에서 확률·통계와 기하 등의 선택과목에 따라 유불리가 달라지고 있다. 따라서 수학에 능한 이과생들이 상위권 대학 인문계열에 합격하는 경향이 늘어나고 있다고 한다. 이에 인문계열을 지망하려는 학생들이 원하는 대학 전공의 학업과 연관성이 높지 않은 수학 선택과목의 선택을 두고 고심하고 있다고 한다.

변별력 확보와 고난도 문항 출제

세계 어느 국가이든 명문대학의 입시에서는 우수한 지원자들이 많이 몰려 선발을 위한 변별력 확보가 중요시된다. 이에, 자신이 더 나은 후보임을 나타내기 위한 스펙 쌓기 등으로 지원자가 겪는 어려움과 부작용 등이 심해지고 있다. 최근에는 미국 명문대학 교수들을 중

---

[287] 매일경제. 2018. 8. 10.

심으로 이 문제 대한 해결책의 하나로 대학입시에서 일정 수준의 학업능력을 갖춘 지원자 풀을 대상으로 추첨제를 시행하자는 제안이 속출하고 있다.

미국 명문대학 입시는 경쟁이 극도로 치열하다. 하버드대학은 4만여 명의 지원자 중 1,600명만 선발하여 지원자 중 4% 정도만 입학하고 있다.288) 스탠퍼드대학은 4.29%, 프린스턴대학은 5.5%만 합격하고 있다. 컬럼비아 대학도 20,000명의 지원자 중 1,200명만 선발하고 있다. 그래서 탈락자 중에는 아주 우수한 자들도 많이 포함되어 있다.289)

2014년에 하버드대학의 적극적 우대조치가 상대적으로 학업성적이 우수한 아시아계 학생에게 불리하게 작용한다는 것을 이유로 소송이 제기되었다. 이 분쟁의 핵심 원인은 명문대학의 입학을 원하는 우수한 학생들의 수가 대학의 수용 능력을 훨씬 초과한다는 데 있다.290) 이 소송의 변론에서 하버드대학 측은 신입생 수의 두 배 이상을 SAT 수학시험에서 만점을 받은 학생들로 채울 수 있다고 하였다. 아울러 SAT 성적은 다른 전형기준과 함께 고려되는 하나의 요인이라고 밝혔다. 즉, 대학입시에서 SAT 성적의 객관적인 변별력 제공의 역할은 매우 제한적이라는 것이다. 그래서 입학사정관제의 취지에 맞게 각 지원자를 전인적인 인간으로서 신중하고 세심하게 사정할 수 있는

---

288) ALIA WONG. 『Lotteries May Be the Fairest Way to Fix Elite-College Admissioins』. AUG 1, 2018. https://www.theatlantic.com/education/archive/2018/08/lottery-college-admissions/566492

289) John Mitchell Mason. Professor, Columbia University, 『A Question of Fairness: college and University Admissions』. Part II. May 25, 2011. https://www.huffpost.com/entry/a-question-of-fairness.

290) Natasha Warikoo. 『A lottery will save a university time and money when faced with too many qualified applicants』. Mar. 13, 2019

전형 절차를 마련하고 있다고 설명하고 있다.

영국의 명문대학들은 입학자격시험인 A-level의 등급 인플레이션으로 최상위권 학생들 간 변별력의 확보에 어려움을 겪고 있다고 한다. 그런데 이런 사실은 2000년대 초까지 거슬러 올라가고 있다. 2003년 The Times는 A level 5과목에서 최상위 등급을 가장 많이 받은 각 고교 학생들의 수를 보도하였다. 아울러 전국적인 A-level 등급 인플레이션으로 명문대학들이 신입생 선발에 어려움을 겪을 것이란 우려를 표명하였다.291) 1997년에는 고교 학생 전체의 15.7%만이 A 등급을 취득했었다. 그러나 2000년대로 들어서면서 그 비율이 점증하여 2007년에는 25.3%까지 상승하였다. 이런 A 등급의 상승으로 변별력의 저하가 우려되어 2010년부터는 A* 등급이 부여되었다. 나아가 실현은 되지 않았으나 A** 등급의 필요성까지 제기되었다.292)

옥스퍼드대학은 매년 3,300명 정원에 22,000명 이상의 지원자들이 원서를 제출하고 있다. 그런데 이 지원자들 모두를 대상으로 한 인터뷰는 불가능하기에 그 중 약 10,000명을 추려낸다고 한다. 이 과정에서 전공별로 약간의 차이는 있으나 다수의 전공에서 A-level 세 과목의 등급을 최소한 모두 A이거나, 그중 필수과목의 1~2과목에서 A*를 요구하고 있다. 아울러 인터뷰 대상자의 선발을 위한 고난도의 전공별 테스트 및 1~3개의 에세이를 요구하고 있다. 이처럼 이 대학에서 인터뷰 대상자의 선발을 위해 별도의 테스트를 거치는 이유는 지원자들에 대한 변별력의 확보 때문이라고 해명하고 있다. 즉 거의

---

291) The Times. 『Top grade record puts pressure on universities』. August 15 2003. https://www.thetiems.co.uk/article/top-grade-record-puts-pressure-on-universities.
292) 주영한국교육원. 『A-Level』. 10 Mar 2016

모든 지원자가 훌륭한 자기소개서, 탁월한 추천서 및 최상급 A-level 성적을 보유하고 있다는 것이다. 따라서 그런 테스트를 통해 얻은 추가 정보는 다른 자료들과 함께 최상의 인터뷰 대상자를 파악하는 데 도움이 된다고 한다. 아울러 그런 테스트는 학생들이 지금까지보다 한층 더 노력을 기울이도록 설계되어 있다고 한다. 그래서 거의 모든 지원자가 매우 어려운 것으로 여길 수 있다는 점을 피력하고 있다. 게다가 인터뷰의 난이도뿐만 아니라 질문들의 수준이 매우 높아 A-level을 훨씬 능가하고 있다고 한다.

독일에서도 영국과 같이 아비투어 평점의 인플레이션 현상이 거론되고 있다. 아비투어 평점의 가장 높은 등급인 1점대를 취득한 학생의 비율이 2008년 전체 응시자 중 1/5에서 2019년에는 1/4로 증가하였다.[293] 그 비율은 주별로 차이가 있으며, 튀링엔주는 2018년에 38%의 학생들이 1점대를 취득하여 그 비율이 가장 높았다.[294] 만점인 1,0을 취득한 학생들의 비율도 늘어나고 있다. 노르트라인베스트팔렌주는 그 비율이 2020년의 2,27%에서 2021년에는 3,15%로 증가하였다. 이런 추세에 따라 모든 주에서 지원자 전체의 평균 평점도 점차 상승하고 있다. 가장 높은 점수를 기록한 튀링엔주는 2008년에는 그 평점이 2,32에 머물렀으나 2018년에는 2,18로 상승하였다.[295]

이런 독일의 아비투어 평점의 인플레이션 현상에 대해 시험 수준의 점진적인 하락으로 보는 견해가 있다. 반면에 시험문제들에 대한 가

---

293) Spiegel, 『Warum immer mehr Abiturienten so gute Noten haben』. 17. 09. 2019.
294) ZEIT ONLINE. 『Spekulieren ueber die vielen Einsen』. 17. September 2019.
295) Sueddeutsche Zeitung. 『Die Abiturnoten werden immer besser』. 27. Juli 2018.

이드가 단계별로 잘 만들어진 결과가 평점의 상승을 초래했다는 견해도 있다. 아울러 교사들의 관대한 채점 또는 더 충실한 시험준비의 지도 등 여러 가지 원인으로 해석되고 있다. 독일의 대학입시에서는 아비투어 평점이 경쟁이 치열한 인기전공의 전형기준으로서 그 비중이 크다. 그런데도 독일의 대학입시에서는 아비투어 평점의 1점대를 취득한 매우 우수한 지원자들 간 변별력의 확보를 우려한 사실을 발견할 수 없었다. 특히, 아비투어 평점만으로 선발하는 아비투어 평점 우수자 전형에서도 변별력은 문제시되지 않고 있다. 이 전형에서는 아비투어 평점이 만점인 1,0부터 점차 소수점 이하 숫자가 올라가면서 순위를 매겨 평점 우수자를 선발하고 있다. 그런데 커트라인에 걸려있는 동점자들을 모두 합격시키면 정원을 초과하는 경우가 생길 수 있다. 이 경우에는 법령에 따른 기준에 따라 단계적으로 우선순위를 정하고, 그래도 그 순위를 정할 수 없으면 마지막에는 무작위 추첨으로 선발하고 있다.

독일은 의대의 경우 아비투어 평점이 만점에 가까운 지원자가 몰리더라도 아비투어 평점 우수자 전형으로만 지원자를 모두 선발하지 않는다. 이미 살펴본 대로 이 전형으로 정원의 30%까지만 채울 수 있다. 나머지 10%는 아비투어 평점이 전혀 영향을 미치지 않는 적성전형으로 선발하고 있다. 그리고 정원의 60%를 차지하는 대학 자율전형은 아비투어 평점과 적성을 나타내는 다양한 기준들을 조합하여 선발하고 있다. 그러므로 동료 학생들과의 성적 경쟁을 벌일 필요가 없으며, 본인이 강점을 보이는 기준을 포함한 전형을 개별적으로 준비할 수 있다.

한편 독일에서는 경쟁이 치열한 전공에서도 성적이 최상위권에 드는 지원자 중 한층 더 우수한 자를 선발하기 위한 변별력 확보가 별로 문제시되지 않고 있다. 그들에 대해서는 일정 비율에 한정하여 아비투어 평점 우수자 전형으로 선발하면 그만이다. 오히려 독일의 대학입시에서 변별력 확보가 문제시되는 부분은 아비투어 평점 커트라인에 근접한 평점을 가진 지원자 간의 평점만을 기초로 한 순위의 타당성이다. 즉, 격차가 아주 적은 지원자 간 합격 여부가 갈리는 상황에서의 변별력 확보에 많은 관심을 기울이고 있다. 독일 학술협의회는 2004년 이 문제를 거론하며 아비투어 평점 외에 학업성적을 보완하는 전형기준을 추가로 활용할 것을 권고한 적이 있다. 이 권고는 독일 연방헌법재판소에서 아비투어 평점과 더불어 그 한계를 보완하는 지원자의 적성을 나타내는 다양한 전형기준을 추가로 활용할 것을 요구한 것과 같은 취지로 볼 수 있다.

앞서 살펴본 대로 뮌헨공과대학과 뮌헨대학은 일부 전공의 특성에 따라 적성평가절차를 시행하면서 아비투어 평점 등 1단계 심사 결과 점수가 커트라인에 근접한 지원자들만을 대상으로 2단계 심사를 통해 변별력을 확보하고 있다. 아비투어 평점 등 1단계 점수가 우수하거나 매우 부족한 지원자는 이미 1단계에서 합격 여부가 결정된다. 2차 단계인 면접 또는 필기 테스트는 1단계 점수가 그 중간에 있는 나머지 지원자들에 대한 정밀 심사를 목적으로 시행되고 있다. 따라서 그들에 대해서만 2단계에서 합격 여부가 결정된다. 이런 전형방식은 앞서 미국 스탠퍼드 로스쿨 교수인 행크 그릴리(Hank Greely)가 들고 있는 예일대 로스쿨 입학 사정 사례에서 지적한 점과 일맥상통하고 있다. 즉, 이 사례에서는 지원자 중에 상위권 자와 하위권 자를 변별하는 일은 쉬운 문제라고 한다. 그러나 어려운 문제는 지원자 중 커트라인 주변에 있으면서 격차가 크지 않은 지원자들을 변별하는 일이라는 것이다.

우리나라에서는 내신과 수능 평가에서 변별력 확보가 최우선 과제로 되고 있다. 교육부는 고교 내신 절대평가를 2014년에 도입하는 방향으로 추진해 왔다. 그러나 '대입에서 내신 변별력이 떨어질 수 있다'는 반대 여론이 나오자 결정 시점을 미루게 되어 결국은 시행하지 못했다.[296] 2021년 발표된 '고교학점제 추진 종합계획'에서 1학년 공통과목에서는 상대평가를 유지하고, 2~3학년 선택과목에서는 절대평가를 도입하기로 했다. 이에 대한 설문 조사에서 고교교사의 60.3%가 절대평가 도입에 찬성했지만, 그 단점으론 가장 높은 비율인 61.7%가 '변별력 확보의 어려움'을 꼽았다.[297] 고교 1학년 공통과목인 국어, 수학, 영어, 통합사회, 통합과학, 한국사와 같은 과목에서의 상대평가 유지도 대입 내신 변별력을 고려한 것으로 보고 있다.

수능에서도 2017년에 수능 전 과목의 절대평가 전환을 계획했다가 거센 반대에 부딪히자 전면 백지화하였다. 다만, 한국사와 영어영역은 각각 2017학년도와 2018학년도에 절대평가를 도입하여 시행하고 있다. 이에 최근 소수의 상위권 학생들 간의 변별을 목적으로 초고난도의 문제가 국어영역에서 출제되는 경향이 있다. 영어 절대평가 도입 첫해인 2018학년도 수능에서는 국어시험의 변별력이 매우 높아 최상위권 학생들의 정시 합격 여부에 절대적인 영향을 미쳤다고 한다. 2019학년도 수능 국어는 그 전해보다 쉬웠다는 평가를 받았으나 읽기와 쓰기가 생업인 기자가 국어시험 문제를 직접 풀어보고 쓴 기사에는 지문이 굉장히 길면서 고난도였다는 것이다. 그래서 시간 내 문제 읽기도 벅차고 정답에 맞는 지문만 선별하느라 속도전을 벌인 결과 상대평가 4등급으로 추정되는 점수를 받았다고 한다.[298]

---

296) 중앙일보. 『수능·내신 동시 절대평가? 깜깜이 개편에 중3교실 혼란』. 2017. 3. 29.
297) 뉴스1. 『고교학점제 '내신 부풀리기' 우려… "고1 내신경쟁 치열" 지적도』. 2021. 2. 17.

2021년에 한국 국공립고등학교교장회가 학교장을 대상으로 한 설문 조사에서 심각해진 학력 저하 문제에 대처하기 위해서는 수능의 수학 과목을 상대평가에서 절대평가로 전환해야 한다는 주장이 나왔다. 2020년 학업성취도 평가에서 고 2 기초학력 미달 학생의 비율은 수학이 13.5%로 국어 6.8%, 영어 8.6%보다 현저히 높은 것으로 나타났다. 그 이유는 변별력 확보를 위한 수능 수학 영역의 고난도 문항 출제와 상대적 등급 배분에 있다고 하였다. 고난도 킬러 문항을 몇 개 맞추느냐에 따라 등급이 결정되어 상위권 학생을 제외하고는 아예 수학에 대한 흥미를 잃고, 손을 놓아버리는 경향이 있다는 것이다. 이에 자기가 노력하면 등급을 잘 받을 수 있는 절대평가로 바꿔야 수학 공부에 대한 의욕이 꺾이지 않을 것이라고 하였다.[299]

---

298) 뉴시스. 『작년보다 쉬웠다는 올해 수능 국어, 기자가 직접 풀어보니 '70점'』. 2019. 12. 5.
299) 매일경제. 『얼마나 답답했으면... 전국 학교장 "수능 수학 절대평가하자"』. 2021. 8. 11.

Chapter
12

우리 대입제도의 패러다임 대전환

공교육에 기반한 대학입시
적성을 중시하는 대학입시
입학 경로를 다양화한 대학입시
공정하고 투명한 대학입시
변별력이 문제시되지 않는 대학입시

Chapter 12 우리 대입제도의 패러다임 대전환

공교육에 기반한 대학입시

　독일에서는 대학진학을 원하는 학생들에 대하여 어릴 때부터 각 교육 단계의 수준에 맞는 방식으로 학문적인 예비교육을 하고 있다. 즉, 대학에서 학업을 스스로 성취할 수 있도록 접근 방법과 기초 실력을 함양하고 있다. 그러나, 김나지움 상급과정에서도 대학입시에서의 성적을 높이기 위한 별도의 노력이나 시간은 투입하지 않는다. 대학에서 요구하는 전형 자료들은 본인의 지망 전공에 대한 적성을 입증하는 자료들이다. 아비투어 평점이 아주 우수한 학생들은 평점만으로, 그렇지 못한 학생들은 다른 보완적인 전형기준으로 입학할 수 있다. 어느 경우이든 상당한 기간에 걸쳐 시간과 노력 등을 투입해서 나온 자연스러운 결과물들이다. 만약 그렇지 못한 경우에는 설사 대학에 입학한다고 해도 졸업하기가 매우 어렵게 된다.

　이미 살펴본 대로 독일의 대학입시 전형에서 영향력이 큰 아비투어 평점에는 김나지움 상급과정 자격취득단계인 11~12학년 내신과 아비투어 성적이 각각 2/3와 1/3씩 반영된다. 그런데 내신과 아비투어 성적은 모두 그 성적을 높이기 위한 특별한 준비의 결과물이 아니다. 내신성적은 필기시험과 구두시험이 병행된다. 필기시험 성적만이 아니라 학생의 발표나 수업 태도나 동료와의 협력 등을 평가하기에 진지하고 배려하는 자세로 수업에 참여해야 좋은 평가를 받을 수 있다. 즉, 아비투어 평점에 그 학생의 인성에 대한 평가가 어느 정도는 반영되어 있다. 독일 연방헌법재판소는 판결에서 아비투어 평점은 일반적인 인지능력과 인성적인 특징인 관심과 동기부여, 근면과 태도 등에 대한 정보를 제공하는데 적합한 것으로 추정되어 진다고 밝히고 있다. 아울러, 아비투어 평점의 장점으로 1회 평가가 아닌 광범위한 증거에 기반한다는 사실을 밝히고 있다. 즉, 오랜 기간 많은 교사가 다양한 과목에서 평가를 한 축적된 결과물이라는 것이다.

한편, 김나지움 교육과 대학 전공 학업이 자연스럽게 연계될 수 있도록 하고 있다. 김나지움 상급과정의 입문단계인 10학년 교과과정의 과목들은 그에 상응하는 학문 분야의 내용과 이론 등에 대한 광범위한 지식과 이해를 제공하는 오리엔테이션 성격이 짙다. 이에 능력과정도 10학년에서는 진로 탐색 과목으로서 역할을 하며, 11학년부터 2년간 심화 단계로 공부하게 된다. 능력과정의 두 과목은 수학, 독어 등 필수과목과 함께 아비투어 시험과목으로 되고 있다. 최근에는 대학 자율전형에서 아비투어 평점과 함께 능력 과정 과목, 전공 관련 과목 또는 김나지움 상급과정 수료 과목의 개별 평점을 반영하기도 한다.

아비투어 시험도 교사가 출제하고 채점하므로 학생들이 학교 수업을 통해 자연스럽게 입시 준비를 수 있다. 김나지움 졸업반 한국인 교포 학생은 아비투어는 평소 실력으로 보면 되고 벼락치기 할 필요가 없다고 한다. 벼락치기를 하더라도 성적이 안 좋아 평소 하던 대로 담임선생님 앞에서 시험을 치른다는 것이다.300) 대학들이 직접 시행하는 선발 면접의 경우에도 지원자들의 적성과 지망 전공 및 장래 직업과의 부합 여부만의 평가에 집중하고 있다. 이때 김나지움 수준에서만 평가하며, 대학에 들어와 배우게 될 내용은 전혀 묻지 않는다. 이처럼 독일 대학들의 입시 전형은 전적으로 공교육을 기반으로 하여 시행되고 있다. 즉 구조적으로 사교육이 끼어들 틈이 전혀 없도록 설계되어 있다.

우리나라 국민도 학교 교육이 지나친 지식 중심이 아니라 삶과 연계되기를 기대하고 있다. 이런 맥락에서는 학생부종합전형이 더 타당한 입시 전형이라 할 수도 있다. 그래서 이 전형은 공교육의 정상화에 이바지했다는 평가를 받고 있다. 그러나 다수의 우리 국민은 학생부종합전형의 불공정성을 이유로 수능을 통한 정시전형을 더 확대하기를 요구하고 있다. 따라서 학생들이 고교학점제 도입을 통해 자신의 적성과 진로에 따라 공부하고, 이를 대학입시와 대학 학업과 연계하려는 계획에 차질을 빚고 있다.

그리고 고교에서의 상대평가로 인한 지나친 경쟁의 유발로 대학생들은 고교를 전장 또는 감옥살이에 비유하고 있다. 고교학점제의 도입에 따라 새로이 발표된 평가제도는 고교 1학년 공통과목의 상대평가 유지를 밝히고 있다. 이에 고교 1학년에 자신의 적성과 진로를 탐색하고 방향을 설정하기 위해 다양한 활동과 노력을 하는 시간을 가질 수 없게 되었다. 오히려 학생들은 고교입학과 동시에 성적을 높이기 위한 치열한 경쟁에 내몰리게 되었다. 학업성적이 매우 우수한 학생들도 상위 4% 내에 들기 위한 과잉경쟁에서 벗어날 수 없다. 따라서 당연히 공교육 정상화의 길과 멀어질 수밖에 없다. 지금도 내신의 고교 1학년 1학기 성적이 3학년까지 그대로 가는 경향이어서 패자부

---

300) 김택환. 앞의 책.

활이 어렵다고들 말하고 있다.

우리나라도 독일과 같이 탄탄한 공교육에 기반한 대학입학이 이뤄져야만 한다. 아울러 고교 교육과 대학 학업이 서로 연계되도록 고교교육의 정상화를 우선순위로 정해야만 한다. 고교학점제를 바탕으로 학생들 개인의 적성과 소질을 살리는 교육으로 담대하게 전환해야 한다. 그리하여 학생들이 서로 비교하는 것이 아니라, 서로 구별될 수 있도록 해야 한다. 이를 위해서는 고교 전 학년에 걸쳐 공통 또는 선택과목에 상관없이 모두 절대평가로 바꾸어야 한다. 그래서 고교의 수업이 독일, 프랑스, 미국 등과 같이 학문적인 예비교육이 될 수 있도록 바꿔야 한다. 교사들의 재량권을 강화하여 학생들의 관심과 능력에 따라 다양한 수업 접근 방식이 가능하게 해야 한다. 그리고 학생들이 수업에 적극적으로 참여하여 자기표현을 자유롭게 할 수 있도록 토론을 활성화하여야 한다. 나아가 서술식 평가로 창의적 미래 인재로서의 역량을 키워줘야 한다.

이와 같은 교육을 가능케 하기 위해서는 교육 활동의 본질적인 측면에서 교사 역할의 변화와 확대, 공정한 평가 체계의 구비로 내신에 대한 신뢰 확보, 이를 위한 교사 지원 체계의 마련 등이 전제되어야 한다. 이런 과제에 대한 심도 있는 연구와 소통을 위해서는 많은 시간이 필요하다고 본다.

우리나라는 독일, 프랑스 등과 달리 수능 준비가 학교 현장에서 고교 교육과정의 바람직한 시행에 부정적인 영향을 미치고 있다. 학교 현장에서는 수능에서의 실수를 방지하고 고득점을 위해 반복적인 문제풀이식 수업이 진행되고 있다. 수능은 상위권 학생 간의 변별력 확보를 전제로 하므로 고난도 문항을 출제하고 있다. 이에 수능 준비를 사교육이 주도하고 있다. 따라서 수능의 확대는 곧 공교육의 약화를 초래하게 된다. 게다가 고교학점제의 취지 및 시행과 병행하기 어려운 측면이 있다. 따라서 현행 수능의 개편을 통하여 고교학점제의 정착 등 공교육의 정상화를 도모할 것이 요구되고 있다. 우리의 모델인 미국의 입학사정관제에서 SAT 성적 제출을 선택사항으로 돌리거나 요구하지 않아 SAT가 자격시험화되는 현실도 고려할 필요가 있다. 이에 우리나라도 장기적으로 수능의 성격을 어떻게 할 것인가에 대한 논의가 시작되어야 한다. 이를테면 독일과 같이 자격시험으로 바꾸고, 대학입시에서 고교 내신성적과 수능성적을 일정 비율로 합산한 점수를 반영하면서 내신성적의 반영비율을 수능성적보다 높게 책정하는 방안을 모색할 수 있을 것이다. 공교육이 뿌리를 깊이 내릴 수 있도록 중지를 모아야 한다.

내신에서 성적을 높이려고 받는 사교육은 독일과 같은 수업방식과 평가를 통하여 대처할 수 있다고 본다. 이런 방식으로 고교 교육을 개선하고 대입제도를 개편하려면 시간도 걸리고 어려움도 많을 것이다. 그러나 공교육의 정상화와 사교육비 경감 문제는 언젠가는 해결이 불가피한 당면 과제라고 할 것이다. 따라서 우리나라에서도 중장기계획을 수립하여 독일과 같이 학생들이 공교육만으로 대학에 입학할 수 있도록 대입제도에 대한 패러다임의 대전환이 필요하다고 할 것이다.

적성을 중시하는 대학입시

독일에서 직업을 나타내는 베루프(beruf)는 신에게서 받은 소명이라고 한다. 이는 장인정신에도 그대로 반영되고 있다. 이에 독일은 학교 교육과 직업교육 제도 모두 개인의 적성과 소질의 계발을 매우 중시하며, 이는 대학입시에도 그대로 적용되고 있다.

2017년 독일 연방헌법재판소는 경쟁이 치열한 의대 입시 전형에서의 핵심 기준은 '전공 학업과 전형적으로 수반되는 장래 직업에 지원자의 적성이 잘 맞는지' 여부, 즉 지원자의 '적성'이 돼야 한다고 판시하였다. 따라서 입시 전형 시에 아비투어 평점뿐만 아니라 지원자의 적성을 나타내는 다양한 보완적인 다른 기준들을 적용하여 학업성취와 의사직 수행에 대한 충분한 예측력을 가질 수 있도록 해야 한다고 명시하였다. 즉, 아비투어 평점이 학생들의 적성을 나타내는 기준은 될 수 있으나, 유일한 기준이 될 수 없다는 것이다. 아비투어 평점만을 단일 기준으로 적용하게 되면 임상 전 교육에서와 달리 임상 훈련단계에서나 의사직 활동의 영위 시 필요한 스킬들을 무시하는 결과를 초래한다고 밝히고 있다. 실제로는 의료 현장에서의 실력과 환자 돌봄이 더 중요한데, 아비투어 평점만으로는 그에 필요한 스킬을 측정할 수 없다는 것이다. 따라서 아비투어 평점을 보완하여 지원자의 전공 학업과 장래 직업에서의 성취를 예측할 수 있는 적성 관련 기준들도 의미 있게 고려해야 한다는 것이다. 아비투어 평점으로만 선발하게 되면 인지적·지적 스킬에만 집중할 위험이 있으며, 같은 비중의 중요한 다른 스킬들을 공평하게 대할 수 없게 된다고 지적하고 있다.

이 판결에서는 의대 입시 전형에서는 아비투어 평점의 소수점 이하 숫자의 근소한 차이로 탈락 여부가 결정되는데, 이와 같은 평점의 차이가 의학전공에 대한 적성의 차이를 충분히 신뢰할 수 있게 나타낼 수 없다고 판시하였다. 아울러 김나지움을 졸업하면서 취득한 아비투어 평점은 주어진 특정 환경과 시점의 것으로 그 후의 학생의 발전을 고려하지 않은 성적이라고 지적하였다. 따라서 아비투어 평점이 근소하게 낮으나 적성을 보이는 학생들에 대해서도 발전 가능성의 문을 열어 놓고 미래지향적으로 기회를 부여해야 한다는 것이다.

독일의 대학입시에서 적성 중시 경향은 이미 2004년 독일 대학총장협회가 중앙관리 전형인 의대 등 4개 전공의 대학 자율전형 확대를 요구하는 근거의 하나로 입시 전형 절차의 '최적화'를 꼽은 데서도 드러나고 있다. 이 '최적화'의 의미는 지원자의 지망 전공에 대한 적성을 대학이 자율적으로 평가하여 지원자에게 최적의 전공에 입학할 기회를 부여하는 것을 말한다. 즉, 여러 과목의 성적이 합산된 아비투어 평점의 한계를 보완하여 적성을 나타내는 다양한 전형기준으로써 모든 지원자에게 최적의 학업 기회를 제공하려는 취지이다. 하이델베르크대학이 소재하고 있는 바덴뷔르템베르크주의 정부는 2010년부터 대학입시에서 적성의 중요성을 매우 강조해 오고 있다. 그래서 많은 예산을 투입하여 '적성과 선택'이라는 프로젝트를 10년 이상 진행해 오고 있다. 그 취지는 대학총장협회와 마찬가지로 개인별 최적의 학업진로 탐색과 학업의 선택에 있다.[301]

한편, 독일에서는 초등학교 졸업 시에 대학진학 여부에 따라 중등학교 진학을 계열별로 나누고 있다. 어릴 때는 학업에 대한 적성과 소질, 능력 등이 발현되지 않아 일찍이 직업계 학교에 진학 후 직업

---

[301] 『Neues Auswahlverfahren im Fach Psychologie gestartet』. Baden-Wuerttem-berg.de. 28. 01. 2022.

교육 및 취업 전선에 뛰어든 자들도 있다. 이들은 학교에서와 달리 직업 현장에서의 체험을 통하여 대학의 학업에 필요한 지식과 기술 등을 보유할 수 있다. 그래서 독일에서는 대학의 학업 준비도가 일정 수준에 도달한 직업계 출신 지원자들에 대해서는 입학 기회를 부여하고, 적성과 소질을 최대한 계발할 수 있는 체제를 갖추고 있다. 이처럼 독일에서는 직업계 출신 지원자의 경험과 적성 등을 평가하여 모두가 선망하는 전문직에 대한 대안적인 접근경로를 열어 놓고 있다.

참고로 영국에서도 이와 유사한 취지로 성공을 거두고 있는 명문 의대의 프로그램이 있다. 킹스칼리지런던의 EMDP(Extended Medical Degree Programme)가 바로 그것이다. 이 프로그램은 2000년대 초부터 일반 학생들보다 A-level 등급은 떨어지나 취약지역에 소재한 공립학교 출신 학생들을 적성시험과 인터뷰를 통해 입학시키고 있다. 이 학생들에 대해서는 초기 2년 동안 별도의 시간에 멘토링, 개인맞춤형 학습 프로그램 등을 제공하고 있다. 이들 중 2020년 기준 270명 이상의 의사들이 배출된 적이 있다.

우리나라의 학생부종합전형도 학생들 개인의 적성과 소질, 잠재력 등을 최대한 계발해 주는데 그 취지를 두고 있다. 그러나 적성과 진로를 중시하는 학생부종합전형에 대한 준비는 대학에 보여주기 위한 스펙에 그치는 경우가 허다하다. 학생부 비교과영역의 불공정성의 문제가 불거지면서 정규교육과정 외의 활동은 대입에 반영이 폐지되었다. 이에 영재·발명 교육의 실적, 자율동아리 활동, 청소년 단체활동, 교사 지도 외의 개인 봉사활동, 수상경력, 독서 활동 등을 학생부에 기재할 수 없게 되었다. 아울러 비교과영역의 대입 반영이 대폭 축소되면서 진로 활동은 연간 700자를 대입에 반영하나, 진로희망 분야는 학생부에 기재는 하되 대입에는 반영되지 않게 되었다.

우리나라는 적성과 진로의 문제가 좁은 대학입시 관문을 통과하기 위한 일시적인 전략에 머무르는 경우가 많다. 미국의 한국계 대입 컨설턴트는 한국은 부모와 아이가 원하는 대학에 입학시키기 위해 지원전략이나 필요한 봉사활동 등을 설계해준다고 하였다. 그는 드라마 '스카이 캐슬'을 그 사례로 들고 있다. 반면에 미국은 학생의 능력, 전공적성, 학생 개인 혹은 가정의 특수성에 적합한 최적의 학교를 찾는 데 초점을 맞춘다고 주장하였다.302)

우리나라에서는 인공지능 등 4차 산업혁명에 따른 각종 기술의 발전으로 공교육 체제 내에서 학생들 개인에 적합한 맞춤형 교육이 가능한 시대를 열어가고 있다. 학생들 개인과 동행하면서 그들의 적성과 소질을 바탕으로 대학진학과 장래 직업 세계로의 이동이 가능하도록 공교육을 혁신해야만 한다. 그동안 공교육에 이와 같은 패러다임을 정착시키고자 했으나 성공하지 못한 가장 큰 이유는 성적 위주의 대학입시라는 지적이 많았다. 중학교 1학년 단계에 도입됐던 자유학기제도 다양한 활동을 통해 학생들이 스스로 적성과 진로를 탐색·설정하는 소중한 기회를 제공하는 계기가 되었다. 그러나, 학생들은 다가올 대학입시로 인해 이 기회를 마음껏 활용하기에는 어려움이 있었다. 따라서 학생들이 자신의 적성과 소질을 살려 나가기 위해서는 중학교 자유학기제 및 고등학교 고교학점제에 이어 무엇보다도 대입제도의 패러다임이 이에 발맞추어 변해야만 한다. 이에 독일이 대입제도에서 활용하고 있는 다양한 적성 관련 기준들을 통해 적성을 어떻게 평가하고 있는지에 관한 심도 있는 연구가 필요하다고 본다. 독일에서는 경쟁이 치열한 인기 전공에서도 적성평가가 사교육 유발 등 별다른 부작용이 없이 시행되고 있다.

---

302) 중앙일보.『입학사정관제서 비롯된 학종, 미국 '귤' 한국 와 '탱자' 됐다』. 2020. 2. 22.

우리나라의 대입제도에서 적성평가가 또 다른 고부담 평가가 되지 않기 위해서는 우리 현실에 맞는 방안을 찾기 위해 오랜 시간을 두고 사회적 합의를 이루어 나가야만 할 것이다. 공정한 대입제도는 모든 학생이 타고난 재능과 적성을 살려 자신의 역량을 최대한 발휘할 기회가 주어지도록 하는 데 있다고 할 것이기 때문이다. 아울러 대입제도에서 적성을 중시하게 되면 학생들이 적성을 무시하고 무조건 명문 대학의 간판만 좇아 입학하는 불행한 일이 줄어들게 될 것이기 때문이다. 이런 대입제도의 개편에는 오랜 시간과 많은 어려움이 수반될 것이나, 장기적으로 국민적 합의를 거쳐 반드시 이뤄야 할 과제라고 할 것이다.

입학 경로를 다양화한 대학입시

앞서 살펴본 대로 독일에서는 인기를 끌고 있는 의대 입시에서도 아비투어 평점만으로 선발하는 비율은 입학정원의 30%에 한정되고 있다. 그리고 정원의 60%를 선발하는 대학 자율전형에서는 아비투어 평점과 함께 아비투어 평점을 보완하는 두 가지 이상의 전형기준을 활용하고 있다. 나머지 10%의 적성전형에서는 아비투어와 전혀 무관한 적성을 나타내는 다양한 기준으로만 선발하고 있다. 이와 같은 전형기준의 다양화는 대학입학 자격을 갖춘 자 누구에게나 경쟁이 치열한 전공에 대한 입학 기회를 공정하게 제공하기 위해서이다. 아울러, 직업계 출신 전형을 통해 아비투어 소지 없는 보건·의료계 종사자들에게도 입학의 기회를 열어주고 있다. 앞서 살펴본 대로 독일에서는 대학입학 자격을 갖춘 자들은 누구나 경쟁이 치열한 전공에 대한 입학 기회가 주어지고 있다. 그리고 이를 확대하기 위해 대학입시 전형의 핵심 기준으로 적성이 중시되면서 아비투어 평점과 더불어 적성을 나타내는 다양한 기준들을 활용하는 전형이 늘어나고 있다.

독일에서는 아비투어에 한 번 합격하면 본인이 원하는 때에 대학에 진학할 수 있다. 대학입학을 원하는 자들에게 그 기회를 확대하는 데 초점을 맞추고 있기 때문이다. 그리고 김나지움을 졸업하고 대학으로 바로 진학하지 않고, 사회로 진출하여 현장에서 스스로 쌓은 경험도 지망 전공의 학업을 위한 자산으로 활용하는 제도를 갖추고 있다. 대학입시에서 선발비율이 가장 높은 대학 자율전형에서는 아비투어 평점과 함께 지원자의 적성을 나타내는 직업교육 또는 직업경력, 공익 활동 등 다양한 현장 경험의 가치를 인정하여 가산점을 주고 있다. 따라서 김나지움을 졸업한 후 일정 기간 직장 또는 현장에서에서 쌓은 지식과 경험은 자신의 적성을 스스로 파악하는 기회는 물론, 지망 전공에서 선발될 확률도 높일 수 있다. 즉, 독일 대학들은 입학생들의 실전 지식과 경험이 대학의 학업에도 도움을 주는 것으로 보고, 이를 권장하는 입시 전형을 확대해 나가고 있다.

독일에서는 실제로 아비투어에 합격한 학생 중 70% 정도가 대학에 진학한다고 한다. 이런 현상은 우리나라 대학교수가 독일에서 김나지움 상급과정을 다니는 조카와 나눈 대화에서 엿볼 수 있다. 그 학생은 졸업 후에 1년 동안 돈을 벌어 여행하면서 무엇을 할지 고민할 계획이라고 말했다고 한다. 그리고 친구들도 대학진학이나, 바로 취직하거나, 자기처럼 일을 하면서 하고 싶은 일을 찾으려 한다는 것이다.[303] 그러나 아비투어를 소지한 후 오랜 기간이 지나 대학에 입학하려는 자들은 지망 전공의 학업 자체가 어려울 수 있다. 이런 자들

---

[303] 한국일보.『배철현의 정적(靜寂) 교육』. 2018. 8. 13.

을 위해 대학에서는 김나지움 수준의 수학·물리·화학·생물 과목을 가르쳐 주는 징검다리 프로그램을 운영하고 있다. 이 프로그램을 통해 김나지움에서 배웠던 지식을 새롭게 할 수 있고, 부족한 부분을 메울 수 있도록 도와주고 있다.

독일교육의 강점으로 꼽히는 어릴 때부터 학생들 개인의 적성과 소질을 살리는 교육은 단점도 함께 지니고 있다. 초등학교 졸업 시에 이뤄지는 진로의 조기 분리는 아이들을 너무 이른 나이에 직업계와 인문계로 분리한다는 비판을 비판되고 있다. 즉, 사회경제적 배경이 취약하거나 이민자 가정 출신 아동들의 고등교육 기회를 차단하는 제도라는 것이다. 독일은 학생들의 사회경제적 배경이 교육기회의 격차에 미치는 영향이 큰 나라에 속한다고 한다. 아울러, 개인마다 적성과 소질을 발현하는 시점이 다 다를 수 있다는 지적도 있다.

독일은 직업교육에도 수월성 교육의 원리를 적용하여 소질과 능력을 최대한 발휘토록 지원하고 있다. 직업계 출신 전형이나, 적성전형 등을 통하여 소정의 자격을 갖춘 직업인들에 대해서도 대학입학의 기회를 넓혀 주고 있다. 즉, 직업계 학교를 졸업하고 일찍이 직업 전선에 뛰어들어 현장에서 축적한 실전 지식과 경험 등을 대학 전공의 학업에 적용하여 더 수준 높은 직업인이 되고자 하는 자들에게 기회가 확대되고 있다. 특히, 독일 사회에서도 선망의 대상이 되는 의대의 입학 기회를 직업계 출신 의료계 종사자까지 확대함으로써 엄격한 계열화 교육에 따른 기회의 불공정성 문제를 해소하고 있다.

그뿐만 아니라 직업계 출신 전형의 지원자들에 대해서도 기술대학 등에서 제공하는 징검다리 프로그램에 참여할 수 있도록 하고 있다. 그래서 김나지움에 진학하지 않아 습득하지 못한 사전 지식의 깊을

메워 대학에서 학업을 성취할 수 있도록 학문적으로 준비시켜 주고 있다. 아울러 대학에서는 그들이 처음 학업을 시작할 때 잘 적응할 수 있도록 수학 프로그램 등 특별 지원 서비스를 제공하고 있다. 게다가 일반 학생들보다 더 밀착하여 상담을 제공하고 대학 측과 학업 계획 등을 협의하도록 의무화한 대학도 있다. 아울러, 그들이 현장에서 체득한 지식과 경험 등을 인정·환산하여 전공의 학업 요건에 최대 50%까지 반영토록 하고 있다. 나아가 그들이 입학할 때 배치시험을 쳐서 더 높은 학년으로도 입학할 수 있도록 하는 주들도 있다.

우리나라는 거의 모든 입학생이 고교를 졸업하고 대학으로 바로 진학하는 학생들이다. 최근 조사에 의하면 대졸자의 절반이 전공과 무관한 직업을 선택하는 '미스매치' 비율이 50%에 이르러 OECD 국가의 평균인 39.1%보다 더 높은 것으로 나타났다. 주요 이유 중의 하나로 학생마다 자신의 특기와 장점을 파악하는 데 걸리는 시간이 모두 다른데도 대학입학 때 사실상 전공을 확정해야 하는 부분도 문제로 지적됐다. 그리고 대학 신입생들을 대상으로 한 조사에서 대학 진학에 유리하다고 판단해 고등학교 때 자신의 성향과 무관하게 문과 또는 이과를 선택한 것을 후회한다는 응답이 36.9%였다.[304] 그렇다면 중고교 시절부터 학교 내외에서의 다양한 활동과 경험 등을 통해 자신의 적성 등에 대해 알아갈 수 있는 시간과 기회 등을 마련해 주는 시스템을 마련하는 것이 필요하다. 대학과의 연계를 강화하여 대학에 진학했을 때 필요한 학문적·현실적 요구 사항 등에 대해서도 미리 알려 주고 준비하도록 권유하는 것도 매우 바람직할 것이다. 더 나아가, 고교를 졸업하고 바로 대학에 진학하지 않고 자신의 적성 등을 파악하기 위해 다양한 경험을 쌓는 기간을 가지는 것도 길게 보면 도움이

---

[304] https://www.donga.com/news/Economy/article/all/20200609/101434202/1

될 수 있다. 이들이 쌓은 경험이 대입 전형에서 유리하게 작용할 수 있는 전형을 도입하기 위한 사회적 여건 조성에 대한 방안 등을 진지하게 고민해 볼 필요가 있다. 이를 위해서는 정부, 기업, 공공기관, 대학 등 관련 기관 모두의 역할과 적극적인 협력이 요청되고 있다.

고용정보원이 500대 기업을 대상으로 한 직원 채용 설문 조사에서 기업들은 직무 관련성을 가장 높게 평가하고 있다. 즉, 어느 대학을 나왔는지 등은 아무런 상관이 없었고, 직종과 관련된 전공·직무경력 등을 가장 중요하게 여기고 있다.[305] 최근 보도된 바에 따르면 기업에서 신입사원을 먼저 채용하고 교육하는 것이 아니라 구인난을 겪는 IT업계에서 무료로 직무 교육을 한 후, 그들 중에서 필요한 인력은 골라 쓰고 있다고 한다.[306] 기업이 필요한 인재도 채용하고 사회에 공헌하는 무료 교육으로 우리 기업들이 독일과 같이 인재 양성에 적극적으로 뛰어드는 모습은 바람직한 현상으로 보인다. 여기서 기업들이 한 걸음 더 나아가 직무 교육 대상을 인문계 고교졸업자에게까지 확대할 수는 없을까 하는 생각을 해본다. 그러면 우리 학생들도 고교 졸업 후 다양한 경험을 쌓을 기회가 주어지고, 그 경험을 인정받아 대학에 입학하는 경로를 장기적으로는 더 넓힐 수 있을 것이다. 고교에서 학업성적만으로 경쟁할 필요가 없게 하는 것이다.

독일의 직업계 출신 전형은 최근 침체기를 겪고 있는 우리 특성화고 정책에 많은 시사점을 준다. 최근 전기·전자 등 전통적 학과의 고졸 인력들이 반도체나 전자산업 등 현장에서 필수 인력으로 분류되나 지원자가 줄어 어려움을 겪고 있다.[307] 이에 학생들에 대한 유인책의

---

305) 조선일보. 『신입사원 뽑을 때 가장 중요하게 보는 건 봉사활동·어학연수 아닌 전공·직무 경험』. 2021. 11. 12.
306) 조선일보. 『뽑고나서 가르친다? 이젠 가르치고 뽑아요』. 2022. 2. 9.

하나로 독일과 같이 직업계 출신 전형을 실시하는 방안에 대한 검토는 의미가 있다고 생각한다.

공정하고 투명한 대학입시

이미 살펴본 대로 독일 연방헌법재판소의 의대 입시에 관한 판결에서 독일 기본법 제3조 1항의 평등원칙과 제12조 1항의 직업, 직장, 직업훈련기관 선택의 자유에 따라 본인이 선택하는 대학 전공에 입학할 수 있는 평등한 권리가 있다고 명시하고 있다. 나아가 의대 등 지원자들 간의 경쟁이 심한 정원 제한 전공 입시 전형의 경우에는 실질적인 전형기준이나 절차 그 자체가 기회균등을 바탕으로 해야 한다고 명시하고 있다. 이에 독일 연방헌법재판소는 1972년부터 2017년까지의 세 차례에 걸친 의대 입시에 관한 판결에서 지원자들의 대학입학 기회의 공정성 제고를 위해 노력해 왔다.

이 판결들에 따라 아비투어 평점 우수자 전형에서 근소한 평점 차이로 탈락한 지원자들은 대상으로 한 장기 대기자 전형이 시행되었다. 그리고 아비투어 평점이 부족한 지원자들을 위해 평점 외의 다양한 적성 관련 기준들을 활용하는 대학 자율전형이 시행되었다. 그리고 최근에는 아비투어 평점에 전혀 영향을 받지 않는 적성전형까지 시행되었다. 이는 아비투어 평점이 지닌 지망 전공에서의 학업성취와 통상적으로 수반되는 직업수행에 대한 예측력의 한계를 보완하고자 하는 것이다. 따라서 학업성적 위주에서 벗어나 적성을 다양한 기준으로 평가하여 학업성적이 조금 부족한 지원자들의 입학 기회를 다양

---

307) 조선일보. 『현장은 고졸 원하는데… 특성화고생 42% 줄어』. 2022. 6. 21.

화하고 확대하게 되었다.

그뿐만 아니라 독일 대학들은 교육문화장관협의회에서 결의하여 직업계 출신 전형을 시행하고 있다. 초등학교 재학 시에 가정형편이나 개인의 사정 등으로 인하여 김나지움에 진학하지 못한 직업인들에게 대학입학 기회를 확대하기 위한 것이다. 이는 레슬리 제이콥스(Lesley Jacobs)의 기회균등의 원리에는 전형의 절차적 공정성 못지않게 출발선에 이르기까지 경쟁에 필요한 능력과 자격요건을 발달시킬 기회의 공정성도 포함한다는 이론308)과 일맥상통하고 있다.

그리고 독일 연방헌법재판소의 판결에서는 전형 절차에 명백한 객관성의 결여를 의미하는 자의성이 개입되어서는 아니 되므로 전형의 책임자는 탈락한 지원자가 수용할 수 있는 전형 결과를 도출하기 위해 항상 공정 개념에 초점을 맞추는 자세를 견지해야 한다고 밝히고 있다.

이처럼 동 재판소의 판결에서는 정원 제한전공의 입시 전형에서 지원자들에 대한 입학 기회의 공정성뿐만 아니라 전형 절차상의 공정성도 강조하고 있다. 그리고 이 판결에 따라 독일의 대학들은 입시 전형에서 지원자들에 대한 입학 기회의 공정성뿐만 아니라 전형 절차상의 공정성을 도모하고 있다.

한편 독일 연방헌법재판소의 판결에서는 입시 전형의 공정성을 높이기 위해 대학들이 전형 절차를 투명한 방식으로 구조화·표준화하도록 법률로 규정할 것을 명시하고 있다. 이 판결에 따라 독일 대학들은 실제로 정원 제한전공의 입시 전형기준 및 절차를 홈페이지를 통

---

308) LESLEY A. JACOBS. 『Pursuing Equal Opportunities』. CAMBRIDGE. 2004. p. 15. 김도균. 같은 책. 245면에서 재인용.

해 매우 상세히 공개하고 있다. 아울러 그 전형 결과도 학기별·전공별·전형별로 구체적으로 공개하고 있다. 그리고 중앙관리 의학 등의 4개 전공은 그 전형 결과를 대학입학관리재단의 홈페이지에서 한꺼번에 공개하고 있다.

대학 자율전형에서는 선발 점수의 산정 방식을 대학 홈페이지에서 매우 구체적으로 투명하게 공개하고 있다. 예를 들어 베를린자유대학은 대학 자율전형에서 아비투어 평점을 포함한 네 가지 전형기준의 점수를 합산하여 총점을 산출하고 있다. 그런데 이 대학은 홈페이지를 통해 그 구체적인 예를 들어 총점 산출 과정을 공개하고 있다. 그래서 각 지원자는 자신의 총점을 스스로 계산해 볼 수 있다. 슈투트가르트대학은 전공별로 다양한 전형기준을 다르게 활용하는데, 홈페이지에서 그 전공별 총점을 계산하는 방법을 구체적으로 공개하고 있다. 따라서 전형이 끝나면 지원자들은 전형 절차의 진행 과정에서 자신에 대한 부당 차별 여부를 비교적 쉽게 알 수 있다. 이처럼 독일의 대학들은 입시에서 전형 절차에 대한 정보를 상세하게 공개하여 모든 지원자의 자료가 공정하게 처리되있다는 사실을 밝힘으로써 전형 결과에 대한 논란의 소지를 미리 방지코자 노력하고 있다.

우리나라 헌법 제11조는 모든 국민은 법 앞에 평등하다고 규정하고 있다. 그리고 제15조에서는 모든 국민은 직업선택의 자유를 가진다고 규정하고 있다. 또 제31조 1항은 모든 국민은 능력에 따라 균등하게 교육을 받을 권리를 가진다고 규정하고 있다. 이런 우리나라 헌법은 독일 기본법의 모태가 된 바이마르(Weimar)헌법을 바탕으로 제정된 것이다. 따라서 사회국가의 원리에 따른 독일 기본법의 체계와 내용은 복지국가의 원리를 취하고 있는 우리나라 헌법과 유사하다고 할 것이다. 이에 우리나라 헌법의 기본권에 관한 위 조항들은 독일의 기본권에 관한 조항과 그 내용이 유사하다고 할 것이다.

우리나라 모든 국민은 헌법에 근거하여 능력에 따라 균등하게 교육을 받을 권리가 있고, 이는 대입 제도에서의 실질적인 기회균등을 포함한다고 볼 수 있다. 아래의 헌법재판소 판결에서는 모든 재판관이 한목소리로 학력제일주의의 사회구조를 개선하여 능력을 중시할 것을 요구하고 있다. 따라서 학업성적 외에도 학업성적으로 나타내기에는 한계가 있는 각 개인이 지닌 다양한 재능과 적성을 다면적으로 평가하는 방안을 대입제도에 반영할 것이 요구된다.

어떤 자리든지 그 자리에 가장 잘 맞는 능력의 소유자가 차지하는 것이 공정이다. 다만 능력을 평가하는 장치가 시험 하나만으로는 안 된다. 더 다양하고 심도 있는 방식으로 능력을 평가하는 수단을 갖출 필요가 절실하다.309) 치열한 경쟁 속에서 공정한 평가 여부에만 집중하며 성적이 우수한 아이들만 선택하는 것보다 학령인구가 주는 마당에 모든 아이가 각자의 재능에 따라 살아갈 힘을 보장해 주는 쪽으로 교육하는 게 진짜 공정이라는 목소리도 있다.310)

과학을 예로 들면 과학 교육의 핵심인 실험실에서 씨름하는 학생은 실력 있는 학생으로 인정을 못 받고 수능 출제 예상 문제집을 놓고 정답 맞히기를 연습하는 것이 유리하면 과학의 대가들이 나오길 기대하기 어렵다. 우리의 대안은 거시적, 총체적이어야 하며 학생 각자가 달리고 싶은 방향으로 최선을 다해 달릴 수 있도록 돕고 그 달린 만큼 인정해 주는 제도여야 한다는 견해도 있다.311)

---

309) 조선일보. 『문제는 '선택적 공정'이다』. 2021. 6. 21.
310) 서울신문. 2018. 9. 18.

2000년 우리나라 헌법재판소는 과외 교습 금지를 규정한「학원의 설립·운영에 관한 법률」조항의 위헌 여부를 결정하였다. 이 결정에서 모든 재판관이 한목소리로 공정한 기회균등을 실현하기 위해서는 "학력제일주의의 사회구조를 개선하여 능력이 중시되는 사회를 만들고, 학교 교육의 환경을 개선하여 교육의 질을 높이며, 고등교육기관을 균형 있게 발전시킴과 아울러 평생교육제도를 확충하고, 특히 대학입학 제도를 개선하여 과외 교습의 수요를 감소시키는 것"에 동의하고 있다.312) 이 결정에서 재판관들은 학력이라는 특정 능력만을 중시해서는 아니 되고 개인의 다양한 능력을 인정하여 계발시키는 데 동의하고 있다. 나아가 치열한 경쟁을 유발하는 학력 위주의 대입제도를 개선하여 과외교습의 수요를 감소시킬 것을 주문하고 있다.

우리나라에서도 최근에 수능의 공정성이 강조되는 이유는 그 전형의 기준과 절차가 단순하고 객관성과 투명성이 있기 때문이다. 반면, 학생부종합전형은 그 특성상 본고장인 미국에서도 객관성과 투명성 등의 부족으로 인한 공정성이 문제시되고 있다. 아울러 단순하게 성적순으로 선발하지 않고 복잡하고 유연한 사정 절차를 거치는 전인적인 평가를 바탕으로 하고 있기 때문이다. 최근에는 국내 대학에서도 투명성을 높이기 위해 학생부종합전형의 전형기준에 관한 정보를 널리 공개하는 기회를 확대해 오고 있다.

그런데 현재 전국 대학에서 시행하고 있는 입시 전형의 유형이 매우 다양하며 대학별 전형요소의 반영이나 방식이 서로 달라 이를 확인하고, 수험준비를 하는 데 있어서 학생들이 매우 부담스러워하고 있다. 우리나라는 사립대학의 비율이 국공립대학보다 현저히 높다.

---

311) 중앙일보.「한국의 미래는 수능제도에서 해방돼야」. 2015 .7. 23.
312) 헌재 2000. 4. 27.98헌가16, 98헌마429. 김도균. 앞의 책.

헌법 제31조 4항에서 보장하고 있는 대학의 자율성에는 대학입시의 자율성도 포함되겠지만 복잡한 대입제도로 인해 흔들리는 공교육을 정상화하는데 협조해야 할 사회적 책무도 또한 지고 있다고 할 수 있다. 따라서 우리나라에서도 대학입시 전형의 공정성과 투명성을 높이기 위해 그 핵심적인 전형기준과 절차를 법률로 규정할 필요가 있다고 본다. 아울러 대학들은 그 범위 내에서 다양한 조합 등을 통해 대학별 또는 전공별로 구체적인 특성을 살려 자율적으로 시행하는 방안을 심도 있게 탐구할 필요가 있다고 생각한다. 대입 전형의 공정성 문제에 관한 독일 연방헌법재판소의 판결들은 우리나라 대입제도의 공정성과 투명성 확보에 많은 참고가 될 것으로 생각한다.

변별력이 문제시되지 않는 대학입시

독일에서는 앞서 살펴본 대로 아비투어 평점이 우수한 자들이 몰리는 전공에서도 최상위권에 드는 자들을 선발하기 위한 변별력 확보를 고민하지 않는다. 단지, 아비투어 평점에 반영되는 김나지움 상급반 11~12학년에서는 점수제를 도입하여 내신평점을 더 세분화함으로써 차후의 대학입시에서 탈락한 자들의 소송을 방지하고 공정성과 투명성을 높이고 있다. 아비투어 평점에 반영되지 않는 10학년의 경우에는 1~6점까지 총 6가지 수준의 평점만을 부여하고 있다. 그러나 11~12학년에서는 1+, 1, 1-부터 마지막 6까지 총 16개 수준별 평점에 상응하는 점수를 15~0점까지 부여하고 있다. 즉, 성취수준의 95%를 달성하면 1+로 15점, 90% 달성은 1로 14점, 85%는 1-로 13점을 각각 받게 된다. 이렇게 해서 과목별로 취득한 점수들을 모두 합산하여 소수점 한자리까지 표시되는 아비투어 평점 계산에 반영하고 있

다.313)

독일 대입제도에서 변별력이 고민되고 있는 것은 앞서 살펴본 대로 커트라인에 근접해 있는 지원자들이다. 이들 중에 누가 더 지망 전공에 적성이 맞고 동기부여가 잘되어 있는지를 변별하기 위해 독일 대학입시의 전형기준이 다양화되어 왔다고 해도 과언이 아니다. 뮌헨공과대학 총장도 2017년 일부 전공에 적용하는 '학업 적성평가 절차'를 통해 아비투어 평점이 가진 한계를 보완해야 한다고 역설하였다. 그는 전 과목의 성적이 반영된 아비투어 평점의 부족으로 탈락한 지원자들이 면접을 통해 전공의 적성이 입증되어 입학하게 되면 학업을 성취해 내는 경우도 많다고 밝히고 있다.

한편, 독일은 아비투어 평점 우수자 전형 및 장기 대기자 전형에서 커트라인에 평점이나 대기기간이 같은 동 순위자가 다수 발생할 수 있다. 그런데 그들에 대해서는 국가협약이나 주 법에서 정한 기준에 따라 순차적으로 우선순위를 결정하고 있다. 그러나 이로써도 그 우선순위를 정할 수 없으면 무작위 추첨으로 처리하고 있다. 대학입학에 추첨제를 사용한 다른 나라들과 달리 독일에서 추첨제가 논란 없이 계속될 수 있는 이유는 법적 근거에 따라 추첨제를 매우 제한적으로 공정하게 시행하기 때문이다. 지원자들 간에 우열을 가릴 수 있는 타당한 사유를 모두 고려한 후에 존재하는 동 순위자들만 대상으로 같은 확률을 가진 추첨으로 처리하기 때문이다. 이런 독일 대학들의 동점자 처리는 정치학자 피터 스톤이 추첨의 장점으로 강조하는 정화효과(sanitizing effect)314)를 응용하고 있는 것으로 보인다. 그는 재화 등의 배분 절차에서 중시해야 할 가치가 있는 타당한 사유들

---

313) Wikipedia.『Gymnasiale Oberstufe』. 2022. 4. 13 인출.
314) Peter Stone, ibid. P. 150.

(good reasons)은 당연히 모두 고려해서 결정하되, 그래도 우열이 가려지지 않는 단계에 도달하면 추첨으로 정하는 것이 공정하다고 한다. 추첨은 우열을 가리는 기반이 되는 부당한 사유(bad reasons)들이 의사결정에 영향을 미치는 것을 방지하는 정화 효과가 있기 때문이라는 것이다. 따라서 대입 전형에서 아주 제한적으로 시행되는 추첨은 지원자들을 변별하는데 들이는 과도한 노력과 비용을 방지하는 역할을 할 수 있다고 한다. 이와 같은 제도적 장치로 독일의 대학들은 입시 전형보다 졸업생의 질적 향상에 더 큰 노력과 관심을 집중하고 있다.

반면에 우리나라에서는 고교 내신도 수능도 변별력 확보를 위해 상대평가를 유지하고 있다. 고교학점제를 도입하면서도 변별력을 고려하여 1학년 공통과목은 상대평가를 유지하기로 했다. 이런 평가제도의 시행으로 인하여 우리나라 교육의 본질이 왜곡되는 수준에 이르렀다. 따라서 내신도 수능도 독일을 위시한 모든 선진국과 같이 절대평가로 전환해야만 한다. 그러면 고교 내신 절대평가의 부작용으로는 변별력 약화, 성적 부풀리기, 특목고·자사고 및 강남 8학군 명문고와 다른 일반고 간의 격차와 서열화 등이 심해진다고 한다.

독일의 김나지움 상급 과정에서 10학년까지는 1~6점까지 6가지 수준의 평점만을 부여하고 있다. 그러나, 대입에 반영되는 11~12학년에서는 내신 평점을 점수로 세분화하여 15~0점까지 부여함으로써 변별력과 공정성 등을 높이고 있다. 이로부터 의미 있는 시사점을 얻을 수 있다고 생각한다. 성적 부풀리기 문제는 2021년 교육부에서 고교학점제 종합계획과 더불어 발표한 '성취도별 학생비율' 등을 통해 어느 정도 보완할 수 있다. 그리고 특목고 등의 고교 유형 및 특정 지역의 명문고와 다른 고교 간의 격차나 서열화 심화 문제는 영국의 배경고려 입학제도를 참고할 필요가 있다.

우리나라 수도권 사립대학 입학관계자는 "실제 대학 내부에서 입시 동점자 처리 문제는 매우 어려운 숙제라고 하였다. 아울러 정량적 점수가 똑같은 경우 모든 정성적 요소를 따져보게 된다고 하였다. 그런데, 마지막까지 변별력이 없을 때 보는 게 출신 지역과 학교라고 하였다"315). 이는 배경이 좋은 지역과 학교 출신을 우선 배려한다는 사실을 의미하고 있다. 얼마 전 교육부 조사에서도 유사한 정황이 발견되었다. 우리 사회에서는 날이 갈수록 양극화가 심해지고 있다. 교육받을 기회의 양극화도 마찬가지로 심해지고 있다. 이런 현상을 완화하기 위해서는 대입제도의 패러다임 전환이 절실하게 필요하다고 본다. 지금까지와는 달리 불리한 여건에 처해 있는 고교 출신자들을 배려하거나 동점자 처리 시 우선 배려하는 제도를 마련하는 것이다. 영국의 배경고려입학제도가 명문대의 입학생이 적은 취약지역 소재 고교의 재학생들이 학교로부터 진학지도의 혜택을 많이 받지 못한 점을 배려해 주는 것은 우리에게 시사하는 비가 크다. 런던 빈민가 고교의 옥스브리지 대학 예비합격생의 배출은 이와 같은 포용 정책이 맞물려 만들어 낸 결과물이라고 할 수 있다.

수능의 경우 변별력 중시는 더 도드라지고 있다. 절대평가 전환에 대한 반발이 크다. 우리나라의 수능점수는 소수점 두 자리까지 산정하고 있다. 수능 문제 하나를 더 맞혔냐는 차이로 대학 합격 여부가 결정되고 있다. 게다가 변별력을 위해 초고난도 문제가 매년 출제되고 있다. 따라서 학생들은 문제 풀이 학습에 더 몰입하고 사교육의 힘을 빌어야 한다. 절대평

---

315) 동아일보, 2018. 8. 20.

가와 상대평가가 섞여 있는 시험이다 보니 절대평가 과목은 상대적으로 소홀히 하는 경향이 있어 대학에 들어와 전공 학업의 이수에 어려움을 겪고 있다. 따라서 수능을 절대평가로 바꾸고 난이도를 적정하게 조절할 필요가 있다. 그리고 이로 인해 발생하는 변별력 확보를 위한 해결방안은 별도로 마련하면 된다. 변별력에 대한 독일의 고민과 사례는 우리에게 많은 참고가 될 것이다.

▣ 프로필

저자 강 영 순

한양대학교를 졸업하고 1985년 행정고시로 공무원이 되었다. 공무원 초년 시절에 시간을 쪼개어 한국외대 외국어연수원에서 독어 과정과 불어 과정을 수료하였다. 1989년부터 독일 뷔르츠부르크대학에 1년 반 유학하는 동안 독일어 연수와 더불어 독일교육제도에 대해 체험할 수 있었다. 1998년에 미국으로 유학을 떠나 2002년에 UC 버클리에서 교육학 박사 학위를 취득하였다. 교육부에 근무하는 동안 국제교육협력과장, 대학구조개혁팀장, 대학제도과장 등을 거쳐 과학기술인재관, 국제협력관, 지방교육지원국장 등을 역임하였다. 부산시교육청 부교육감, 경기도교육청 부교육감, 경남교육청 부교육감으로 근무하였다.

공정한 대입제도 참신한 패러다임으로!
– 녹일세노를 모델로 한 담대한 전환 –

인　쇄 | 2022.06.20
발　행 | 2022.06.20
지은이 | 강 영 순
펴낸이 | 조 형 근
펴낸곳 | 도서출판 동방문화사

서울시 서초구 방배동 905-16. 지층
전 화 | 02) 3473-7294
팩 스 | 02) 587-7294
메 일 | 34737294@hanmail.net
등 록 | 서울 제22-1433호

저자와의
합의
인지생략

정 가 | 26,000원　　ISBN 979-11-89979-49-2 93370

파본은 바꿔 드립니다.　　　　본서의 무단복제행위를 금합니다.